御纂周易折中

影印本

㊂

（清）李光地 撰

九州出版社
JIUZHOUPRESS

【本册目录】

御纂周易折中

繫辭上傳

本義　繫辭本謂文王周公所作之辭繫於卦爻之下者卽今經文此篇乃孔子所述繫辭之傳也以其通論一經之大體凡例故无經可附而自分上下云

集說　孔氏穎達曰夫子本作十翼申說上下二篇經文繫辭條貫義理別自爲卷總曰繫辭分爲上下二篇○朱子語類云熟讀六十四卦則覺得繫辭之語甚爲精密是易之括例○又云繫辭或言造化以及易或言易以及造化不出此理○胡氏一桂曰其有稱大傳者因太史公引天下同歸而殊塗一致而百慮爲易大傳蓋太史公受易楊何何之屬自著易傳行世故稱孔子者曰大傳以別之耳

天尊地卑乾坤定矣卑高以陳貴賤位矣動靜有常剛柔斷矣方以類聚物以羣分吉凶生矣在天成象在地成形變化見矣

本義 天地者陰陽形氣之實體乾坤者易中純陰純陽之卦名也卑高者天地萬物上下之位貴賤者易中卦爻上下之位也動者陽之常靜者陰之常剛柔者易中卦爻陰陽之稱也方謂事情所向言事物善惡各以類分而吉凶者易中卦爻占決之辭也象者日月星辰之屬形者山川動植之屬變化者易中蓍策卦爻陰變爲陽陽化爲陰者也此言聖人作易因陰陽之實體爲卦爻之法象莊周所謂易以道陰陽此之謂也

集說 韓氏伯曰方有類物有羣則有同有異有聚有分順其所同則吉乖其所趣則凶故吉凶生矣象況日月

星辰形況山川草木也。縣象運轉以成昏明。山澤通氣而雲行雨施。故變化見矣。○蘇氏軾曰。天地一物也。陰陽一氣也。或爲象。或爲形。所在之不同。故在云者明其一也。象者形之精華發於上者也。形者象之體質留於下者也。人見其上下直以爲兩矣。豈知其未嘗不一耶。由是觀之。世之所謂變化者。未嘗不出於一而兩於所在也。自兩以往。有不可勝計者矣。故在天成象。在地成形。變化之始也。○朱子語類問第一章第一節蓋言聖人因造化之自然。以作易。曰。論其初。則聖人是因天理之自然而著之於書。此是後來人說話。又是一見天地之實體而知易之書如此。○又云。天尊地卑上一截皆說面前道理。下一截是說易書。聖人作易與天地準處如此。如今看面前天地。便是乾坤。卑高便是貴賤。若把下面一句說作未畫之易也不妨。然聖人是從那有易後說來。○蔡氏清曰。此一節是夫子從有易之後。而追論夫未有易之前。以見畫前之有易也。夫易有乾坤。有剛柔有吉凶有變化然此等名物要皆非聖人鑿空所爲不過皆據六合中所自有者而模寫出耳○又曰定者有尊卑各安其分之意位者有卑高以序而列之意斷者有判然不相混淆之意○又曰以天地言之天尊地卑其卑高固昭然不易也以萬物言之如山川陵谷之類其卑高亦昭然可覩也

案此節是說作易源頭總涵乾坤六子在内蓋天尊地卑是天地定位也卑高以陳則兼山澤等皆是天動地靜山靜水動固有常矣然雖至於有精氣而無形質之物其聚散作息亦有時其流止晦明亦有度則又兼雷風水火等皆是類聚羣分總上通言之在天有方焉春秋冬夏應乎南北東西者是也其生殺之氣則以類聚在地有物焉高下燥濕別爲浮沈升降者是也其清濁之品則以羣分以上皆言造化之體至於天之象地之形其陰陽互根則交易者也其陰陽迭運則變易者也此三句又因體及用以起下文之意

是故剛柔相摩，八卦相盪。

本義 此言易卦之變化也。六十四卦之初，剛柔兩畫而已。兩相摩而爲四，四相摩而爲八，八相盪而爲六十四。

集說 韓氏伯曰：相切摩，言陰陽之交感。相推盪，言運化之推移。○朱子語類云：摩是那兩個物事相摩戛，盪則是圓轉推盪將出來。摩是八卦以前事，盪是八卦以後爲六十四卦底事。盪是有那八卦了，團旋推盪那六十四卦出來。○吳氏澄曰：畫卦之初，以一剛一柔與第二畫之剛柔相摩而爲四象，又以二剛二柔與第三畫之剛柔相摩而爲八卦。八卦既成，則又各以八悔卦盪於一貞卦之上，而一卦爲八卦，八卦爲六十四卦也。

案：此節雖切畫卦言之，然是天地間自有此理。蓋相摩者，以一交一，如天與地交，水與火交，山與澤交，雷與風交是也相盪者以一交八如天與地交矣而與水火山澤雷風無不交地與天交矣而亦與水火山澤雷風無不交之類是也惟天地之理如此故聖人畫卦以體象之

鼓之以雷霆潤之以風雨日月運行一寒一暑

本義此變化之成象者 **集說**孔氏穎達曰重明上變化見矣及相推盪各有功之所用也鼓動之以震雷離電滋潤之以巽風坎雨離日坎月運動而行一節爲寒一節爲暑不云乾坤艮兌者乾坤上下備言雷電風雨亦出山澤也○張氏浚曰鼓以雷霆而有氣者作潤以風雨而有形者生○丘氏富國曰前以乾坤貴賤剛柔吉凶變化言是對待之陰陽交易之體也此以摩盪鼓潤運行言是流行之陰陽變易之用也至下文則言乾坤之德行而繼以人體乾坤者終之○吴氏澄曰章首但言乾坤

蓋舉父母以包六子。此先言六子。而後總之以乾坤也。震爲雷。離爲電。霆即電也。春秋穀梁傳曰。震者何。雷也。電者何。霆也。巽爲風。坎爲雨。羲皇卦圖。左起震而次以離。鼓之以雷霆也。右起巽而次以坎。潤之以風雨也。風而雨。故通言潤。離爲日。坎爲月。艮山在西北。嚴凝之方爲寒。兌澤在東南。溫熱之方爲暑。左離次以兌者。日之運行而爲暑也。右坎次以艮者。月之運行而爲寒也。邵子曰。日爲暑。月爲寒。書曰。日月之行。有冬有夏。

乾道成男。坤道成女。

本義 此變化之成形者。此兩節又明易之見於實體者。與上文相發明也。

集說 朱子語類云。天地父母分明是一理。乾道成男。坤道成女。則凡天下之男皆乾之氣。天下之女皆坤之氣。從這裏便徹上徹下。即是一個氣。都透了。○又云。乾道成男。坤道成女。通人物言之。在動物如牝牡之類。在植物亦有男女。如麻有牡麻。

及竹有雌雄之類皆離陰陽剛柔不得○吳氏澄曰乾成男者父道也坤成女者母道也左起震歷離歷兌而終於乾右起巽歷坎歷艮以終於坤故以乾道成男坤道成女二句總之於後也○何氏楷曰自天尊地卑至變化見矣是因乾坤而推極於變化自剛柔相摩至坤道成女是又因變化而遡原於乾坤

乾知大始坤作成物

本義知猶主也乾主始物而坤作成之承上文男女而言乾坤之理蓋凡物之屬乎陰陽者莫不如此大抵陽先陰後陽施陰受陽之輕清未形而陰之重濁有迹也

集說胡氏瑗曰乾言知生物起於無形未有營作坤能承於天氣已成之物事可營爲故乾言知而坤言作也○朱子語類云知訓管字不當解作知見之知大始未有形知之而已成物乃流行之時故有爲○柴氏中行曰一氣之動則自有知

覺而生意所始乾實爲之一氣既感則妙合而凝其形乃著有作成之意坤實爲之○吳氏澄曰上言八卦而總之以乾坤此又接成男成女二句而專言乾坤也乾男爲父者以其始物也始謂始其氣也坤女爲母者以其成物也成謂成其質也知者主之而無心也作者爲之而有迹也

案自鼓之以雷霆至此二句當總爲一段六子分生成之職乾坤專生成之功也下文則就功化而推原於易簡自爲一段

乾以易知坤以簡能

本義乾健而動即其所知便能始物而无所難故爲以易而知大始坤順而靜凡其所能皆從乎陽而不自作故爲以簡而能成物

集說虞氏翻曰乾縣象著明坤陰陽動闢不習无不利地道光也○韓氏伯曰

天地之道不爲而善始不勞而善成故曰易簡○楊氏萬里曰此贊乾坤之功雖至溥而無際而乾坤之德實至要而不繁也○朱子語類問如何是易簡曰他行健所以易易是知阻難之謂人有私意便難簡只是順從而已若外更生一分如何得簡今人都是私意所以不能簡易○問乾以易知坤以簡能若以學者分上言之則廓然大公者易也物來順應者簡也不知是否曰然乾之易知之事也坤之簡行之事也○吳氏澄曰易簡者以乾坤之理言始物者乾之所知然乾之性健其知也宰物而不勞心故易而不難成物者坤之所作然坤之性順其作也從陽而不造事故簡而不繁此乾坤皆指天地而易之乾坤二卦象之者也○張氏振淵曰乾知大始似乎甚難矣坤作成物似乎甚煩矣乃乾坤則以易知以簡能耳所謂天地無心而成化也○吳氏曰慎曰乾健體而動用故易坤順體而靜用故簡動靜以陰陽之分言然乾知大始而事付於坤則始動而終

靜坤從乎陽而作成物則始靜而終動又乾知坤能皆用之動也乾易坤簡皆體之靜也又四德坤承乎乾元亨皆動利貞皆靜不可專以動屬乾以靜屬坤也

易則易知簡則易從易知則有親易從則有功有親則可久有功則可大可久則賢人之德可大則賢人之業

本義人之所爲如乾之易則其心明白而人易知如坤之簡則其事要約而人易從易知則與之同心者多故有親易從則與之協力者衆故有功有親則一於內故可久有功則兼於外故可大德謂得於己者業謂成於事者上言乾坤之德不同此言人法乾坤之道至此則可以爲賢矣集說范氏長生曰以其易知故

物親而附之以其易從故物法而有功也○孔氏穎達曰初始無形未有營作故但云知也已成之物事可營爲故云作也易謂易略無所造爲以此爲知故曰乾以易知簡謂簡省不須繁勞以此爲能故曰坤以簡能若於物艱難則不可以知若於事繁勞則不可能也易知則有親者性意易知心無險難則相和親易從則有功者於事易從不有繁勞其功易就有親則可久者物旣和親無相殘害故可久也有功則可大者事業有功則積漸可大可久則賢人之德者使物長久是賢人之德可大則賢人之業者功業旣大則是賢人事業○蘇氏軾曰簡易者一之謂也一故有信信故物知之也易而從之也不難○朱子語類云乾以易知坤以簡能以上是言乾坤之德易則易知以下是就人而言言人兼體乾坤之德也乾以易知者乾健不息唯主於生物都無許多艱深險阻故能以易而知大始坤順承天惟以成物都無許多繁擾作爲故能以簡而作成物大抵陽施

陰受乾之生物如瓶施水其道至易坤唯承天以成物別無作爲故其理至簡其在人則無艱阻而白直故人易知順理而不繁擾故人易從易知則人皆同心親之易從則人皆協力而有功矣有親可久則爲賢人之德是就存主處言有功可大則爲賢人之業是就作事處言蓋自乾以易知便是指存主處坤以簡能便是指作事處○林氏希元曰易簡只是因此理而立心處事爾固非於此理之外有所加亦非於此理之内有所減也但以其無險阻而謂之易無煩擾而謂之簡孟子曰禹之行水也行其所無事也如智者亦行其所無事則智亦大矣此易簡之說也○趙氏光大曰易從則有功有功不是人來助我作事是我能使人如此便是我之功

易簡而天下之理得矣天下之理得而成位乎其中矣

本義成位謂成人之位其中謂天地之中至此則體道之極功聖人之能事可以與天地參矣○此第一章以造化之實明作經之理又言乾坤之理分見於天地而人兼體之也

集說孔氏穎達曰聖人能行天地易簡之化則天下萬事之理並得其宜矣○朱子語類云易簡理得是淨淨潔潔無許多勞攘委曲○鄭氏維嶽曰易簡理原是一理依易之理而作之則爲簡○何氏楷曰乾坤一陰陽也陰陽一太極也易簡者乾坤之所以知始而作成者也人之所知如乾之易則所知性分所固有無一毫人欲之艱深豈不易知人之所能如坤之簡則所能皆職分之當爲無一毫人欲之紛擾豈不易從易知則不遠人以爲道故有親易從則夫婦皆可與能故有功有親則有人傳繼其心于百世上下心同理同也故可久有功則有人擴充其事人能弘道非道弘人也故可大可久則賢人之德與天同其悠久矣可大則賢人之業與地同其廣大矣所以然者則以

我之易簡與乾坤之易簡同原故也夫易簡而天下之理得矣天之所以爲天地之所以爲地人之所以爲人一易簡之理焉盡之所謂天下之公理也得天下之公理以成久大之德業則是天有是易吾亦有是易地有是簡吾亦有是簡與天地參而爲三矣

總論程子曰天尊地卑尊卑之位定而乾坤之義明矣尊卑既判貴賤之位分矣陽動陰靜各有其常則剛柔判矣事有理也物有形也事則有類形則有羣善惡分而吉凶生矣象見於天形成於地變化之迹見矣陰陽之交相摩軋八方之氣相推盪雷霆以動之風雨以潤之日月運行寒暑相推而成造化之功得乾者成男得坤者成女乾當始物坤當成物乾坤之道易簡而已乾始物之道易坤成物之能簡平易故人易知簡直故人易從易知則可親就而奉順易從則可取法而成功親合則可以常久成事則可以廣大聖賢德業久大

得易簡之道也天下之理易簡而已有理而後有象成位在乎中也○張氏振淵曰易道盡於乾坤乾坤盡於易簡易簡即在人身學者求易於天地又求天地之易於吾身則易在是矣通章之意總是論易書之作無非發明乾坤之理要人爲聖賢以與天地參耳○何氏楷曰此一章乃孔子首明易始乾坤之理至第二章設卦觀象方言易

案天地卑高動靜方物象形造化之實體也乾坤貴賤剛柔吉凶變化易卦之定名也因造化之實體起易卦之定名故自造化之體立而卦之理具矣體立則用必行焉是故剛柔則一與一相摩八卦則一與八相盪造化之情所以交而不離也畫卦之序蓋象此也雷霆者震離風雨者巽坎暑以說物者兌寒以止物者艮成男而職大始者乾成女而職成物者坤造化之機所以變而無窮也建圖之位蓋象此也然而造化之理則一以

易簡爲歸心一而不貳故易也事順而無爲故簡也天地之盛德大業易簡而已矣賢人之進德脩業聖人之崇德廣業亦惟易簡而已矣設卦繫辭所以順性命之理者此也諸儒言易有四義不易也交易也變易也易簡也故天尊地卑一節言不易者也剛柔相摩二句言交易者也鼓以雷霆至坤作成物言變易者也乾以易知以下言易簡者也易道之本原盡乎此故爲繫傳之首章焉

聖人設卦觀象繫辭焉而明吉凶

本義象者物之似也此言聖人作易觀卦爻之象而繫以辭也集說孔氏穎達曰設之卦象則有吉有凶故下文云吉凶者失得之象悔吝者憂虞之象變化者進退之象剛柔者晝夜之象是施設其卦有此諸象也此設卦觀象總爲下而言卦象爻象有吉有凶若不繫辭其理未顯故繫屬吉凶之文辭於卦爻之下而

顯明此卦爻吉凶也案吉凶之外猶有悔吝憂虞舉吉凶則包之○朱氏震曰聖人設卦本以觀象自伏羲至於文王一也聖人憂患後世懼觀者智不足以知此於是繫之卦辭又繫之爻辭以吉凶明告之○朱子語類云易當初只是爲卜筮而作文言彖象却是推說作義理上去觀乾坤二卦便可見孔子曰聖人設卦觀象繫辭焉而明吉凶不是卜筮如何明吉凶○王氏申子曰易之初也有象而未有卦及八卦既設而象寓焉及八重而六十四聖人又觀是卦有如是之象則繫之以如是之辭蓋卦以象而立象又以卦而見也明吉凶者有是象而吉凶之理已具繫之辭而吉凶之象始明也陰陽奇耦相交相錯順則吉逆則凶當則吉否則凶因其順逆當否而繫之辭吉凶明矣

剛柔相推而生變化

本義 言卦爻陰陽迭相推盪而陰或變陽陽或化陰聖人所以觀象而繫辭衆人所以因蓍而求卦者也

集說 張氏振淵曰剛柔相推之中或當位或失位而吉凶悔吝之源正起於此聖人之所觀觀此也聖人之所明明此也蓋吉凶悔吝雖繫於辭而其原實起於變

是故吉凶者失得之象也悔吝者憂虞之象也

本義 吉凶悔吝者易之辭也失得憂虞者事之變也得則吉失則凶憂虞雖未至凶然已足以致悔而取羞矣蓋吉凶相對而悔吝居其中閒悔自凶而趨吉吝自吉而向凶也故聖人觀卦爻之中或有此象則繫之以此辭也

集說 虞氏翻曰吉則象得凶則象失悔則象憂吝則象虞也○干氏寶曰憂虞未至於失得悔吝不入於吉凶事有小大故辭有緩急各象其意也○朱子語類云吉凶悔吝四者循環周而復始悔了便吉

吉了便吝吝了便凶凶了又悔。正如生於憂患死於安樂相似蓋憂苦患難中必悔悔便是吉之漸及至吉了少閒便便安意肆志必至作出不好可羞吝底事出來吝便是凶之漸矣及至凶矣又却悔只管循環不已正如剛柔變化剛了化化便是柔柔了變變便是剛亦循環不已○又云悔屬陽吝屬陰悔是逞快作出事來有錯失處這便生悔所以屬陽吝是那隈隈衰衰不分明底所以屬陰亦猶驕是氣盈吝是氣歉○又云吉凶者失得之象悔吝者憂虞之象變化者進退之象剛柔者晝夜之象四句皆互換往來吉凶與悔吝相貫悔自凶而趨吉吝自吉而趨凶進退與晝夜相貫進自柔而趨乎剛退自剛而趨乎柔○趙氏玉泉曰吉即順理而得之象也凶即逆理而失之象也悔即既失之後困於心衡於慮而爲憂之象也吝即未失之先狃於安溺於樂而爲虞之象也○何氏楷曰吉凶悔吝以卦辭言失得憂虞以人事言上文所謂觀象繫辭以明吉凶者此也

變化者進退之象也剛柔者晝夜之象也六爻之動三極之道也

本義柔變而趨於剛者退極而進也剛化而趨於柔者進極而退也既變而剛則晝而陽矣既化而柔則夜而陰矣六爻初二爲地三四爲人五上爲天動即變化也極至也三極天地人之至理三才各一太極也此明剛柔相推以生變化而變化之極復爲剛柔流行於一卦六爻之間而占者得因所值以斷吉凶也　集說韓氏伯曰始總言吉凶變化而下別明悔吝晝夜者悔吝則吉凶之類晝夜亦變化之道○孔氏穎達曰六爻遞相推動而生變化是天地人三才至極之道○蔡氏淵曰動變易也極者太極也以其變易無常乃太極之道也三極謂三才各具一太極也變至六爻則一卦之體具而三才之道備矣○吳氏澄曰吉凶悔吝象

人事之失得憂虞變化剛柔象天地陰陽之晝夜進退是六爻兼有天地人之道也○胡氏炳文曰此曰三極是卦爻已動之後各具一太極後曰易有太極者則卦爻未生之先統體一太極也○俞氏琰曰三極之道言道之體三才之道言道之用○何氏楷曰變化剛柔以卦畫言進退晝夜以造化言六爻之動二句推言變化之故上文所謂剛柔相推而生變化者此也

是故君子所居而安者。易之序也。所樂而玩者。爻之辭也。

本義 易之序謂卦爻所著事理當然之次第玩者觀之詳

集說 孔氏穎達曰若居在乾之初九而安在勿用若居在乾之九三而安在乾乾是以所居而安者由觀易位之次序也○王氏宗傳曰所謂易之序者。

消息盈虛之有其時是也居之而安則盛行不加窮居不損而與易爲一矣所謂爻之辭者是非當否之有所命是也樂之而玩則默而成之不言而信而與爻爲一矣○朱子語類問所居而安者易之序也與居則觀其象之居不同上居字是總就身之所處而言下居字則靜對動而言曰然○問所居而安者易之序也曰序是次序謂卦爻之初終如潛見飛躍循其序則安又問所樂而玩者爻之辭曰橫渠謂每讀每有益所以可樂蓋有契於心則自然樂○俞氏琰曰居以位言安謂安其分也樂以心言玩謂繹之而不厭也君子觀易之序而循是理故安觀爻之辭而達是理故樂

是故君子居則觀其象而玩其辭動則觀其變而玩其占是以自天祐之吉无不利

本義　象辭變已見上凡單言變者化在其中占謂其所值吉凶之決也○此第二章言聖人作易君子學易之

集說　虞氏翻曰以動者尚其變占事知來故玩其事占也○朱子語類問居則觀其象玩其辭動則觀其變玩其占如何曰若是理會不得如何占得必是閑常理會得此道理到用時便占○蔡氏淵曰觀象玩辭學易也觀變玩占用易也學易則無所不盡其理用易則唯盡乎一爻之時居既盡乎天之理動必合乎天之道故曰自天祐之吉无不利也○王氏申子曰平居無事觀卦爻之象而玩其辭則可以察吉凶悔吝之故及動而應事觀卦之變而玩其占則可以決吉凶悔吝之幾故有不動動無不吉也○胡氏炳文曰天地間剛柔變化無一時間人在大化中吉凶悔吝無一息停吉一而已凶悔吝三焉上文示人以吉凶悔吝者作易之事此獨吉而無凶悔吝者學易之功也○俞氏琰曰觀象玩辭如蔡墨云在乾之姤知莊子云在師之臨謂

之在者是也觀變玩占如陳侯遇觀之否晉侯遇大有之睽謂之遇者是也

總論

孔氏穎達曰前章言天地成象成形簡易之德明乾坤之大旨此章明聖人設卦觀象爻辭吉凶悔吝之細別○程子曰聖人既設卦觀卦之象而繫以辭明其吉凶之理以剛柔相推而知變化之道吉凶之生由失得也悔吝者可憂虞也進退消長所以成變化也剛柔相易而成晝夜觀晝夜則知剛柔之道矣三極上中下也極中也皆其時中也三才以物言也三極以位言也六爻之動以位爲義乃其序也得其序則安矣辭以明義玩其辭義則知其可樂也觀象玩辭而通其意觀變玩占而順其時動不違於天矣○何氏楷曰上章言造化自然之易爲作易之本此章乃言作易之旨

案上章雖言作易之源本然實以明在造化者無非自然之易書故先儒以爲畫前之易者此也此章乃備言

作易學易之事。蓋承上章言之而為後諸章之綱也。設卦觀象先天之聖人也。繫辭而明吉凶後天之聖人也。剛柔相推而生變化申言設卦觀象之事。所象者或為人事之失得憂虞或為天道之進退晝夜極而至於天地人之至理莫不包涵統具於其中此辭所由繫而占所由生也居而安者以身驗之樂而玩者以心體之在平時則為觀象玩辭之功在臨事則為觀變玩占之用此所謂奉明命以周旋述天理而時措者也自天祐之吉无不利學易之效至於如此

彖者言乎象者也。爻者言乎變者也。

本義彖謂卦辭文王所作者爻謂爻辭周公所作者象指全體而言變指一節而言 集說虞氏翻曰八卦以象告故言乎象也爻有六畫九六變化故言乎變者也○項氏安世曰彖辭所言之象即下文所謂卦

也爻辭所言之變即下文所謂位也○張氏振淵曰易有實理而無實事故謂之象卦立而象形易有定理而無定用故謂之變爻立而變著

吉凶者言乎其失得也悔吝者言乎其小疵也无咎者善補過也

本義 此卦爻辭之通例

集說 崔氏憬曰繫辭著悔吝之言則異凶咎若疾病之與小疵○楊氏萬里曰言動之間盡善之謂得不盡善之謂失小不善之謂疵不明乎善而誤入乎不善之謂過覺其小不善非不欲改而已無及於是乎有悔不覺其小不善猶及於改而不能改或不肯改於是乎有吝吾身之過猶吾衣之破也衣有破補之斯全身有過補之斯還還者何復之於善也補不善而復之於善何咎之有○蔡氏淵曰

吉凶悔吝无咎即卦與爻之斷辭也失得者事之已成著者也小疵者事之得失未分而能致得失者也善補過者先本有咎脩之則可免咎也○胡氏炳文曰前章言卦爻中吉凶悔吝之辭未嘗及无咎之辭此章方及之大抵不貴無過而貴改過无咎者善補過也聖人許人自新之意切矣○張氏振淵曰失得指時有消息位有當否說小疵兼兩意向於得而未得尚有小疵則悔向於失而未失已有小疵則吝

是故列貴賤者存乎位齊小大者存乎卦辨吉凶者存乎辭

本義 位謂六爻之位齊猶定也小謂陰大謂陽 集說 王氏肅曰齊猶正也陽卦大陰卦小卦列則小大分故曰齊小大者存乎卦也○張氏浚曰卦之所設本乎陰陽陰小陽大體固不同而各以所遇之時爲正

陽得位則陽用事陰得位則陰用事小大之理至卦而齊○朱子語類問上下貴賤之位何也曰二四則四貴而二賤五三則五貴而三賤上初則上貴而初賤上雖無位然本是貴重所謂貴而无位高而无民在人君則爲天子父爲天子師在他人則淸高而在物外不與事者此所以爲貴也○王氏申子曰列分也陽貴陰賤上貴下賤亦有貴而无位有位而在下者故曰列貴賤者存乎位位者六爻之位也齊均也陽大陰小陽卦多陰則陽爲之主陰卦多陽則陰爲之主雖小大不齊而得時爲主則均也故曰齊小大者存乎卦卦者全卦之體也辨明也辨一卦一爻之吉凶者辭也故曰辨吉凶者存乎辭

憂悔吝者存乎介震无咎者存乎悔。

本義 介謂辨別之端蓋善惡已動而未形之時也於此憂之則不至於悔吝矣震動也知悔則有以動其

補過之心而可以无咎矣

集說虞氏翻曰震動也有不善未嘗不知之知之未嘗復行无咎者善補過故存乎悔也○韓氏伯曰介纖介也王弼曰憂悔吝之時其介不可慢也卽悔吝者言乎小疵也○程子曰以悔吝為防則存意於微小震懼而得无咎者以此○朱子語類問憂悔吝者存乎介悔吝未至於吉凶是乃初萌動可以向吉凶之微處介又是悔吝之微處介字如界至界限之界是善惡初分界處於此憂之則不至於悔吝矣曰然○丘氏富國曰此章就吉凶悔吝上添入无咎說既欲人於悔吝上著力尤欲人於介上用功蓋人知悔則以善補過而无咎雖未至吉亦不至凶也若又於悔吝之介憂之則但有吉而已所謂幾者動之微而吉之先見者也倂悔吝亦皆無矣○吳氏澄曰列貴賤者存乎位覆說爻者言乎變齊小大者存乎卦覆說彖者言乎象分辨吉凶存乎彖爻之辭覆說言乎其失得也悔吝介乎吉凶之閒憂其介則趨於吉不趨於凶矣

覆說言乎其小疵也震者動心戒懼之謂有咎而能戒懼則能改悔所爲而可以无咎覆說善補過也○趙氏玉泉曰介在事前悔在事後○汪氏砥之曰易凡言悔吝即寓介之意言无咎即寓悔之意憂盱豫之悔存乎遲速之介也憂即鹿之吝存乎往舍之介也震甘臨之无咎存乎憂而悔也震頻復之无咎存乎厲而悔也

是故卦有小大辭有險易辭也者各指其所之

本義小險大易各隨所向○此第三章釋卦爻辭之通例

集說朱子語類云卦有小大看來只是好底卦便是大不好底卦便是小如復如泰如大有如夬之類盡是好底卦如睽如困如小過之類盡是不好底所以謂卦有小大辭有險易大卦辭易小卦辭險即此可見○項氏安世曰貴賤以位言小大以材言卦各有主主各有材聖人隨其材之大小時之難易而命之辭使人之知所適從也○潘氏夢旂曰卦有小有大隨其

消長而分辭有險有易因其安危而別辭者各指其所向凶則指其可避之方吉則指其可趨之所以示乎人也○吳氏澄曰上文有貴賤小大此獨再提卦有小大蓋卦彖爲諸辭之總也○蔡氏淸曰據本章通例看此條卦字辭字皆兼爻說

案此章申第二章吉凶者失得之象也一節之義首言彖爻者吉凶悔吝之辭彖爻皆有之也吉凶則已著故直言其失得而已悔吝則猶微故必推言其小疵也至四者之外又有所謂无咎者不圖吉利求免罪愆之名也其道至大而貫乎吉凶悔吝之閒故易之中有曰吉无咎者有曰凶无咎者有曰吝无咎者然其機皆在於悔蓋惟能悔則吉而不狃於安也凶而能動於困也吝而不包其羞也是故易辭之敎人也於吉凶辨之而已於悔吝也則憂之謹其幾也憂之不已又從而震之曰誠能去吝而悔不徒悔而補過則可以无咎矣夫不試

過而无祗悔者至也衆人不貴无悔而貴能悔爲其爲改過遷善之路也故曰懼以終始其要无咎此之謂易之道

易與天地準故能彌綸天地之道

本義　易書卦爻具有天地之道與之齊準彌如彌縫之彌有終竟聯合之意綸有選擇條理之意

集說　韓氏伯曰作易以準天地○孔氏穎達曰言聖人作易與天地相準謂準擬天地則乾健以法天坤順以法地之類是也○蘇氏軾曰準符合也彌周浹也綸經緯也所以與天地準者以能知幽明之故死生之說鬼神之情狀也○王氏宗傳曰天地之道即下文所謂一陰一陽是也是道也其在天地則爲幽明寓於始終則爲生死見於物變則爲鬼神○朱子語類云凡天地間之物無非天地之道故易能彌綸天地之道彌如封彌

之彌糊合使無縫罅綸如綸絲之綸自有條理言雖是彌得外面無縫罅而中則事事物物各有條理彌而非綸則空疎無物綸而非彌則判然不相干此二字見得聖人下字甚密也○胡氏炳文曰此易字指易書而言書之中具有天地之道本自與天地相等故於天地之道彌之則是合萬爲一渾然無欠綸之則一實萬分粲然有倫

案此下三節朱子分爲窮理盡性至命者極確然須知非有易以後聖人方用易以窮之盡之至之易是聖人窮理盡性至命之書聖人全體易理故言易窮理盡性至命即是言聖人也易與天地準與天地相似範圍天地之化而不過此三句當爲三節冠首第二第三節不言易者蒙第一節文義

仰以觀於天文俯以察於地理是故知幽明之

故原始反終。故知死生之說。精氣爲物。游魂爲變。是故知鬼神之情狀。

本義 此窮理之事。以者。聖人以易之書也。易者。陰陽而已。幽明死生鬼神。皆陰陽之變。天地之道也。天文則有晝夜上下。地理則有南北高深。原者推之於前。反者要之於後。陰精陽氣。聚而成物。神之伸也。魂游魄降。散而爲變。鬼之歸也。

集說 韓氏伯曰。幽明者。有形無形之象。死生者。始終之數也。○程子曰。原始則足以知其終。反終則足以知其始。死生之說。如是而已矣。○蘇氏軾曰。鬼常與體魄俱。故謂之物。神無適而不可。故謂之變。精氣爲魄。魄爲鬼。志氣爲魂。魂爲神。○朱子語類問原始反終。故知死生之說。曰。人未死。如何知得死之說。只是原其始之理。將後面摺轉來看。便見得。以此之有。知彼之無。○又云。魄爲鬼。魂爲神。禮記有孔子答宰我問正說此理甚詳宰我曰吾聞鬼神之名不知其所謂子曰氣也者神之盛也魄也者鬼之盛也合鬼與神敎之至也註氣謂噓吸出入者也耳目之聰明爲魄雜書云魂人陽神也魄人陰神也亦可取○陳氏淳曰人生天地間得天地之氣以爲體得天地之理以爲性原其始而知所以生則要其終而知所以死古人謂得正而斃謂朝聞道夕死可矣只緣受得許多道理須知得盡得便自無愧到死時亦只是這二五之氣聽其自消化而已所謂安死順生與天地同其變化這箇便是與造化爲徒○又曰陰陽二氣會在吾身之中爲鬼神以寤寐言則寤屬陽寐屬陰以語默言則語屬陽默屬陰及動靜進退行止等分屬皆有陰陽凡屬陽者皆爲魂爲神凡屬陰者皆爲魄爲鬼○眞氏德秀曰人之生精與氣合精屬陰氣屬陽精則魄也目之所以明耳之所以聰氣充乎體凡人心之能思慮知識身之能舉動勇決此之謂魂神指魂而言鬼指魄而言○胡氏炳文

曰易不曰陽陰而曰陰陽此所謂幽明死生鬼神即陰陽之謂也即天地而知幽明之故即始終而知死生之說即散聚而知鬼神之情狀皆窮理之事也○林氏希元曰幽明之故死生之說鬼神之情狀其理皆在於易故聖人用易以窮之也然亦要見得爲聖人窮理盡性之書爾非聖人眞箇即易而後窮理盡性也○鄭氏維嶽曰原人之所以始全而生之即反其所以終全而歸之

與天地相似故不違知周乎萬物而道濟天下故不過旁行而不流樂天知命故不憂安土敦乎仁故能愛

本義此聖人盡性之事也天地之道知仁而已知周萬物者天也道濟天下者地也知且仁則知而不過

矣旁行者行權之知也不流者守正之仁也旣樂天理而又知天命故能无憂而其知益深隨處皆安而无一息之不仁故能不忘其濟物之心而仁益篤蓋仁者愛之理愛者仁之用故其相爲表裏如此

集說 韓氏伯曰德合天地故曰相似○朱子語類云與天地相似故不違下數句是說與天地相似之事○又云安土者隨所寓而安若自擇安處便只知有己不知有物也此厚於仁者之事故能愛○又云安土者隨寓而安也敦乎仁者不失其天地生物之心也安土而敦乎仁則無適而非仁矣所以能愛也○胡氏炳文曰上文言易與天地準此言與天地相似似卽準也知似天仁似地有周物之知而實諸濟物之仁則其知不過有行權之知而本諸守正之仁則其知不流至於樂天知命而知之迹已泯安土敦仁而仁之心益著此其知仁所以與天地相似而不違盡性之事也○俞氏琰曰與天地相似者易似天地天地似易彼此相似也

案知周萬物義之精也然所知者皆濟天下之道而不過義合於仁也旁行汎應仁之熟也然所行者皆合中正之則而不流仁合於義也樂玩天理故所知者益深達乎命而不憂安於所處故所行者益篤根於性而能愛所謂樂天之志憂世之誠並行不悖者乃仁義合德之至也若以旁行爲知亦可但恐於行字稍礙

範圍天地之化而不過曲成萬物而不遺通乎晝夜之道而知故神无方而易无體

本義此聖人至命之事也範如鑄金之有模範圍匡郭也天地之化无窮而聖人爲之範圍不使過於中道所謂裁成者也通猶兼也晝夜卽幽明死生鬼神之謂如此然後可見至神之妙无有方所易之變化无有形體也○此第四章言易道之大聖人用之如此

集說韓氏伯曰方體者皆係於形器者也神則陰陽

不測易則惟變所適不可以一方一體明○孔氏穎達曰範謂模範圍謂周圍言聖人所爲所作模範周圍天地之化○又曰凡无方无體各有二義一者神則不見其處所云爲是无方也二則周游運動不常在一處亦是无方也无體者一是自然而變而不知變之所由是无形體也二則隨變而往无定在一體亦是无體也○邵子曰神者易之主也所以无方易者神之用也所以无體○朱子語類云通乎晝夜之道而知通字只是兼乎晝夜之道而知其所以然○又云神无方而易无體神便是在陰底又忽然在陽在陽底又忽然在陰易便是或爲陽或爲陰交錯代換而不可以形體拘也○蔡氏清曰神无方易无體獨係之至命一條至命從窮理盡性上來乃窮理盡性之極致非窮理盡性之外他有所謂至命也故獨係之至命而自足以該乎窮理盡性○林氏希元曰通乎晝夜之道而知只是通知晝夜之道蓋幽明死生鬼神其理相爲循環晝夜之道也聖人

通知晝夜亦只是上文知幽明之故知死生之說知鬼神之情狀而益深造與之相默契如所謂知天地之化育云爾○又曰天地之化萬物之生晝夜之循環皆有箇神易易則模寫乎此理者也故在易亦有神易○姜氏寶曰晝夜之道乃幽明死生鬼神之所以然聖人通知之而有以深徹乎其蘊又不但知有其故知有其說知有其情狀而已也○江氏盈科曰上說道濟天下敦仁能愛此則萬物盡屬其曲成上說知幽明死生鬼神此則晝夜盡屬其通知

案準是準則之相似是與之合德範圍則造化在其規模之內蓋一節深一節也萬物者天地之化之迹也曲成者能盡其性而物我聯爲一體也晝夜者天地之化之機也通知者洞見原本而隱顯貫爲一條也易者化之運用神者化之主宰天地之化其主宰不可以方所求其運用不可以形體拘易之道能範圍之則所謂窮

神知化者也而神化在易矣

一陰一陽之謂道。

本義 陰陽迭運者氣也其理則所謂道

集說 邵子曰道無聲無形不可得而見者也故假道路之道而爲名人之有行必由乎道一陰一陽天地之道也物由是而生由是而成者也○程子曰離了陰陽便無道所以陰陽者是道也陰陽氣也氣是形而下者道是形而上者○朱子語類云理則一而已其形者則謂之器其不形者則謂之道然而道非器不形器非道不立蓋陰陽亦器也而所以陰陽者道也是以一陰一陽往來不息而聖人指是以明道之全體也

案一陰一陽兼對立與迭運二義對立者天地日月之類是也即前章所謂剛柔也迭運者寒暑往來之類是

也即前章所謂變化也

繼之者善也成之者性也

本義 道具於陰而行乎陽繼言其發也善謂化育之功陽之事也成言其具也性謂物之所受言物生則有性而各具是道也陰之事也周子程子之書言之備矣

集說 周子曰大哉乾元萬物資始誠之源也乾道變化各正性命誠斯立焉純粹至善者也故曰一陰一陽之謂道繼之者善也成之者性也大哉易也性命之源乎○楊氏時曰繼之者善無間也成之者性無虧也○朱子語類云造化所以發育萬物者爲繼之者善各正其性命者爲成之者性○又云繼是接續不息之意成是凝成有主之意○又云繼之者善方是天理流行之初人物所資以始成之者性則此理各自有箇安頓處故爲人爲物或昏或明方是定若是未有形質則

此性是天地之理如何把作人物之性得○又云這箇理在天地間時只是善無有不善者生物得來方始名曰性只是這箇理在天則曰命在人則曰性性便是善○問成之者性曰性如寶珠氣質如水水有清有汙故珠或全見或半見或不見○項氏安世曰道之所生無不善者元也萬物之所同出也善之所成各一其性者貞也萬物各正也成之者性猶孟子言人之性犬之性牛之性○熊氏良輔曰天道流行發育萬物善之繼也元者善之長善即元也人物得所稟受者性之成也率性之謂道則性即道也○潘氏士藻曰善者性之原性者善之實善性皆天理中間雖有剛柔善惡中偏之不同而天命之本然無不同

案聖人用繼字極精確不可忽過此繼字猶人子所謂繼體所謂繼志蓋人者天地之子也天地之理全付於人而人受之猶孝經所謂身體髮膚受之父母者是也但謂之付則主於天地而言謂之受則主於人而言惟

謂之繼則見得天人承接之意而付與受兩義皆在其中矣天付於人而人受之其理既無不善則人之所以爲性者亦豈有不善哉故孟子之道性善者本此也然是理既具於人物之身則其根原雖無不善而其末流區以別矣如下文所云仁知百姓者皆局於所受之偏而不能完其所付之全故程朱之言氣質者亦本此也夫子之言性與天道不可得而聞也惟繫傳此語爲言性與天道之至後之論性者折中於夫子則可以息諸子之棼棼矣

仁者見之謂之仁知者見之謂之知百姓日用而不知故君子之道鮮矣

本義 仁陽知陰各得是道之一隅故隨其所見而目爲全體也日用不知則莫不飲食鮮能知味者又其

每下者也然亦莫不有是道焉或曰上章以知屬乎天仁屬乎地與此不同何也曰彼以清濁言此以動靜言

集說 韓氏伯曰君子體道以爲用仁知則滯於所見百姓則日用而不知體斯道者不亦鮮矣乎○程子曰道者一陰一陽也動靜無端陰陽無始非知道者孰能識之動靜相因而成變化順繼此道則爲善也成之在人則謂之性也在衆人則不能識隨其所知故仁者謂之仁知者謂之知百姓則由之而不知故君子之道人鮮克知也○王氏宗傳曰仁者知者鮮克全之百姓之愚鮮克知之此豈在我之善有所不足在我之性有所不同與非也蓋在限量使然爾君子之道烏得而不鮮與君子者具仁知之成名得道之大全也○朱子語類云萬物各具是性但氣稟不同各以其性之所近者窺之故仁者只見得他發生流動處便以爲仁知者只見他貞靜處便以爲知下此一等百姓日用之間習矣而不察所以君子之道鮮矣○胡氏炳文曰在造物者

方發而賦於物其理無有不善在人物者各具是理以有生則謂之性其發者是天命之性其具者天命之性已不能不麗於氣質矣仁者知者百姓指氣質而言也上章說聖人之知仁知與仁合而爲一此說知者仁者仁與知分而爲二○保氏八曰仁者見其有安土敦仁之理則止謂之爲仁知者見其有知周天下之理則止謂之爲知是局於一偏矣百姓終日由之而不知故君子之道知者鮮也

顯諸仁藏諸用鼓萬物而不與聖人同憂盛德大業至矣哉

本義顯自内而外也仁謂造化之功德之發也藏自外而内也用謂機緘之妙業之本也程子曰天地无心而成化聖人有心而无爲

集說孔氏穎達曰顯諸仁者顯見仁功衣被萬物藏諸用者潛藏功用不

使物知○王氏凱沖曰萬物皆成仁功著也不見所爲藏諸用也○程子曰運行之迹生育之功顯諸仁也神妙無方變化無迹藏諸用也天地不與聖人同憂天地不宰聖人有心也天地无心而成化聖人有心而无爲○朱子語類云顯諸仁德之所以盛藏諸用業之所以成譬如一樹一根生許多枝葉花實此是顯諸仁處及至結實一核成一箇種子此是藏諸用處生生不已所謂日新也萬物無不具此理所謂富有也○又云惻隱羞惡辭遜是非只是這箇惻隱隨事發見及至成那事時一事各成一仁此便是藏諸用其發見時在這道理中發去及至成這事時又只是這箇道理一事既各成一道理此便是業業是事之已成處事未成時不得謂之業○吳氏澄曰仁者生物之元由春生而爲夏長之亨此仁顯見而發達於外長物之所顯者生物之仁也故曰顯諸仁用者收物之利由秋收而爲冬藏之貞此用藏伏而歸復於內閉物之所藏者收物之用也故曰

藏諸用二氣運行於四時之閒鼓動萬物而生長收閉之天地無心而造化自然非如聖人之於民有所憂而治之教之也仁之顯而生長者爲德之盛用之藏而收閉者爲業之大其顯者流行不息其藏者充塞無閒此所謂易簡之善極其至者故贊之曰至矣哉○胡氏炳文曰在聖人者則曰仁與知在造化者則曰仁與用○俞氏琰曰仁本藏於內者也顯諸仁則自內而外如春夏之發生所以顯秋冬所藏之仁也用本顯於外者也藏諸用則自外而內如秋冬之收成所以藏春夏所顯之用也

富有之謂大業日新之謂盛德

本義張子曰富有者大而无外日新者久而无窮　集說王氏凱沖曰物無不備故曰富有變化不息故曰日新○吳氏澄曰生物之仁及夏而日長日盛故曰日新收物之用至冬而包括無餘故曰富有○胡

氏炳文曰富有者無物不有而無一豪之虧欠日新者無時不然而無一息之間斷藏而愈有則顯而愈新

生生之謂易。

本義陰生陽陽生陰其變无窮理與書皆然也

成象之謂乾效法之謂坤。

本義效呈也法謂造化之詳密而可見者 集說蔡氏淵曰乾主氣故曰成象坤主形故曰效法

極數知來之謂占通變之謂事。

本義占筮也事之未定者屬乎陽也事行事也占之已決者屬乎陰也極數知來所以通事之變張忠定公言公事有陰陽意蓋如此 集說俞氏琰曰或言通變或言變通同與曰窮則變變則通易也通其變

使民不倦。聖人之用易也。○張氏振淵曰。成象二條。本生生之謂易來。舉乾坤。見天地閒無物而非陰陽之生生。舉占事。見日用閒無事而非陰陽之生生。○谷氏家杰曰。生生謂易。論其理也。有理即有數。陰陽消息。易數也。推極之可以知來。占之義也。通數之變。亦易變也。變不與時偕極。通之即成天下之事。○徐氏在漢曰。一陰一陽。無時而不生生。是之謂易。成此一陰一陽生生之象。是之謂乾。效此一陰一陽生生之法。是之謂坤。極一陰一陽生生之數而知來。是之謂占。通一陰一陽生生之變。是之謂事。

陰陽不測之謂神。

本義 張子曰。兩在故不測。○此第五章。言道之體用不外乎陰陽。而其所以然者。則未嘗倚於陰陽也。

集說 朱子語類問陰陽不測之謂神。便是妙用處。曰。便是包括許多道理。橫渠說得極好。一故神。橫渠親註云兩在故不測只是這一物却周行事物之間如所謂陰陽屈信往來上下以至行乎什伯千萬之中無非這一箇物事所謂兩在故不測○丘氏富國曰上章言易无體此言生生之謂易唯其生生所以无體上章言神无方此言陰陽不測之謂神唯其不測所以无方言易而以乾坤繼之乾坤毀則无以見易也○梁氏寅曰陰陽非神也陰陽之不測者神也一陰一陽變化不窮果孰使之然哉蓋神之所爲也惟神无方故易无體无方者即不測之謂也无體者即生生之謂也若爲有方則非不測之神而其生生者亦有時而窮矣○蔡氏清曰合一不測爲神不合不謂之一不一不爲兩在不兩在不爲不測合者兩者之合也神化非二物也故曰一物兩體也

總論程氏敬承曰此章承上章說來上言彌綸天地之道此則直指一陰一陽之謂道上言神无方易无

體此則直指陰陽之生
生謂易陰陽不測謂神

案程氏以此爲申說上章極是然只舉其首尾天地之道及神易兩端而已須知繼善成性見仁見知卽是申說與天地相似一節意顯仁藏用盛德大業卽是申說範圍天地之化一節意見仁見知之偏所以見知仁合德者之全也顯爲晝藏爲夜鼓萬物而無憂所以見通知晝夜曲成萬物以作易者之有憂患也

夫易廣矣大矣以言乎遠則不禦以言乎邇則靜而正以言乎天地之間則備矣

本義不禦言无盡靜而正言卽物而理存備言无所不有

案遠近是横說天地之間是直說理極於無外故曰遠性具於一身故曰近命者自天而人徹上徹下故曰天

地之閒不禦者所謂彌綸也靜正者所謂相似也備者所謂範圍也

夫乾其靜也專其動也直是以大生焉夫坤其靜也翕其動也闢是以廣生焉

本義 乾坤各有動靜於其四德見之靜體而動用靜別而動交也乾一而實故以質言而曰大坤二而虛故以量言而曰廣蓋天之形雖包於地之外而其氣常行乎地之中也易之所以廣大者以此

集說 孔氏穎達曰若氣不發動則靜而專一故云其靜也專若其運轉則四時不忒寒暑無差剛而得正故云其動也直以其動靜如此故能大生焉閉藏翕斂故其靜也翕動則開生萬物故其動也闢以其如此故能廣生於物焉

○程子曰乾陽也不動則不剛其靜也專其動也直不專一則不能直遂坤陰也不靜則不柔其靜也翕其動

也闢不翕聚則不能發散○朱子語類云天是一箇渾淪底物雖包乎地之外而氣則迸出乎地之中地雖一塊物在天之中其中實虛容得天之氣迸上來大生是渾淪無所不包廣生是廣濶能容受得那天之氣專直則只是一物直去翕闢則是兩箇翕則翕闢則闢此奇耦之形也○又云乾靜專動直而大生坤靜翕動闢而廣生這說陰陽體性如此卦畫也髣髴似恁地乾畫奇便見得其靜也專其動也直坤畫耦便見得其靜也翕其動也闢○吳氏澄曰翕謂合而氣之專者藏乎此闢謂開而氣之直者出乎此○胡氏炳文曰乾惟健故一以施坤惟順故兩而承靜專一者之存動直一者之達靜翕兩者之合動闢兩者之分一之達所以行乎坤之兩故以質言而曰大兩之分所以承乎乾之一故以量言而曰廣○林氏希元曰此推易之所以廣大也乾坤萬物之父母也乾坤各有性氣皆有動靜乾之性氣其靜也專一而不他惟其專一而不他則其動也直遂而

無屈撓惟直遂而無屈撓則其性氣之發四方八表無一不到而規模極其大矣故曰大生焉坤之性氣其靜也翕合而不洩惟其翕合而不洩則其動也開闢而無閉拒惟其開闢而無閉拒則乾氣到處坤皆有以承受之而度量極其廣矣故曰廣生焉乾坤即天地也大生廣生皆就乾坤說易書之廣大則模寫乎此不可以本文廣大作易書

案此節是承上節廣矣大矣而推言天地之所以廣大者一由於易簡故下節遂言易書廣大配天地而結歸於易簡也靜專動直是豪無私曲形容易字最盡靜翕動闢是豪無作爲形容簡字最盡易在直處見坦白而無艱險之謂也其本則從專中來簡在闢處見開通而無阻塞之謂也其本則從翕中來

廣大配天地變通配四時陰陽之義配日月易

簡之善配至德。

本義 易之廣大變通與其所言陰陽之說易簡之德配之天道人事則如此○此第六章 集說 孔氏穎達曰初章易爲賢人之德簡爲賢人之業今總云至德者對則德業別散則業由德而來俱爲德也○吳氏澄曰易書廣大之中有變通焉有陰陽之義焉亦猶天地之有四時日月也四時日月卽天地猶易之六子卽乾坤也易之廣大變通陰陽皆易簡之善爲之主宰而天地之至德亦此易簡之善而已是易書易簡之善配乎天地之至德也

案此上三章中變化者進退之象一節之義首言易能彌綸天地之道而所謂幽明死生神鬼之理卽進退晝夜之機也次言易與天地相似而所謂仁義之性卽三極之道也又言易能範圍天地之化蓋以其贊天地之

化育而又知天地之化育則三極之道進退晝夜之機一以貫之矣窮理盡性以至於命則神化之事備此易之藴也既乃一一申明之所謂天地之道者一陰一陽之之謂也所謂天地之性者一仁一智之謂也所謂天地之化者一顯一藏以鼓萬物之謂也所謂易无體者生生之謂也著於乾坤形乎占事者皆是而所謂神无方者則陰陽不測之謂也終乃總而極贊之謂易之窮理也遠不禦其盡性也靜而正其至命也於天地之間備矣又推原其根於易簡之理靜專動直易也靜翕動闢簡也易簡之理具於三極之道而行乎進退晝夜之間故易者統而言之廣大配天地也析而言之變化者進退之象變通配四時也剛柔者晝夜之象陰陽之義配日月也六爻之動三極之道易簡之善配至德也

子曰易其至矣乎夫易聖人所以崇德而廣業

也知崇禮卑崇效天卑法地

本義十翼皆夫子所作不應自著子曰字疑皆後人所加也窮理則知崇如天而德崇循理則禮卑如地而業廣此其取類又以清濁言也

集說韓氏伯曰極知之崇象天高而統物備禮之用象地廣而載物也○孔氏穎達曰言易道至極聖人用之以增崇其德廣大其業○朱子語類云知識貴乎高明踐履貴乎著實知既高明須放低著實作去○又云知崇者德之所以崇禮卑者業之所以廣蓋禮纔有些不到處便有所欠闕業便不廣矣惟極卑無所欠闕所以廣○又云禮卑是卑順之意卑便廣地卑便廣高則狹了人若只揀取高底作便狹兩脚踏地作方得○吳氏澄曰崇德者立心之易而所得日進日新也廣業者行事之簡而所就日充日富也德之進而新由所知之崇高明如天業之充而富由所履之卑平實如地○張氏振淵曰知卽

德之虛明炯於中者，禮即業之矩矱成於外者。天運於萬物之上，而聖心之知，亦獨超於萬象之表，故曰崇效天。地包細微，不遺一物，而聖人之禮，亦不忽於纖悉細微之際，故曰卑法地。

天地設位，而易行乎其中矣。成性存存，道義之門。

本義 天地設位而變化行，猶知禮存性而道義出也。成性，本成之性也。存存，謂存而又存，不已之意也。○此第七章。

集說 朱子語類云：識見高於上，所行實於下，中間便生生而不窮，故說易行乎其中。成性存存，道義之門。○俞氏琰曰：人之性渾然天成，蓋無有不善者，更加以涵養功夫，存之又存，則無所往而非道，無所往而非義矣。○林氏希元曰：此承上文知崇禮卑崇效天卑法地而言。意謂天地設位，則陰陽變化，而易行乎其中矣聖人知禮至於效天法地則本成之性存存不已而道義從此出故曰道義之門蓋道義之得於心者日新月盛則德於是乎崇矣道義之見於事者日積月累則業於是乎廣矣此易所以爲聖人之崇德廣業而易書所以爲至也○盧氏曰天地位而易行是天地德業之盛知禮存而道義出是聖人德業之盛○吳氏曰愼曰道義之出不窮猶易之生生不已也然未有不存存而能生生者

案門字不可專以出說須知兼出入兩意知崇於內則萬理由此生是道所從出之門也禮卑於外則萬行由此成是義所從入之門也若以四德配則知屬冬禮屬夏道即仁也屬春義屬秋仁主出而發用然非一心虛明萬理畢照則無以爲發用之源義主入而收斂然非百行萬善具足完滿亦無以爲收斂之地矣此造化動靜互根顯諸仁藏諸用之妙其在人則性之德也合內外之道也

總論　項氏安世曰此章言聖人體易於身也知窮萬理之原則乾之始萬物也禮循萬理之則則坤之成萬物也道者義之體智之所知也義者道之用禮之所行也

聖人有以見天下之賾而擬諸其形容象其物宜是故謂之象

本義　賾雜亂也象卦之象如說卦所列者

集說　朱子語類云賾雜亂也古無此字只是嘖字今從臣亦是口之義與左傳嘖有繁言之嘖同是口裏說話多雜亂底意思所以下文說不可惡先儒多以賾爲至妙之意若如此說何以謂之不可惡賾只是一箇雜亂冗鬧底意思○吳氏澄曰不以彖對爻言而以象對爻言者文王未繫彖辭之先重卦之名謂之象象先於彖言象則彖在其中○胡氏炳文曰擬者象之未成象者擬

之已定姑以乾坤二卦言之未畫則擬陰陽之形容於是爲奇耦之畫畫則象也已畫又取象天地首腹牛馬以至於爲金爲玉爲釜爲布之類皆象也○鄭氏維嶽曰擬之在心象之在畫○張氏振淵曰擬諸形容者擬之陰陽也在未畫卦之先象其物宜正畫卦之事擬是擬其所象象是象其所擬物而曰宜不獨肖其形兼欲盡其理

聖人有以見天下之動而觀其會通以行其典禮繫辭焉以斷其吉凶是故謂之爻

本義會謂理之所聚而不可遺處通謂理之可行而无所礙處如庖丁解牛會則其族而通則其虛也

集說朱子語類云會以物之所聚而言通以事之所宜而言會是衆理聚處雖覺得有許多難易窒礙必

於其中却得箇通底道理乃可行爾且如事理間若不於會處理會却只見得一偏便如何行得通須是於會處都理會其間却自有箇通處這禮字又說得濶凡事物之常理皆是○又云會而不通便窒塞而不可行通而不會便不知許多曲直錯雜處○吳氏澄曰會通謂大中至正之理非一偏一曲有所拘礙者也聖人見天下不一之動而觀其極善之理以行其事見理精審則行事允當也以處事之法爲辭繫於各爻之下使筮而遇此爻者如此處事則吉不如此處事則凶也○胡氏炳文曰不會則於理有遺闕如之何可通不通則於理有窒礙如之何可行通是時中典常是庸○蔡氏清曰觀會通行典禮凡就天下之動上說未著在易將此理係之於易以斷其吉凶是爻辭之所以爲爻辭者乃所以效天下之動也故謂之爻○趙氏光大曰通即會中之通據事理而言則曰通據聖人立爲常法而言則曰典禮典常也禮者理之可行者也○何氏楷曰會如省

會之會自彼而來者面面可至通如通都之通自此而往者方方可達○錢氏澄之曰事勢盤錯之會人見爲有礙者聖人觀之必有其通非權宜之行而典禮之行蓋確乎不可易也

言天下之至賾而不可惡也言天下之至動而不可亂也

本義 惡猶厭也

集說 朱子語類云雜亂處人易得厭惡然都是道理中合有底事自合理會故不可惡動亦是合有底上面各自有道理故自不可亂○吳氏澄曰六十四卦之義所以章顯天下至幽之義而名言宜稱人所易知則自不至厭惡其賾矣三百八十四爻之辭所以該載天下至多之事而處決精當人所易從則自不至棼亂其動矣○潘氏士藻曰有至一者存所以不可惡有至常者存所以不可亂

擬之而後言議之而後動擬議以成其變化

本義 觀象玩辭觀變玩占而法行之此下七爻則其例也 集說 王氏宗傳曰擬之而後言擬是象而言也擬是而言則言有物矣議之而後動議是爻而動也議是而動則動惟厥時矣○朱子語類云擬議只是裁度自家言動使合此理變易以從道之意○胡氏炳文曰聖人之於象擬之而後成學易者如之何不擬之而後言聖人之於爻必觀會通以行典禮學易者如之何不議之而後動前言變化易之變化也此言成其變化學易者之變化也

鳴鶴在陰其子和之我有好爵吾與爾靡之子曰君子居其室出其言善則千里之外應之況

其邇者乎居其室出其言不善則千里之外違之況其邇者乎言出乎身加乎民行發乎邇見乎遠言行君子之樞機樞機之發榮辱之主也言行君子之所以動天地也可不慎乎

本義　釋中孚九二爻義

集說　韓氏伯曰鶴鳴於陰氣同則和出言戶庭千里或應出言猶然況其大者乎千里或應況其邇者乎故夫憂悔吝者存乎纖介定失得者慎於樞機是以君子擬議以動慎其微也○蔡氏淵曰居其室即在陰之義出其言即鳴之義千里之外應之即和之之義感應者心也言者心之聲行者心之迹言行乃感應之樞機也○保氏八曰言出乎身加乎民行發乎邇見乎遠樞動而戶開機動而矢發

小則招榮辱大則動天地皆此唱而彼和感應之最捷也○汪氏瑊之曰居室照在陰看中孚者誠積於中在陰居室正當慎獨以脩言行而進於誠也

同人先號咷而後笑子曰君子之道或出或處或默或語二人同心其利斷金同心之言其臭如蘭

本義釋同人九五爻義言君子之道初若不同而後實无間斷金如蘭言物莫能間而其言有味也集說韓氏伯曰君子出處默語不違其中其跡雖異道同則應○耿氏南仲曰或出或處或默或語者物或間之而其迹異也迹雖異而心同故物不得而終間焉其利斷金則其間除矣間除則合故又曰同心之言其臭

如蘭其相好之無斁也。○朱子語類云：同心之利，雖金石之堅，亦被他斷決將去。斷是斷作兩段。○俞氏琰曰：出處語默，卽先號咷後笑之義。二人同心，斷金臭蘭，卽相遇之義。○錢氏志立曰：斷金，言其心志之堅，物不得閒也；如蘭，言其氣味之一，物不能雜也。

初六，藉用白茅，无咎。子曰：苟錯諸地而可矣，藉之用茅，何咎之有？愼之至也。夫茅之爲物薄，而用可重也。愼斯術也以往，其无所失矣。

本義 釋大過初六爻義。

集說 程氏敬承曰：天下事成於愼而敗於忽，況當大過時，時事艱難，愼心不到，便有所失，故有取於愼之至，言寧過於畏愼也。

案茅之爲物薄而用可重此句須對卦義看卦取棟爲義者任重者也茅之視棟爲物薄矣然棟雖任重而猶有橈之患故當大事者每憂其傾墜也若藉茅於地則雖重物而不憂於傾墜矣豈非物薄而用可重乎自古圖大事必以小心爲基故大過之時義雖用剛而以初爻之柔爲基者此也

勞謙君子有終吉子曰勞而不伐有功而不德厚之至也語以其功下人者也德言盛禮言恭謙也者致恭以存其位者也

本義 釋謙九三爻義德言盛禮言恭言德欲其盛禮欲其恭也 集說 楊氏萬里曰人之謙與傲係其德之厚與薄德厚者無盈色德薄者無卑辭如鐘磬焉愈厚者聲愈緩薄者反是故有勞有功而不伐不德唯

至厚者能之。其德愈盛。則其禮愈恭矣。

亢龍有悔。子曰。貴而无位。高而无民。賢人在下位而无輔。是以動而有悔也。

本義 釋乾上九爻義。當屬文言。此蓋重出。集說 孔氏穎達曰。上既以謙德保位。此明無謙則有悔。故引乾之上九亢龍有悔。證驕亢不謙也。○王氏宗傳曰。知聖人深予乎謙之九三。則知聖人深戒乎乾之上九。何也。亢者謙之反也。九三致恭存位。上九則貴而无位。九三萬民服。上九則高而无民。九三能以功下人。上九則賢人在下位而无輔。此九三所以謙而有終。上九所以亢而有悔也。

不出戶庭。无咎。子曰。亂之所生也。則言語以爲階。君不密則失臣。臣不密則失身。幾事不密則害成。是以君子慎密而不出也。

本義 釋節初九爻義。

集說 蔡氏淵曰。不言則是非不形。人之招禍惟言為甚。故言所當節也。密於言語。節不出戶庭之義。○吳氏澄曰。此爻辭所象慎動之節。而夫子以發言之辭釋之。程子曰。在人所節惟言與行。節於言則行可知。言當在先也。

子曰。作易者其知盜乎。易曰負且乘致寇至。負也者。小人之事也。乘也者。君子之器也。小人而乘君子之器。盜思奪之矣。上慢下暴。盜思伐之矣。慢藏誨盜。冶容誨淫。易曰負且乘致寇至。盜之招也。

本義 釋解六三爻義。○此第八章。言卦爻之用。

集說 孔氏穎達曰。此結上不密失身之事。事若不密。人則乘此機危而害之。猶若財之不密。盜則乘此機危而竊之。○胡氏瑗曰。小人居君子之位。不惟盜之所奪。抑亦為盜之侵伐矣。蓋在上之人。不能選賢任能。遂使小人乘時得勢而至於高位。非小人之然也。○陳氏琛曰。小人而乘君子之器。則處非其據。而盜思奪之矣。且小人在位。則慢上暴下。人所不堪。而盜思伐之矣。○趙氏光大曰。強取曰奪。執辭曰伐。

案慢暴。如陳氏說亦通。然以慢字對下文慢藏觀之。則當為上褻慢其名器。而在下之小人。得肆其殘暴之義。

方與伐字相應。蓋奪者。禍止其身也。伐者。禍及國家也。慢藏誨盜。以喻上慢下暴。盜思伐之。冶容誨淫。以喻小人而乘君子之器。盜思奪之。

總論 谷氏家杰曰。此章重擬議成變化句。前章以存心存用易。尊德性也。此章以擬議用易。道問學也。

案此上二章。申君子所居而安者一節之義。得易理於心之謂德。成易理於事之謂業。聖人猶然。況學者乎。是故不可以至賾而惡也。不可以至動而亂也。擬之於至賾之中。得聖人所謂擬諸形容者。則沛然無疑而可以言矣。議之於至動之際。得聖人所謂觀其會通者。則確然不易而可以動矣。知禮成性。不待擬議而變化出焉者。聖人之事也。精義利用。擬議以成其變化者。學者之功也。中孚以下七爻舉例言之。

天一。地二。天三。地四。天五。地六。天七。地八。天九。

地十。

本義 此簡本在第十章之首程子曰宜在此今從之此言天地之數陽奇陰耦即所謂河圖者也其位一六居下二七居上三八居左四九居右五十居中就此章而言之則中五爲衍母次十爲衍子次一二三四爲四象之位次六七八九爲四象之數二老位於西北二少位於東南其數則各以其類交錯於外也

集說 郭氏雍曰天數五地數五者此也漢志言天以一生水地以二生火天以三生木地以四生金天以五生土故或謂天一至五爲五行生數地六至地十爲五行成數雖有此五行之說而於易無所見故五行之說出於歷數之學非易之道也○朱子語類云自大衍之數五十至再扐而後掛便接乾之策二百一十有六至可與祐神矣爲一節是論大衍之數自天一至地十却連天數五至而行鬼神也爲一節是論河圖五十五之數今其

文閒斷差錯。不相連接。舛誤甚明。○項氏安世曰。姚大老云。天一地二至天九地十。班固律歷志。及衛元嵩元包運蓍篇。皆在天數五地數五之上。○吳氏澄曰。案漢書律歷志。引此章天一地二至行鬼神也六十四字相連。則是班固時此簡猶未錯也。

天數五。地數五。五位相得。而各有合。天數二十有五。地數三十。凡天地之數。五十有五。此所以成變化而行鬼神也。

本義此簡本在大衍之後。今按宜在此。天數五者。一三五七九皆奇也。地數五者。二四六八十皆耦也。相得。謂一與二。三與四。五與六。七與八。九與十。各以奇耦為類。而自相得。有合。謂一與六。二與七。三與八。四與九。

五與十皆兩相合二十有五者五奇之積也三十者五耦之積也變化謂一變生水而六化成之二化生火而七變成之三變生木而八化成之四化生金而九變成之五變生土而十化成之鬼神謂凡奇耦生成之屈伸往來者

集說孔氏穎達曰言此陽奇陰耦之數成就其變化而宣行鬼神之用○程子曰數只是氣變化鬼神亦只是氣天地之數五十有五變化鬼神皆不越於其間○龔氏煥曰五位相得之說當從孔氏蓋既謂之五位相得則是指一六居北二七居南三八居東四九居西五十居中而言且一二三四之相得不見其用不若孔之的也

案龔氏之意謂相得者言四方相次如一三七九二四六八是也有合者言四方相交如一六二七三八四九是也此說極合圖意蓋相得有合者是二氣之迭運四時之順播所以成變化者此也有合者是動靜之互根陰陽

之互藏所以行鬼神者此也然成變化行鬼神不直言於相得有合之後必重敘天地之數五十有五者蓋非重敘細數則無以見相得者之自少而多自微而盛有合者之多少相間微盛相錯而往來積漸之迹屈伸交互之機有所未明者矣

大衍之數五十。其用四十有九。分而爲二以象兩。掛一以象三。揲之以四以象四時。歸奇於扐以象閏。五歲再閏。故再扐而後掛。

本義 大衍之數五十蓋以河圖中宮天五乘地十而得之。至用以筮則又止用四十有九。蓋皆出於理勢之自然。而非人之知力所能損益也。兩謂天地也。掛懸其一於左手小指之間也。三三才也。揲間而數之也。奇。

所揲四數之餘也。扐，勒於左手中三指之兩間也。閏，積月之餘日而成月者也。五歲之間，再積日而再成月，故五歲之中，凡有再閏，然後別起積分。如一掛之後，左右各一揲而一扐，故五者之中，凡有再扐，然後別起一掛也。

集說　韓氏伯曰：王弼曰：演天地之數者五十也。其用四十有九，則其一不用也。不用而用以之通，非數而數以之成，斯易之太極也。○孔氏穎達曰：分而爲二以象兩者，五十之内去其一，餘有四十九，合同未分，今以四十九分而爲二，以象兩儀也。掛一以象三者，就兩儀之間，於天數之中分掛其一，以象三才也。揲之以四以象四時者，分揲其蓍，皆以四四爲數，以象四時。歸奇於扐以象閏者，謂四揲之餘，歸此殘奇於扐而成數，以象天道歸殘聚餘分而成閏也。五歲再閏者，凡前閏後閏相去大畧三十二月，在五歲之中，故五歲再閏。○張氏浚曰：歸奇於扐以象閏，何也？大衍用四十有九，老陽餘數十有三，老陰餘數二十有五，合之爲三十有八，少陽餘數二十有一少陰餘數十有七合之亦爲三十有八乘以六爻之位則二百二十有八也凡術於算者乘以二百二十八爲求閏之法蓋自然之紀如此○朱子蓍卦考誤曰五十之內去其一但用四十九策合同未分是象太一也以四十九策分置左右兩手左手象天右手象地是象兩儀也掛猶懸也於右手之中取其一策懸於左手小指之間所以象人而配天地是象三才揲數之也謂先置右手之策於一處而以右手四四而數左手之策又置左手之策而以左手四四而數右手之策也皆以四數是象四時奇零也扐勒也謂既四數兩手之策則其四四之後必有零數或一或二或三或四左手者歸之於第四第三指之間右手者歸之於第三第二指之間而扐之也象閏者積餘分而成閏月也凡前後閏相去大畧三十二月在五歲之中此掛一揲四歸奇之法亦一變之間凡一掛兩揲兩扐爲五歲之象其間凡兩扐以象閏是五歲之中凡有再閏然後

置前掛扐之策復以見存之策分二掛一而爲第二變也○又答郭雍曰過揲之數雖先得之然其數衆而繁歸奇之數雖後得之然其數寡而約紀數之法以約御繁不以衆制寡故先儒舊說專以多少決陰陽之老少而過揲之數亦冥會焉初非有異說也然七八九六所以爲陰陽之老少者其說又本於圖書定於四象其歸奇之數亦因揲而得之耳大抵河圖洛書者七八九六之祖也四象之形體次第者其父也歸奇之奇耦方圓者其子也過揲而以四乘之者其孫也今自歸奇以上皆棄不錄而獨以過揲四乘之數爲說恐或未究象數之本原也○吳氏澄曰衍母之一數之所起故大衍五十之數虛其一而不用所用者四十有九其數七七蓋以一爲體七七爲用也○胡氏炳文曰曆法再閏之後又從積分而起則筮法再扐之後又必從掛一而起也

附錄

虞氏翻曰奇所掛一策扐所揲之餘不一則二不三則四也取奇以歸扐扐以閏月定四時成歲故歸奇於扐以象閏也○張子曰奇所掛之一也扐左右手四揲之餘也再扐後掛者每成一爻而後掛也謂第二第三揲不掛也閏嘗不及三歲而再至故曰五歲再閏此歸奇必俟於再扐者象閏之中間再歲也○郭氏忠孝曰奇者所掛之一也扐者左右兩揲之餘也得左右兩揲之餘寘於前以一奇歸之也歸奇象閏也五歲再閏非以再扐象再閏也蓋閏之後有再歲故歸奇之後亦有再扐也再扐而後復掛掛而復歸則五歲再閏之義矣自唐初以來以奇爲扐故揲法多誤至横渠先生而後奇扐復分○又曰扐者數之餘也如禮言祭用數之仂是也或謂指間爲扐者非繫辭言歸奇於扐則奇與扐爲二事也又言再扐而後掛則扐與奇亦二事也由是知正義誤以奇爲扐又誤以左右手揲爲再扐如曰最末之餘歸之合於扐掛之一處其說自相抵捂莫知

所從惟當從橫渠先生之說爲正○又曰繫辭以兩扐一掛爲三變而成一爻是有三歲一閏之象正義以每一揲左右兩手之餘卽爲再扐是一變之中再扐一掛皆具則一歲一閏之象也凡揲蓍第一變必掛一者謂不掛一則無變所餘皆得五也惟掛一則所餘非五則九故能變第二第三揲雖不掛亦有四八之變蓋不必掛也故聖人必再扐後掛者以此

案郭雍本其先人郭忠孝之說以爲蓍說引張子之言爲據朱子與之往復辨論今附錄於後以備參考大約孔疏本義則以左右揲餘爲奇而卽以再扐象再閏張子郭氏則以先掛一者爲奇而歸之於扐以象閏其說謂惟初變掛一而後二變不掛故初歲有閏又須更越二歲如初變有掛又須更越二變以應再扐後掛之文也如郭氏說則再閏再扐兩再字各異義而不相應故須以朱子之論爲確然以歸奇爲歸掛一之奇則自虞

翻已爲此說且玩經文語氣歸奇於扐奇與扐自是兩物而併歸一處爾此義則郭氏之說可從蓋疏義之意是以扐象閏也張郭之意是以掛象閏也今折其中則掛扐皆當併以象閏以天道論之氣盈朔虛必併爲一法以筮儀論之掛與扐必併在一處以經文考之曰歸奇於扐又曰再扐後掛則象閏者當併掛與扐明矣

乾之策二百一十有六坤之策百四十有四凡三百有六十當期之日

本義凡此策數生於四象蓋河圖四面太陽居一而連九少陰居二而連八少陽居三而連七太陰居四而連六揲蓍之法則通計三變之餘去其初掛之一凡四爲奇凡八爲耦奇圓圍三耦方圍四三用其全四用其半積而數之則爲六七八九而第三變揲數策數亦皆符會蓋餘三奇則九而其揲亦九策亦四九三十六

是爲居一之太陽。餘二奇一耦則八。而其揲亦八。策亦四八三十二。是爲居二之少陰。二耦一奇則七。而其揲亦七。策亦四七二十八。是爲居三之少陽。三耦則六。而其揲亦六。策亦四六二十四。是爲居四之老陰。是其變化往來進退離合之妙。皆出自然。非人之所能爲也。少陰退而未極乎虛。少陽進而未極乎盈。故此獨以老陽老陰計乾坤六爻之策數。餘可推而知也。期周一歲也。凡三百六十五日四分日之一。此特舉成數而槩言之耳。

集說 孔氏穎達曰。乾之少陽。一爻有二十八策。六爻則有一百六十八策。此經據老陽之策也。若坤之少陰。一爻有三十二。六爻則有一百九十二。此經據坤之老陰。故百四十有四也。○朱子語類云。大凡易數皆六十。三十六對二十四。三十二對二十八。皆六十也。十甲十二辰。亦湊到六十也。鐘律五聲十二律。亦積爲六十也。以此知天地之數。皆至六十爲節。○又答程大昌曰。大傳專以六爻乘二老而言。故曰乾之策二百一十有六。坤之策百四十有四。凡三百有六十。其實六爻之爲陰陽者。老少錯雜。其積而爲乾者。未必皆老陽。其積而爲坤者。未必皆老陰。其爲六子諸卦者。或陽或陰。亦互有老少焉。○胡氏炳文曰。前則掛扐象月之閏。此則過揲之數象歲之周。蓋揲之以四。已合四時之象。故總過揲之數。又合四時成歲之象也。

案大傳不言乾之掛扐若干。坤之掛扐若干。而但言乾之策。坤之策。則以策數定七八九六者似是

二篇之策。萬有一千五百二十。當萬物之數也。

本義。二篇。謂上下經。凡陽爻百九十二。得六千九百一十二策。陰爻百九十二。得四千六百八策。合之得此數

是故四營而成易。十有八變而成卦。

本義四營謂分二掛一揲四歸奇也易變易也謂一變也三變成爻十八變則成六爻也集說陸氏績曰分而爲二以象兩一營也掛一以象三二營也揲之以四以象四時三營也歸奇於扐以象閏四營也○孔氏穎達曰營謂經營謂四度經營蓍策乃成易之一變也每一爻有三變初一揲不五則九是一變也第二揲不四則八是二變也第三揲亦不四則八是三變也若三者俱多爲老陰謂初得九第二第三俱得八也若三者俱少爲老陽謂初得五第二第三俱得四也若兩少一多爲少陰謂初與二三之閒或有四或有五而有八或有二四而有一九也其兩多一少爲少陽謂三揲之閒或有一九一八而有一四或爲二八而有一五也三變既畢乃定一爻六爻則十有八變乃始成卦也○朱子語類云這處未下得卦字亦未下得爻字只下得易字

八卦而小成。

本義謂九變而成三畫。得內卦也。　集說孔氏穎達曰。八卦而小成者。象天地雷風日月山澤。於大象畧盡是易道小成。

引而伸之。觸類而長之。天下之能事畢矣。

本義謂已成六爻。而視其爻之變與不變。以爲動靜。則一卦可變而爲六十四卦。以定吉凶。凡四千九十六卦也

案六十四卦變爲四千九十六卦之法。卽如八卦變爲六十四卦之法。畫上加畫。至於四千九十六卦。則六畫者積十二畫矣。如引寸以爲尺。引尺以爲丈。故曰引而伸之。聖人設六十四卦。又繫以辭。則事類大畧已盡。今

又就其變之所適而加一卦焉彼此相觸或相因以相生或相反以相成其變無窮則義類亦無窮故曰觸類而長之如此則足以該事變而周民用故曰天下之能事畢

顯道神德行是故可與酬酢可與祐神矣

本義 道因辭顯行以數神酬酢謂應對祐神謂助神化之功

集說 韓氏伯曰可以應對萬物之求助成神化之功也酬酢猶應對○張子曰示人吉凶其道顯陰陽不測其德神顯故可與酬酢神故可與祐神○又曰顯道者危使平易使傾懼以終始其要无咎之道也神德行者寂然不動冥會於萬化之感而莫知爲之者也受命如響故可與酬酢曲盡鬼謀故可與祐神顯道神德行此言蓍龜之德也○項氏安世曰天道雖幽可闡之以示乎人人事雖顯可推之以合乎天明可以酬酢事物之宜幽可以贊出鬼神之命

子曰。知變化之道者。其知神之所爲乎。

本義 變化之道。卽上文數法是也。皆非人之所能爲。故夫子歎之。而門人加子曰以別上文也。○此第九章言天地大衍之數揲蓍求卦之法。然亦畧矣。意其詳具於大卜筮人之官。而今不可考耳。其可推者。啓蒙備言之。

集說 韓氏伯曰。變化之道。不爲而自然。故知變化之道者。則知神之所爲。○張子曰。惟神爲能變化。以其一天下之動也。人能知變化之道。其必知神之所爲也。○蘇氏軾曰。神之所爲不可知。觀變化而知之矣。變化之間。神無不在。○董氏銖曰。陽化爲陰。陰變爲陽者。變化也。所以變化者。道也。道者本然之妙。變化者所乘之機。故陰變陽化。而道無不在。兩在故不測。故曰知變化之道者。其知神之所爲乎。○龔氏煥曰。此所謂知變化之道者。其知神之所爲。卽承上文所謂成變化而行鬼神爲言也。蓋河圖之數。體也。故曰所以成變化而行鬼神大衍之數用也故曰知變化之道其知神之所爲成變化所以行鬼神故知變化之道則知神之所爲變化者神之所爲而神不離於變化知道者必能知之○陸氏振奇曰神妙變化而爲言故知鬼神之行即在成變化處○谷氏家杰曰神之所爲是因圖數之神以贊衍法之神見其亦如天地之成變化而行鬼神也指蓍法之變化爲神非總承數法而並贊其神也

案此節是承蓍卦而贊之龔氏谷氏之論爲得蓋蓍卦之法乃所以寫變化之機而陰陽合一不測之妙行乎其閒也下文象變辭占即是變化之道至精至變以極於至神即是神之所爲

易有聖人之道四焉以言者尚其辭以動者尚其變以制器者尚其象以卜筮者尚其占

本義四者皆變化之道。神之所爲者也。**集說**虞氏翻曰以言者尚其辭。聖人之情見於辭繫辭焉
以盡言也。動則玩其占。故尚其占者也。孔氏穎達曰
策是筮之所用。并言卜者。卜雖龜之見兆。亦有陰陽五
行變動之狀。程子曰。言所以述理。以言者尚其辭謂
以言求理者。則存意於辭也。以動者尚其變。動則變也
順變而動。乃合道也。制器作事。當體乎象。卜筮吉凶當
考乎占。朱子語類問以卜筮者尚其占。卜用龜亦使
易占否。曰。不用則是文勢如此。胡氏炳文曰。辭以明
變象之理。占以斷變象之應。故四者之目。以辭與占始
終焉。蔡氏清曰。尚辭與尚占有別。後章云。繫辭焉所
以告也。定之以吉凶所以斷也。於此可見尚辭尚占之
別矣。又曰。言動制器卜筮。不必俱以筮易言。君子居
則觀其象而玩其辭。亦可用易也。動則觀其變而玩其
占亦可用易也。何氏楷曰。此章與
第二章觀象玩辭觀變玩占相應

是以君子將有爲也。將有行也。問焉而以言。其受命也如嚮。无有遠近幽深。遂知來物。非天下之至精。其孰能與於此。

本義　此尚辭尚占之事。言人以蓍問易。求其卦爻之辭。而以之發言處事。則易受人之命而有以告之。如嚮之應聲。以決其未來之吉凶也。以言與以言者尚其辭之以言義同。命則將筮而告蓍之語。冠禮筮日宰自右贊命是也。

集說　朱子語類云。問焉而以言。以上下文推之。以言却是命筮之詞。古人亦大段重這命筮之詞。○吳氏澄曰。有爲謂作內事。有行謂作外事。○蔡氏淸曰。行之於身是有爲。措之事業是有行。

案此節是釋動則觀其變而玩其占之意。又起下章所謂蓍之德也。蓍以知來。故曰遂知來物。至精者虛明鑒照如水鏡之無纖翳也。

參伍以變，錯綜其數。通其變，遂成天地之文；極其數，遂定天下之象。非天下之至變，其孰能與於此。

本義 此尚象之事。變則象之未定者也。參者，三數之也。伍者，五數之也。既參以變，又伍以變，一先一後，更相考覈，以審其多寡之實也。錯者，交而互之，一左一右之謂也。綜者，總而挈之，一低一昂之謂也。此亦皆謂揲蓍求卦之事。蓋通三揲兩手之策，以成陰陽老少之畫，究七八九六之數，以定卦爻動靜之象也。參伍錯綜，皆古語，而參伍尤難曉。按荀子云：窺敵制變，欲伍以參。韓非曰：省同異之言，以知朋黨之分；偶參伍之驗，以責陳

言之實又曰參之以比物伍之以合參史記曰必參而伍之又曰參伍不失漢書曰參伍其賈以類相準此足以相發明矣

集說　虞氏翻曰觀變陰陽始立卦故成天地之文物相雜故曰文也數六畫之數六爻之動三極之道故定天下吉凶之象也○朱子語類云紀數之法以三數之則遇五而齊以五數之則遇三而會所謂參伍以變者前後多寡更相反覆以不齊而要其齊○又云參伍所以通之其治之也簡而疎錯綜所以極之其治之也繁而密

案此節是釋居則觀其象而玩其辭之意又起下章所謂卦之德六爻之義也卦爻以藏往故曰遂成天地之文遂定天下之象文謂八卦也雷風水火山澤之象具而天地之文成矣定象謂六爻也內外上下貴賤之位立而天下之象定矣參伍錯綜亦是互文總以見卦爻陰陽互相參錯爾至變者變動周流如雲物之無定

質也

易无思也无爲也寂然不動感而遂通天下之故非天下之至神其孰能與於此

本義 此四者之體所以立而用所以行者也易指蓍卦无思无爲言其无心也寂然者感之體感通者寂之用人心之妙其動靜亦如此

集說 孔氏穎達曰既无思无爲故寂然不動有感必應萬事皆通是感而遂通天下之故也言易理神功不測○邵子曰无思无爲者神妙致一之地也所謂一以貫之聖人以此洗心退藏於密○程子曰老子曰無爲又曰無爲而無不爲聖人作易未嘗言无爲惟曰无思也无爲也此戒夫作爲也然下卽曰寂然不動感而遂通天下之故是動靜之理未嘗爲一偏之說矣○胡氏居仁曰天下之理雖

萬殊而實一本皆具於心故感而遂通若原不曾具得此理如何通得○林氏希元曰感而遂通天下之故即是上文遂成天地之文遂定天下之象受命如嚮遂知來物之意蓋即上文而再贍說以歸於至神也○張氏振淵曰上數遂字已含有神字意非精變之外別有神

案此節是總著卦爻之德而贊之遂通天下之故即上文遂知來物遂成天地之文而此謂之至神者以其皆感通於寂然不動之中其知來物非出於思其成文定象非出於為也神不在精變之外其即精變之自然而然者與

夫易聖人之所以極深而研幾也

本義研猶審也幾微也所以極深者至精也所以研幾者至變也

集說韓氏伯曰極未形之理則

曰深適動微之會則曰幾○孔氏穎達曰言易道弘大故聖人用之所以窮極幽深而研覈幾微也无有遠近幽深是極深也參伍以變錯綜其數是研幾也○俞氏琰曰深蘊奧而難見也幾細微而未著也極深謂以易之至精窮天下之至精研幾謂以易之至變察天下之至變

唯深也故能通天下之志唯幾也故能成天下之務唯神也故不疾而速不行而至

本義 所以通志而成務者神之所爲也 集說 虞氏翻曰深謂幽贊神明无有遠近幽深遂知來物故通天下之志謂蓍也務事也謂易研幾故成天下之務謂卦也寂然不動感而遂通故不行而至者也○孔氏穎達曰唯深也故能通天下之志者聖人用易道以極深故聖人德深也能通天下之志意即是受命如嚮

遂知來物。唯幾也。故能成天下之務者。聖人用易道以研幾。故能知事之幾微。通其變。遂成天地之文是也。○張子曰。一故神。譬之人身。四體皆一物。故能觸之而無不覺。不待心使至此而後覺也。此所謂感而遂通。不行而至。不疾而速也。○張氏浚曰。精之所爛。來物遂知天下之志。於此而可通。變之所該。萬象以定天下之務。於此而可成。○朱子語類云。通天下之志。猶言開物。開通其閉塞也。故其下對成務。○又易精變神說曰。變化之道。莫非神之所爲也。故知變化之道。則知神之所爲矣。易有聖人之道四焉。所謂變化之道也。觀變玩占。可以見其精之至矣。玩辭觀象。可以見其變之至矣。然非有寂然感通之神。則亦何以爲精爲變而成變化之道哉。此變化之所以爲神之所爲也。

案本義以至精爲尚辭尚占之事。至變爲尚象尚變之事。而易說以至精爲變占。至變爲象辭。蓋本第二章居

則觀象玩辭動則觀變玩占而來此與下章蓍之德卦之德既相應而第二章觀玩之義亦因以明當從此說

子曰易有聖人之道四焉者此之謂也

本義此第十章承上章之意言易之用有此四者 集說蔡氏淸曰上章四營而成易至顯道神德行則辭變象占四者俱有但未及枚舉而明言之耳故此章詳之

子曰夫易何爲者也夫易開物成務冒天下之道如斯而已者也是故聖人以通天下之志以定天下之業以斷天下之疑

本義開物成務謂使人卜筮以知吉凶而成事業冒天下之道謂卦爻既設而天下之道皆在其中 集

說朱子語類云古時民淳俗朴風氣未開於天下事全未知識故聖人立龜與之卜作易與之筮使人趨吉避害以成天下之事故曰開物成務物是人物務是事務冒是罩得天下許多道理在裏○又云讀繫辭者須要就卦中一一見得許多道理然後可讀繫辭也蓋易之爲書大抵皆是因卜筮以教逐爻開示吉凶將天下許多道理包藏在其中故冒天下之道○龔氏煥曰通志以開物言定業以成務言斷疑以冒天下之道言惟其能冒天下之道所以能斷天下之疑苟其道有不備又何足以斷天下之疑也哉

案此通志卽是上章通志定業斷疑則是上章成務言通志成務則斷疑在其中矣又多此一句者以起下文蓍卦爻三事

是故蓍之德圓而神卦之德方以知六爻之義

御纂周易折中

易以貢。聖人以此洗心。退藏於密。吉凶與民同患。神以知來。知以藏往。其孰能與於此哉。古之聰明睿知神武而不殺者夫。

本義圓神。謂變化无方。方知。謂事有定理。易以貢。謂變易以告人。聖人體具三者之德。而无一塵之累。无事則其心寂然。人莫能窺。有事則神知之用。隨感而應。所謂无卜筮而知吉凶也。神武不殺。得其理而不假其物之謂。

集說虞氏翻曰。吉凶與民同患。謂作易者其有憂患也。○韓氏伯曰。圓者運而不窮。方者止而有分。唯變所適。無數不周。故曰圓。卦列爻分。各有其體。故曰方。○又曰。表吉凶之象。以同民所憂患之事。故曰吉凶與民同患也。○孔氏穎達曰。易道深遠。故古之聰明睿知神武之君。用此易道。不用刑殺而威服之也。○

崔氏憬曰蓍之數七七四十九象陽圓其爲用變通不定因之以知來物是蓍之德圓而神也卦之數八八六十四象陰方其爲用也爻位有分因之以藏往知事是卦之德方以知也○張子曰圓神故能通天下之志方知故能定天下之業易貢故能斷天下之疑○程子曰安有識得易後不知退藏於密密是用之源聖人之妙處○龔氏原曰圓者其體動而不窮神者其用虛而善應卦者象也象則示之以定體爻者變也變則其義不可爲典要以此洗心者所以无思也以此退藏於密者所以无爲也以此吉凶與民同患者感而遂通天下之故也○王氏宗傳曰聖人以此蓍卦六爻洗去夫心之累則是心也廓然而大公用能退藏於密而不窮之用默存於我焉此即易之所謂寂然不動也夫妙用之源默存於聖人之心則發而爲用也酬酢萬物而不窮樂以天下憂以天下故曰吉凶與民同患此即感而遂通天下之故也○朱子語類云此言聖人所以作易之本

也。蓍動卦靜。而爻之變易無窮。未畫之前。此理已具於聖人之心矣。然物之未感。則寂然不動。而無朕兆之可名。及其出而應物。則憂以天下。而圓神方知者。各見於功用之實。聰明睿知神武而不殺者。言其體用之妙也。洗心退藏言體。知來藏往言用。然亦只言體用具矣。而未及使出來處。到下文是興神物以前民用。方發揮許多道理以盡見於用也。○項氏安世曰。蓍用七。其德圓。卦用八。其德方。爻用九六。其義易貢。○胡氏居仁曰。退藏於密。只是其心湛然無事。而衆理具在也。○何氏楷曰。德統而義析。故爻以義言。○又曰。吉凶之幾。兆端已發。將至而未至者曰來。吉凶之理。見在於此。一定而可知者曰往。

是以明於天之道。而察於民之故。是興神物。以前民用。聖人以此齊戒。以神明其德夫。

神物謂蓍龜湛然純一之謂齊肅然警惕之謂戒

本義 明天道故知神物之可興察民故故知其用之不可不有以開其先是以作爲卜筮以敎人而於此焉齊戒以考其占使其心神明不測如鬼神之能知來也

集說 韓氏伯曰洗心曰齊防患曰戒○朱子語類云此言作易之事也聖人以此齊戒以神明其德夫言此用易之事也齊戒敬也聖人無一時一事而不敬此特因卜筮而尤見其精誠之至如孔子所愼齊戰疾之意也○又云聖人旣具此理又將此理就蓍龜上發明出來使民亦得前知而用之也德卽聖人之德聖人自有此理又用蓍龜之理以神明之○丘氏富國曰心卽神明之舍人能洗之而無一點之累則此心靜與神明一於揲蓍求卦之時能以齊戒存之則此心動與神明通心在則神在矣

案以此洗心者聖人體易之事也在學者則居而觀象玩辭亦必如聖人之洗心然後可以得其理以此齊戒

者聖人用易之事也在學者則動而觀變玩占亦必如聖人之齊戒然後可以見其幾言聖人以爲君子之楷則也

是故闔戶謂之坤闢戶謂之乾一闔一闢謂之變往來不窮謂之通見乃謂之象形乃謂之器制而用之謂之法利用出入民咸用之謂之神

本義　闔闢動靜之機也先言坤者由靜而動也乾坤變通者化育之功也見象形器者生物之序也法者聖人脩道之所爲而神者百姓自然之日用也

集說　荀氏爽曰見乃謂之象謂日月星辰光見在天而成象也形乃謂之器萬物生長在地成形可以爲器用者也觀象於天觀形於地制而用之可以爲法○虞氏翻

曰闔閉翕也坤象夜故以閉戶也闢開也乾象晝故以開戶也陽變闔陰陰變闢陽剛柔相推而生變化也○陸氏績曰聖人制器以周民用用之不遺故曰利用出入也民皆用之而不知所由來故謂之神也○朱氏震曰知闔闢變通者明於天之道知利用出入民咸用之者察於民之故○朱子語類云闔闢乾坤理與事皆如此書亦如此這箇只說理底意思多○問闔戶謂之坤一段只是這一箇物以其闔謂之坤以其闢謂之乾以其闔闢謂之變以其不窮謂之通以其發見而未成形謂之象以其成形則謂之器聖人脩明以立教則謂之法百姓日用則謂之神曰是如此又曰利用出入者便是人生日用都離他不得

案此節是說天道民故如此易有大極一節是說聖人作易以模寫之

是故易有大極是生兩儀兩儀生四象四象生

八卦。

本義 一每生二。自然之理也。易者。陰陽之變。太極者。其理也。兩儀者。始爲一畫以分陰陽。四象者。次爲二畫以分太少。八卦者。次爲三畫而三才之象始備。此數言者。實聖人作易自然之次第。有不假絲豪智力而成者。畫卦揲蓍。其序皆然。詳見序例啓蒙。

集說 邵子曰。太極何物也。曰無爲之本也。太極生兩儀。兩儀天地之謂乎。曰兩儀天地之祖也。太極分而爲二。先得一爲一。復得一爲二。一二謂兩儀。曰兩儀生四象。四象何物也。曰四象謂陰陽剛柔。有陰陽然後可以生天。有剛柔然後可以生地。立功之本。於斯爲極。曰四象生八卦。八卦何謂也。曰謂乾坤離坎兌艮震巽也。迭相盛衰終始於其間矣。因而重之。則六十四卦由是而生也。而易之道備矣。○朱子語類云。太極十全是具一箇善。若三百八十四爻中。有善有惡。皆陰陽變化後方有。○又云。

若說其生則俱生。太極依舊在陰陽裏。但言其次序，須有這實理，方始有陰陽也。自見在事物而觀之，則陰陽函太極。推其本，則太極生陰陽。○又云：易有太極，便是下面兩儀四象八卦。自三百八十四爻總爲六十四，自六十四總爲八卦，自八卦總爲四象，自四象總爲兩儀，自兩儀總爲太極。以物論之，易之太極，如木之有根，浮圖之有頂。但木之根，浮圖之頂，是有形之極。太極卻不是一物，無方所，頓放是無形之極。故周子曰：無極而太極。是他說得有功處。然太極之所以爲太極，卻不離乎兩儀四象八卦。如一陰一陽之謂道，指一陰一陽爲道則不可，然道不離乎陰陽也。○陳氏淳曰：太極只是渾淪極至之理，非可以形氣言。傳曰易有太極，易只是陰陽變化，其所以爲陰陽變化之理則太極也。又曰三極之道，三極云者，只是三才極至之理。其謂之三極者，以見三才之中各具一太極，而太極之妙，無不流行於三才之中也。外此，百家諸子，都說屬氣形去，如漢志謂太極函三爲一乃是指天地人氣形已具而渾淪未判老子說有物混成先天地生正指此也莊子謂道在太極之先所謂太極亦是指此渾淪未判者而道又別懸空在太極之先則道與太極分爲二矣不知道即是太極道是以理之通行者而言太極是以理之極至者而言惟理之極至所以古今人物通行惟古今人物通行所以爲理之極至更無二理也○胡氏居仁曰太極理也道理最大無以復加故曰太極凡事到理上便是極了再改移不得太是尊大之義極是至當無以加也○鄭氏維嶽曰繫辭傳中乾坤多指奇耦二畫言三畫六畫皆此二畫之所生而坤又乾之所生乾者一而已一者太極也○徐氏在漢曰同一乾坤也以其一神則謂之太極以其兩化則謂之兩儀奇參耦中乾體而有坎象耦參奇中坤體而有離象故謂之四象乾體而有坎象則震艮之形成矣坤體而有離象則巽兌之形成矣故謂之八卦

八卦定吉凶，吉凶生大業。

本義　有吉有凶，是生大業。集説　俞氏琰曰：八卦具而定吉凶，則足以斷天下之疑矣。吉凶定而生大業，則有以成天下之務矣。

案　聖人作易，準天之道，故陰陽互變而定爲八卦之象形，效民之故，故制爲典禮而推之生民之利用。

是故法象莫大乎天地，變通莫大乎四時，縣象著明莫大乎日月，崇高莫大乎富貴。備物致用，立成器以爲天下利，莫大乎聖人。探賾索隱，鉤深致遠，以定天下之吉凶，成天下之亹亹者，莫大乎蓍龜。

本義 富貴謂有天下履帝位。立下疑有闕文。亹亹猶勉勉也。疑則怠，決故勉。

集說 侯氏行果曰：亹勉也。夫幽隱深遠之情，吉凶未兆之事，物皆勉勉然願知之，然不能也。及蓍成卦，龜成兆也，雖神道之幽密，未來之吉凶，坐可觀也。是蓍龜成天下之勉勉也。○朱子語類問以定天下之吉凶，成天下之亹亹。曰：人到疑而不能決處，便放倒了，不肯向前動。有疑阻，既知其吉凶，自然勉勉住不得，則其所以亹亹者，卜筮成之也。○俞氏琰曰：賾謂雜亂，探者抽而出之也。隱謂隱僻，索者尋而得之也。深謂不可測，鉤者曲而取之也。遠謂難至，致者推而極之也。○趙氏玉泉曰：八卦定吉凶而生大業，蓍龜定吉凶而成亹亹。可見卦畫者蓍龜之體，蓍龜者卦畫之用。○吳氏曰慎曰：上文易有太極四句，言作易之序。定吉凶生大業，言易之用。此節贊蓍龜之大用，而先之以五者。又與闔戶八句相應。

案此節是合上文造化易書而通贊之。天地即乾坤。四時即變通。日月即見象。不言形器者。下文有立成器之文。蓋在天者。示人以象而已。在地者。則民生器用之資。故上文制而用之。亦偏承形器而言也。此備物致用立成器之聖人。非富貴則不能。故中間又著此一句。明前文制而用之者。是治世之聖人也。至畫卦生蓍。乃是作易之聖人。總而敘之。則見作易之功。與造物者同符。與治世者相配也。

是故天生神物。聖人則之。天地變化。聖人效之。天垂象。見吉凶。聖人象之。河出圖。洛出書。聖人則之。

本義此四者聖人作易之所由也河圖洛書詳見啓蒙

集說孔氏穎達曰河出圖洛出書如鄭康成之義則春秋緯云河以通乾出天苞洛以流坤吐地符河龍圖發洛龜書感河圖有九篇洛書有六篇孔安國以爲河圖則八卦是也洛書則九疇是也輔嗣之義未知何從○劉氏子翬曰河圖昧乎太極則八卦分而無統洛書昧乎皇極則九疇滯而不通○朱氏震曰天生神物謂蓍龜也天地變化四時也天垂象見吉凶日月也河圖洛書象數也則者彼有物而此則之也○郭氏雍曰河出圖而後畫八卦洛出書而定九疇故河圖非卦也包犧畫而爲卦洛書非字也大禹書而爲字亦猶箕子因九疇而陳洪範文王因八卦而演周易其始則肇於河圖洛書畫於八卦九疇成於周易洪範其序如此○胡氏炳文曰四者言聖人作易之由而易之所以作由於卜筮故以天生神物始焉

易有四象所以示也繫辭焉所以告也定之以吉凶所以斷也

本義 四象謂陰陽老少示謂示人以所值之卦爻○此第十一章專言卜筮

集說 游氏讓溪曰四象謂陰陽老少示謂示人以變化之道卽上文以通天下之志者也繫辭焉以盡其言故曰告卽上文以定天下之業者也定之以吉凶則趨避之機決矣故曰斷卽上文以斷天下之疑者也此結上數節之意

案此上三章中君子居則觀其象一節之義首之以河圖次之以蓍策遡易之所因起是象變之本辭占之源也中間遂備列四者爲聖人之道其爻以辭爲之先者明學易從辭入也辭生於變變出於象象歸於占故其序如此辭變象占四者以其包含來物故謂之至精以其錯綜萬象故謂之至變以其无思无爲而感通萬故

故謂之至神。其所以爲聖人之道者，以其皆出於聖人之心也。蓍德圓神，至精也，卽聖心之所以知來；卦德方知，爻義易貢，至變也，卽聖心之所以藏往；蓍卦之寂然感通，至神也，卽聖心之所以退藏於密，吉凶與民同患也。以此洗心，則爲聖人之德；以此立教，斯爲聖人之道。故其易之所以作也。明於天道，則變化象形之類是也；察於民故，則制法利用之類是也。因而寫之於易，其兩儀四象八卦之交錯，則變化象形具矣，吉凶定，事業起，則制法利用寓矣。於是託之蓍龜以前民用，蓋與天地四時日月及崇高有位備物成器之聖人，其道上下同流而未之有異也。言易之道於此盡矣，故復總言以結之。天生神物，結大衍之數也；天地變化垂象，結闔闢變通見象形器之類也；河出圖，洛出書，結河圖數也。易以蓍策而興，以仰觀俯察而作，而其發獨智者，則莫大於龍馬之祥，故其序又如此。四象兼象變，繫辭辭也，定吉凶占也。複說四者，以起大有上爻之意，而終自天祐之吉无不利之指也。

易曰自天祐之。吉无不利。子曰祐者助也。天之所助者順也。人之所助者信也。履信思乎順。又以尚賢也。是以自天祐之吉无不利也。

本義 釋大有上九爻義。然在此无所屬。或恐是錯簡。宜在第八章之末。

集說 侯氏行果曰此引大有上九辭以證之也。大有上九履信思順。自天祐之。言人能依四象所示。繫辭所告。則天及人皆共祐之。吉无不利者也。○朱氏震曰天之所助者順也。人之所助者信也。六五履信而思乎順。又自下以尚賢。是以自天祐之吉无不利。言此明獲天人之理。然後吉无不利。聖人明於天之道。而察於民之故。合天人者也。○柴氏中行曰聖人與易以示天下欲居則觀其象而玩其辭動則觀其變而玩其占捨逆取順避凶趨吉而已六十四卦中如大有上九辭之順道而獲吉者多矣夫子於此再三舉之者以自天祐之吉无不利之辭深見人順道而行自與吉會之意○何氏楷曰取大有上九爻辭以結上文居則觀象而玩辭動則觀變而玩占則孜孜尚賢之意也是以自天祐之吉无不利也與第二章自天祐之語遙應非錯簡也

案何氏說是然即是申釋第二章結語之意非遙應也

子曰書不盡言言不盡意然則聖人之意其不可見乎子曰聖人立象以盡意設卦以盡情僞繫辭焉以盡其言變而通之以盡利鼓之舞之

以盡神

言之所傳者淺象之所示者深觀奇耦二畫包含

本義 變化无有窮盡則可見矣變通鼓舞以事而言兩子曰字宂衍其一蓋子曰字皆後人所加故有此誤如近世通書乃周子所自作亦爲後人每章加以周子曰字其設問荅處正如此也

集說 崔氏憬曰言伏羲仰觀俯察而立八卦之象以盡其意設卦謂因而重之爲六十四卦情僞盡在其中矣作卦爻之辭以繫伏羲立卦之象象既盡意故辭亦盡言也○蘇氏軾曰辭約而義廣故能盡其言○朱子語類云立象盡意是觀奇耦兩畫包含變化無有窮盡設卦以盡情僞謂有一奇一耦設之於卦自是盡得天下情僞繫辭焉便斷其吉凶變而通之以盡利此言占得此卦陰陽老少交變因其變便有通之之理鼓之舞之以盡神既占則無所疑自然行得順便如言顯道神德行成天下之亹亹皆是

鼓之舞之意。○又云。歐公說繫辭不是孔子作。所謂書不盡言言不盡意者。非。蓋他不曾看立象以盡意一句。惟其言不盡意。故立象以盡之。學者於言上會得者淺。於象上會得者深。○問鼓之舞之以盡神。又言鼓天下之動者存乎辭。鼓舞恐只是振揚發明底意思否。曰然。蓋提撕警覺使人各爲其所當爲也。○吳氏澄曰。立象謂羲皇之卦畫所以示者也。盡意謂雖無言而與民同患之意悉具於其中。設卦謂文王設立重卦之名。盡情僞謂六十四名足以盡天下事物之情。辭謂文王周公之彖爻所以告者也。羲皇之卦畫足以盡意矣。文王又因卦之象設卦之名以盡情僞。然卦雖有名而未有辭也。又繫彖辭爻辭則足以盡其言矣。設卦一句在立象之後。繫辭之前。蓋竟盡意之緒。啓盡言之端也。○梁氏寅曰。意非言可盡。則立象以盡意矣。言非書可盡。而又謂繫辭盡其言何也。曰。言止於是而已矣。而意之無窮聖人故貴於象也。故特首之曰立象以盡意。○錢氏志

立曰聖人之意不能以言盡而盡於立象此聖人以象爲言也因而繫辭凡聖人所欲言者又未嘗不盡於此

案立象朱子謂指奇耦二畫崔氏吳氏則謂是八卦之象似爲得之崔氏說又較明也變通鼓舞語類俱著占筮說然須知象辭之中便已具變通鼓舞之妙特因占而用爾故下文化而裁之存乎變推而行之存乎通皆是指象辭中之理有變有通非專爲七八九六之變也鼓舞即是下文鼓天下之動意○又案象足以盡意故因象繫辭足以盡言但添一爲字而意自明聖筆之妙也

乾坤其易之緼邪乾坤成列而易立乎其中矣乾坤毁則无以見易易不可見則乾坤或幾乎息矣

本義 緼。所包蓄者。猶衣之著也。易之所有陰陽而已。凡陽。皆乾。凡陰。皆坤。畫卦定位。則二者成列。而易之體立矣。乾坤毁。謂卦畫不立。乾坤息。謂變化不行。

集說 胡氏瑗曰。此言大易之道。本始於天地。天地設立。陰陽之端。萬物之理。萬事之情。以至寒暑往來。日月運行。皆由乾坤之所生。故乾坤成而易道變化建立乎其中矣。若乾坤毁棄。則无以見易之用。易既毁。則无以見乾坤之用。如是乾坤或幾乎息矣。○張子曰。乾坤天地也。易造化也。○蘇氏軾曰。乾坤之於易。猶日之於歲也。除日而求歲。豈可得哉。故乾坤毁則易不可見矣。易不可見。則乾爲獨陽。坤爲獨陰。生生之功息矣。○葉氏良佩曰。乾位乎上。坤位乎下。乾坤成列。而易已立乎其中矣。四德之循環。萬物之出入。易與天地相爲無窮。必乾坤毁。則无以見易耳。若易不可見。則乾坤或幾乎息矣。

案此節及形而上者一節。皆是就造化人事說。以見聖人立象設卦之所從來。未是說卦畫著變。夫象以下。方是說聖人立象設卦繫辭之事。

是故形而上者謂之道。形而下者謂之器。化而裁之謂之變。推而行之謂之通。舉而錯之天下之民謂之事業。

本義　卦爻陰陽皆形而下者。其理則道也。因其自然之化而裁制之。變之義也。變通二字。上章以天言。此章以人言。

集說　孔氏穎達曰。陰陽之化。自然相裁。聖人亦法此而裁節也。○程子曰。形而上者為道。形而下者為器。須著如此說。器亦道。道亦器也。○又曰。繫辭曰。形而上者謂之道。形而下者謂之器。又曰。立天之道曰陰與陽。立地之道曰柔與剛。立人之道曰仁與義。又曰。一陰一陽之謂道。陰陽亦形而下者也。而曰道者唯

此語截得上下最分明。元來只此是道。要在人默而識
之也。○張氏浚曰。道形而上。神則妙之。器形而下。體則
著之。道之與器。本不相離。散而在天地萬物之間者。其
理莫不皆然。○王氏宗傳曰。道也者。无方无體。所以妙
是器也。器也者。有方有體。所以顯是道也。道外無器。器
外無道。其本一也。故形而上者與形而下者。皆謂之形。
化而裁之則是器有所指別。而名體各異。故謂之變。推
而行之則是變無所凝滯。而運用不窮。故謂之通。舉是
變通之用而措之天下之民。使之各盡其所以相生相
養之道。故謂之事業。○朱子語類云。形而上者謂之道
形而下者謂之器。道是道理。事事物物皆有箇道理。器
是形迹。事事物物亦皆有箇形迹。有道須有器。有器須
有道。物必有則。○問形而上下如何以形言。曰。此言最
的當。設若以有形無形言之。便是物與理相間斷了。所
以謂截得分明者。只是上下之間。分別得一箇界止分
明。器亦道。道亦器。有分別而不相離也。○問。只是這一

箇道理但即形器之本體而離乎形器則謂之道就形器而言則謂之器聖人因其自然化而裁之則謂之變推而行之則謂之通舉而措之則謂之事業裁也行也措也都只是裁行措這箇道曰是○方氏應祥曰此節正好體認立象盡意處乾坤象也而曰易之縕曰易立乎其中則意盡矣正以象之所在即道也是故字承上乾坤來形而上形而下所以俱言形者見得本此一物若舍此一字專言上者下者便分兩截矣

是故夫象聖人有以見天下之賾而擬諸其形容象其物宜是故謂之象聖人有以見天下之動而觀其會通以行其典禮繫辭焉以斷其吉凶是故謂之爻

本義重出以起下文。集說陸氏績曰。此明說立象盡意設卦盡情僞之意也。○孔氏穎達曰。下文極天下之賾存乎卦。鼓天下之動存乎辭。爲此故更引其文也。

極天下之賾者存乎卦。鼓天下之動者存乎辭。

本義卦即象也。辭即爻也。集說朱子語類云。極天下之賾者存乎卦。謂卦體之中。備陰陽變易之形容。鼓天下之動者存乎辭。是說出這天下之動。如鼓之舞之相似。○俞氏琰曰。賾以象著。卦有象則窮天下之至雜至亂。無有遺者。故曰極。動以辭決。使天下樂於趨事赴功者。手舞足蹈而不能自已。故曰鼓。

案極天下之賾。結立象以盡意設卦以盡情僞兩句。鼓天下之動。結繫辭焉以盡其言一句。

化而裁之存乎變。推而行之存乎通。神而明之

存乎其人默而成之不言而信存乎德行

本義卦爻所以變通者在人人之所以能神而明之者在德○此第十二章

集說程子曰易因爻象論變化因變化論神因神論人因人論德行大體通論易道而終於默而成之不言而信存乎德行○程氏敬承曰上繫末章歸重德行下繫末章亦首揭出德行此之德行即所謂乾坤易簡者乎○張氏振淵曰謂之變謂之通變通因化裁推行而有也存乎變存乎通化裁推行因變通而施也

案化而裁之推而行之結變而通之以盡利一句神而明之以下結鼓之舞之以盡神一句上文化裁推行是泛說天地閒道理故曰謂之變謂之通此化裁推行是說易書中所具故曰存乎變存乎通言就易道之變處見得聖人化裁之妙就易道之通處見得聖人推行之善也神而明之神字即根鼓舞盡神來辭之鼓舞乎人

者固足以盡神然必以人心之神契合乎易之神然後鼓舞而不自知此所謂神而明之也默而成之不言而信是其所以能神明處

總論 胡氏炳文曰上繫凡十二章末乃曰書不盡言言不盡意蓋欲學者自得於書言之外也自立象盡意至鼓天下之動者存乎辭反覆易之書言可謂盡矣末乃曰默而成之不言而信存乎德行然則易果書言之所能盡哉得於心爲德履於身爲行易之存乎人者蓋有存乎心身而不徒存乎書言者矣

案此章蓋總上十一章之意而通論之言不盡意故立象以盡意謂伏羲也書不盡言故因象而繫辭焉以盡其言謂文周也象之足以盡意者言之指陳有限而象之該括無窮也因象繫辭之足以盡言者象爲虛倣之象而該括無窮則辭亦爲假託之辭而包涵無盡也變通盡利者象所自具之理而所以定吉凶鼓舞盡神者

辭所發揮之妙而所以成亹亹也其言乾坤者推象之所自來也有天地故有變化滯於形以觀之亦器焉而已超乎形以觀之則道之宗也因天地之變化而裁之則人事所由變也因其可通之理而推行之則人事所由通也自古聖人所以定天下之業者此而已矣是以作易之聖觀乾坤之器而立象推其變通之用而設辭使天下後世欲裁化而推行者於是乎在其功可謂盛矣雖然象足以盡意而有畫前之易故貴乎默而成之也辭足以盡言而有言外之意故貴乎不言而信也此則所謂神而明之蓋學之不以觀玩之文而明之不以口耳之粗者也德行謂有得於易簡之理

繫辭下傳

八卦成列象在其中矣因而重之爻在其中矣。

成列謂乾一兌二離三震四巽五坎六艮七坤八

本義 之類象謂卦之形體也因而重之謂各因一卦而以八卦次第加之爲六十四也爻六爻也既重而後卦有六爻也

集說 韓氏伯曰夫八卦備天下之理而未極其變故因而重之以象其動用則爻卦之義所存各異故爻在其中矣○朱子語類云八卦所以成列乃是從太極兩儀四象漸次生出以至於此畫成之後方見其有三才之象非聖人因見三才遂以已意思維而連畫三爻以象之也因而重之亦是因八卦之已成各就上面節次生出若旋生逐爻則更加三變方成六十四卦若併生全卦則只用一變便成六十四卦雖有遲速之不同然皆自漸次生出各有行列次第畫成之後然後見其可盡天下之變○柴氏中行曰八卦列成則凡天下之象舉在其中不止八物如說卦中所列皆是也○鄭氏曰卦始於三畫未有爻也因而重之其體有上下其位有內外其時有初終其序有先後而爻在其

中矣

剛柔相推，變在其中矣。繫辭焉而命之，動在其中矣。

本義 剛柔相推，而卦爻之變，往來交錯，无不可見。聖人因其如此而皆繫之辭，以命其吉凶，則占者所值當動之爻象，亦不出乎此矣。

集說 虞氏翻曰：剛柔相推而生變化，故變在其中矣。繫彖象九六之辭，故動在其中，鼓天下之動者存乎辭者也。○孔氏穎達曰：上繫第二章云：剛柔相推而生變化，是變化之道在剛柔相推之中。○蔡氏清曰：天文、地理、人事、物類，一剛一柔盡之矣，二者之外，再無餘物也。故凡剛者皆柔之所推也，凡柔者皆剛之所推也。而易卦中亦只是剛柔二者而已，非剛則柔，非柔則剛，在剛皆柔之所推，在柔皆剛之所推。○蘇氏濬曰。動在其中。虞翻謂鼓天下之動者存乎辭。此說極是。此動字。與下文生乎動。天下之動。三動字俱同。易之辭。原是聖人見天下之動而繫之者。故曰鼓天下之動存乎辭。此卽動在其中之說。非當動卦爻之謂也。

吉凶悔吝者。生乎動者也。

本義 吉凶悔吝。皆辭之所命也。然必因卦爻之動而後見。集說 龔氏原曰。象者一卦之成體也。故天下之賾存焉。爻者六位之變動也。故天下之動存焉。剛柔相推。所以成爻也。而爻者言乎變。則變在其中矣。繫辭焉而命之。所以明爻也。而辭者以鼓天下之動。則動在其中矣。卦則兆於成列。而備於重。爻則兆於變。而備於動。故吉凶悔吝生焉。○蘇氏濬曰。傳曰。寂然不動。又曰動之微。吉之先見。當其不動也。尚無所謂吉。又何有於凶惟動而微也吉斯見焉動而紛紜雜亂也凶與悔吝始生於其間矣案此是覆說繫辭焉而命動在其中之意凡天下之吉凶悔吝皆生於人事之動故易中有吉凶悔吝之辭而動在其中

剛柔者立本者也變通者趣時者也

本義一剛一柔各有定位自此而彼變以從時**集說**朱氏震曰爻有剛柔不有兩則一不立所以立本也剛柔相變通其變以盡利者趣時也趣時者時中也○張氏浚曰剛柔相推往來進退爲變無常而莫不因乎自然之時故曰趣時○朱子語類云此兩句相對說剛柔者陰陽之質是移易不得之定體故謂之本若剛變爲柔柔變爲剛便是變通之用○又云剛柔者晝夜之象所謂立本變化者進退之象所謂趣時剛柔兩

箇是本變通便只是其往來者○胡氏炳文曰卦有卦之時爻有爻之時立本者天地之常經趣時者古今之通義○梁氏寅曰剛柔者立本乃不易之體即所謂闔戶闢戶也變通者趣時乃變易之用即所謂往來不窮也○蔡氏清曰剛柔立本所謂交易而對待者變通趣時所謂變易而流行者

案此是覆說剛柔相推而生變化之意凡天地間之理兩者對待斯不偏而可以立本兩者迭用斯不窮而可以趣時故易中剛柔相推而變在其中

吉凶者貞勝者也

本義 貞正也常也物以其所正為常者也天下之事非吉則凶非凶則吉常相勝而不已也

天地之道貞觀者也日月之道貞明者也天下

之動貞夫一者也。

本義 觀示也天下之動其變无窮然順理則吉逆理則凶則其所正而常者亦一理而已矣

集說 朱子語類云吉凶常相勝不是吉勝凶便是凶勝吉二者常相勝故曰貞勝天地之道則常示日月之道則常明天下之動貞夫一者也天下之動雖不齊常有一箇是底故曰貞夫一○高氏萃曰天常示人以易地常示人以簡雖陰不能以不從陽不能以不伏而貞觀之理常自若也日明乎晝月明乎夜雖中不能以不昃盈不能以不食而貞明之理常自若也天下之動進退存亡不可以一例測然而順理則裕從欲惟危同一揆也惠廸之吉從逆之凶無二致也是則造化人事之正常即吉凶之貞勝豈可以二而求之哉

案自吉凶貞勝至此爲一節又承吉凶悔吝生乎動之意而明其理之一也貞勝之義張子以爲以正爲勝朱

子以爲二者常相勝。今玩文義。當爲以常爲勝。蓋天下容有善而遇凶。惡而獲吉者。然非其常也。惠迪吉。從逆凶。乃理之常。故當以常者爲勝。如天地則以常者觀示。日月則以常者照臨。偶有變異。不足言也。天下之動。豈不常歸於一理乎。

夫乾確然示人易矣。夫坤隤然示人簡矣。

本義 確然健貌。隤然順貌。所謂貞觀者也。

集說 韓氏伯曰。確剛貌也。隤柔貌也。乾坤皆恒一其德。故簡易也。

案此節又承剛柔立本。變通趣時之意而明其理之一也。乾坤者。剛柔之宗也。乾坤定位而變化不窮矣。然其所以立本者。一歸於易簡之理。所謂天有顯道。厥類維彰。萬古不易者也。

爻也者效此者也象也者像此者也

本義 此謂上文乾坤所示之理爻之奇耦卦之消息所以效而像之

案爻也者效此是結吉凶悔吝生乎動而貞夫一之意象也者像此是結剛柔變通而歸於易簡之意

爻象動乎內吉凶見乎外功業見乎變聖人之情見乎辭

本義 內謂蓍卦之中外謂蓍卦之外變即動乎內之變辭即見乎外之辭 集說 韓氏伯曰功業由變以興故見乎變也辭也者各指其所之故曰情也○張子曰因爻象之既動明吉凶於未形故曰爻象動乎內吉凶見乎外隨爻象之變以通其利故功業見也聖人之情存乎教人而已○吳氏澄曰聖人與民同患之情

皆於易而著見聖人之道而獨歸重於辭蓋此篇爲繫辭之傳故也

案爻象者動而無形故曰內吉凶者顯而有迹故曰外非專以蓍筮言也

天地之大德曰生聖人之大寶曰位何以守位曰仁何以聚人曰財理財正辭禁民爲非曰義

本義 曰人之人今本作仁呂氏從古蓋所謂非衆罔與守邦○此第一章言卦爻吉凶造化功業

集說 陸氏績曰人非財不聚故聖人觀象制器備物盡利以業萬民而聚之也蓋取聚人之本矣○崔氏憬曰言聖人行易之道當須法天地之大德寶萬乘之大位謂以道濟天下爲寶是其大寶也夫財貨人所貪愛不以義理之則必有敗也言辭人之樞要不以義正之則必有辱也百姓有非不以義禁之則必不改也此三者

皆資於義以此行之得其宜也故知仁義聖人寶位之所要也○張子曰將陳理財養物於下故先叙天地生物○朱氏震曰天地之大德曰生者仁也聖人成位乎兩間者仁而已不仁不足以參天地義所以爲仁非二本也故曰立人之道曰仁與義○王氏宗傳曰聖人所以配天地而王天下者亦有仁義而已矣仁德之用也義所以輔仁也理財如所謂作網罟以佃漁作耒耜以耕耨致民聚貨以交易之類是也正辭如所謂易結繩以書契百官以治萬民以察是也禁民爲非如所謂重門擊柝以待暴客剡矢弦弧以威天下是也○朱子語類云正辭便只是分別是非又曰教化便在正辭裏面○項氏安世曰聖人之仁即天地之生大寶曰位即崇高莫大乎富貴也自此以下以包犧氏神農氏黃帝堯舜氏實之皆聖人之富貴者也財者百物之總名皆民之所利也理財謂水火金木土穀惟脩所以利之也正辭謂殊貴賤使有度明取予使有義辨名實使有信利

之所在不可不導之使知義也禁民為非謂憲禁令致形罰以齊其不可導者也蓋養之教之而後齊之聖人之政盡於此三者矣其德意之所發主於仁民義者仁之見於條理者也○眞氏德秀曰案易之並言仁義者此章及說卦立天之道章而已在天地則曰生在聖人則曰仁仁之義蓋可識矣○李氏心傳曰蔡邕云以仁守位以財聚人則漢以前已用此仁字矣

總論 孔氏穎達曰此第一章覆釋上繫第二章象爻剛柔吉凶悔吝之事更具而詳之

案此章與上傳第二章相應故上傳第三章以後皆申說第二章之意下傳則自第二章之後皆申說此章之意也八卦成列因而重之即所謂設卦觀象也因爻象中剛柔相推之變而繫之吉凶悔吝之辭即所謂繫辭焉而明吉凶也此四句由象以及於辭者作易之序也下文又由辭之吉凶悔吝而推本於剛柔之象蓋傳本

爲繫辭而作。而下傳尤詳焉。故其立言如此。吉凶悔吝。由動而生者。蓋以剛柔迭運。變而從時故也。吉凶之遇。參差不齊。然以常理爲勝。而天下之動可一者。以剛柔變化不離乾坤。乾易坤簡。而天下之理得故也。爻象動乎內四句。又總而結言之。天地大德一節本義原屬此章。然諸儒多言宜爲下章之首。蓋下章所取十三卦。無非理財正辭禁非之事。其說可從也。

古者包犧氏之王天下也。仰則觀象於天。俯則觀法於地。觀鳥獸之文。與地之宜。近取諸身。遠取諸物。於是始作八卦。以通神明之德。以類萬物之情。

本義 王昭素曰與地之間諸本多有天字俯仰遠近所取不一然不過以驗陰陽消息兩端而已神明之德如健順動止之性萬物之情如雷風山澤之象

集說 朱氏震曰自此以下明備物致用立成器以爲天下利者無非有取於易皆仁也曰王天下者明守位也○王氏申子曰伏羲氏繼天立極畫八卦以前民用後之聖人相繼而作制爲相生相養之具皆所以廣天地生生之德自網罟至書契是也○蔡氏清曰以通神明之德以類萬物之情二句一是精一是粗一是性情一是形體其下十三卦所尚之象一皆出此

作結繩而爲網罟以佃以漁蓋取諸離

本義 兩目相承而物麗焉

集說 孔氏穎達曰案諸儒象卦制器皆取卦之爻象之體韓氏之意直取卦名因以制器案上繫云以制器者尚其象則取象不取名也韓氏乃取名不取象於義未善○胡氏瑗曰蓋

者疑之辭也。言聖人創立其事。不必觀此卦而成之。蓋聖人作事立器。自然符合於此之卦象也。非準擬此卦而後成之。故曰蓋取。

案孔氏所議韓氏是也。且六十四卦名是文王所命。包犧之時但有八卦名象而已。黃農堯舜不應便取卦名。經文蓋取之云。雖曰假託不必拘泥。然亦不應大段疎脫也。○古者網羅所致曰離。詩曰魚網之設。鴻則離之。又曰有兔爰爰。雉離于羅。二體皆離。上下網羅之象。

包犧氏沒。神農氏作。斲木爲耜。揉木爲耒。耒耨之利以教天下。蓋取諸益。

本義 二體皆木。上入下動。天下之益。莫大於此。集說 蔡氏淵曰。耜。耒首也。斲木之銳而爲之。耒。耜柄

也揉木使曲而爲之。○吳氏澄曰益上巽二陽象耒之自地上而入下震一陽象耜之在地下而動也

日中爲市致天下之民聚天下之貨交易而退各得其所蓋取諸噬嗑。

本義 日中爲市上明而下動。又借噬爲市嗑爲合也 集說 耿氏南仲曰有菽粟者或不足乎禽魚有禽魚者或不足乎菽粟罄者無所取積者無所散則利不布養不均矣於是日中爲市焉日中者萬物相見之時也當萬物相見之時而致天下之民聚天下之貨使遷其有無則得其所矣○鄭氏東卿曰十三卦始離次益次噬嗑所取者食貨而已食貨者生民之本也

案離爲日中震爲動出當日中而動出市集之象

神農氏沒黃帝堯舜氏作通其變使民不倦神而化之使民宜之易窮則變變則通通則久是以自天祐之吉无不利黃帝堯舜垂衣裳而天下治蓋取諸乾坤

本義 乾坤變化而无爲

集說 郭氏雍曰垂衣裳而天下治無爲而治也無爲而治者無他焉法乾坤易簡而已 ○ 王氏申子曰神農以上民用未滋所急者食貨而已此聚人之本也及黃帝堯舜之世民用日滋若復守其樸略則非變而通之之道故黃帝堯舜氏作通其變使民由之而不倦神其化使民宜之而不知凡此者非聖人喜新而惡舊也窮則變變則通通則久易之道然也 ○ 吳氏澄曰風氣漸開不可如樸略之世

此窮而當變也。變之則通而不窮矣。其能使民喜樂不倦者，以其通之之道神妙不測，變而不見其迹，便於民而民皆宜利之故爾。○俞氏琰曰：時當變則變，不變則窮，於是乎有變而通之之道焉。變而通之，所以趣時也。民之所未厭，聖人不強去；民之所未安，聖人不強行。夫唯其數窮而時將變，聖人因而通之，則民不倦。由之而莫知其所以然者，神也；以漸相忘於不言之中者，化也。○蔡氏清曰：時之當變也，而通其變，然其所以變通之者，非聖人強用其智慮作爲於其間也，因其自然之變而以自然之理處之，是謂神而化之也。神而化，即其變通之妙於無爲也。○蘇氏濬曰：言通變神化，而獨詳於黄帝、堯、舜；言黄帝、堯、舜，而獨取諸乾坤。乾坤，諸卦之宗也；黄帝、堯、舜，千古人文之始。中天之運，至此而開；洪荒之俗，至此而變。此所以爲善發羲皇之精蘊也。

案：守舊則倦，更新則不宜，凡事之情也。變其舊，使民不倦者，化也；趨於新，使民咸宜者，神而化之也。

刳木爲舟。剡木爲楫。舟楫之利。以濟不通。致遠以利天下。蓋取諸渙。

本義木在水上也。致遠以利天下。疑衍。

集說九家易曰。木在水上。流行若風。舟楫之象也。○何氏楷曰。近而可以濟不通。遠而可以致遠。均之爲天下利矣。取諸渙者。其象巽木在坎水之上。故彖曰。利涉大川。彖傳曰。乘木有功。

服牛乘馬。引重致遠。以利天下。蓋取諸隨。

本義下動上說。

集說董氏眞卿曰。平地任載之大車。載物之多者。則服牛以引重。田車兵車乘車之小車。載人而輕者。則乘馬以致遠。

案外說內動象牛馬之奔於前而車動於後也。

重門擊柝以待暴客蓋取諸豫。

本義 豫備之意。集說 楊氏文煥曰。川途既通。則暴客至矣。又不可無禦之之術。重門以禦之。擊柝以警之。則暴客無自而至。○俞氏琰曰。坤爲闔戶。重門之象也。震動而有聲之木。擊柝之象也。

斷木爲杵掘地爲臼。臼杵之利萬民以濟。蓋取諸小過。

本義 下止上動。集說 丘氏富國曰。以象言之。上震爲木。下艮爲土。震木上動。艮土下止。杵臼治米之象弦木爲弧。剡木爲矢。弧矢之利。以威天下。蓋取諸睽。

本義　睽乖然後威以服之。

集說　朱氏震曰。知耒耜而不知杵臼之利。則利天下者有未盡。故教之以杵臼之利。知門柝而不知弧矢之利。則威天下者有未盡。故教之以弧矢之利。○徐氏幾曰。其害之大者。以重門擊柝不足以待之。故必有弧矢以威之。

案。離威也。兌說也。威而以說行之。所謂說以犯難。民忘其死。

上古穴居而野處。後世聖人易之以宮室。上棟下宇。以待風雨。蓋取諸大壯。

本義　壯固之意　集說　司馬氏光曰：風雨動物也，風雨動於上，棟宇健於下，大壯之象也。○蔡氏淵曰：棟，屋脊檁也；宇，椽也。棟直而上，故曰上棟；宇兩垂而下，故曰下宇。○俞氏琰曰：聖人之於物，有爲之者，有易之者。古未有是而民利之也，今則爲之，所以貽於後也；古有是而民厭之也，今則易之，所以革於前也。

古之葬者，厚衣之以薪，葬之中野，不封不樹，喪期无數。後世聖人易之以棺椁，蓋取諸大過。

本義　送死大事而過於厚。

案：棺椁者，取木在澤中也。又死者以土爲安，故入而後說之。

上古結繩而治，後世聖人易之以書契，百官以

治萬民以察蓋取諸夬

本義　明決之意。○此第二章言聖人制器尚象之事。

集說　耿氏南仲曰：以前不云上古，以下三事或言古與上不同者，蓋未造此器之前更無餘物之用，故不言上古也。以下三事皆是未造此物之前別有所用，今將後用而代前用，故本之云上古及古者。

案　兌爲言語，可以通彼此之情，書之象也。乾爲健固，可以堅彼此之信，契之象也。

總論　吳氏澄曰：十三卦之制作，自畫卦而始，至書契而終。蓋萬世文字之祖，肇於畫卦而備於書契也。

案　此章申第一章變通趣時而原於易簡之意。蓋在天地則爲剛柔，在人則爲仁義。仁義者，立本者也。因風氣之宜而通其變，則其所以趣時者也。法始於伏羲，成於堯舜，故自八卦既畫，而可以周萬事之理。凡網罟耒耜至於書契莫非易理之所有也觀其窮而變變而通則趣時之用不窮然其神而化之無爲而民安焉則易簡之理惟一故其取諸諸卦者取諸其趣時也而其取諸乾坤者取諸其易簡也

是故易者象也象也者像也

本義易卦之形理之似也

集說干氏寶曰言是故又總結上義也○崔氏憬曰上明取象以制器之義故以此重釋於象言易者象也象者形像之象也○吳氏澄曰此章之首第一節總叙以起下文自包犧至書契言制作之事而以是故總結之謂易卦皆器物之象象者像似之義聖人制器皆與卦象合也

案凡章首不用是故字曰是故者承上結上之辭也諸儒以此句爲上章結語者似是

彖者材也

本義彖言一卦之材。集說韓氏伯曰彖言成卦之材以統卦義也。案材者構屋之木也聚衆材而成室彖亦聚卦之衆義以立辭故本義謂彖言一卦之材

爻也者效天下之動者也。

本義效放也。集說胡氏瑗曰爻有變動位有得失變而合於道者爲得動而乖於理者爲失人事之情僞物理之是非皆在六爻之中所以象天下之動也。

是故吉凶生而悔吝著也。

本義悔吝本微因此而著。○此第三章。集說保氏八曰象者言一卦之材所以斷一卦之吉凶悔吝爻者言一爻之動所以斷一爻之吉凶悔吝。○何氏楷曰吉凶在事本顯故曰生悔吝在心尚微故曰著悔

有改過之意至於吉。則悔之著也。吝有文過之意至於凶。則吝之著也。原其始而言。吉凶生於悔吝。要其終而言。則悔吝著而爲吉凶也。

陽卦多陰。陰卦多陽。

本義 震坎艮爲陽卦。皆一陽二陰。巽離兌爲陰卦。皆一陰二陽。

其故何也。陽卦奇。陰卦耦。

本義 凡陽卦皆五畫。凡陰卦皆四畫。

集說 韓氏伯曰。夫少者多之所宗。一者衆之所歸。陽卦二陰。故奇爲之君。陰卦二陽。故耦爲之主。○陳氏埴曰。二耦一奇。即奇爲主。是爲陽卦。二奇一耦。即耦爲主。是爲陰卦。故曰陽卦多陰。陰卦多陽。

案陽卦奇陰卦耦言陽卦主奇陰卦主耦也須如韓氏陳氏之說乃與下文相應

其德行何也陽一君而二民君子之道也陰二君而一民小人之道也

本義　君謂陽民謂陰○此第四章

集說　朱氏震曰陰陽二卦其德行不同何也陽卦一君而徧體二民二民共事一君一也故爲君子之道陰卦一民共事二君二君共爭一民二也故爲小人之道○吳氏曰愼曰陽卦固主陽也而陰卦亦主陽可見陽有常尊也

案此章是釋彖者材也之義而原其理於一也自八卦始成而分陰分陽一奇則爲陽卦者以其一君二民是君之權出於一君爲主也君爲主則君子之道行故曰君子之道一耦則爲陰卦者以其二君一民是君之權

出於二反若民爲主也民爲主則小人之道行故曰小人之道古今言易者曰陽爲君子陰爲小人蓋以爲善惡淑慝之稱焉豈知陰陽不可以相無如有君不可以無民烏有善惡淑慝之分哉惟其君之道一而有統則民之衆翕然從令豈非君子之道乎若君之道二而多門則民之卑各行其私豈非小人之道乎善惡淑慝由此而生吉凶治亂由此而起蓋自三畫之卦而已具此象矣以此例而推之六畫之卦則如復師謙豫比剝一陽爲主皆君子之道也姤履夬一陰爲主皆小人之道也惟同人之二大有之五不以爲小人者以其居中能同乎陽有乎陽也小畜之四亦不以爲小人者以其得位能畜乎陽也究之以陽爲主也又以其義例變而通之則不特一陰一陽者爲主而已凡陽之居內而得時者皆爲主也臨泰之類是也凡陰之居內而得時者皆爲主也遯否之類是也凡陽卦居內而爲主者治陰卦居內而爲主者亂泰否損益之類是也凡陽卦居內而

先陰者正陰卦居內而先陽者邪隨蠱漸歸妹之類是也或不取內外而取上下以爲貴賤或不取先後而取尊卑以爲倡隨或以陰爲臣道而能順陽爲善或以陰爲君道而能應陽爲美要之其尊陽之意則一而已矣夫子以八卦發凡使人於六十四卦之義推而通之也此即一卦之材而象之所取故曰象者材也其歸則陽道不可以有二故曰理之一

易曰憧憧往來朋從爾思子曰天下何思何慮天下同歸而殊塗一致而百慮天下何思何慮

本義引咸九四爻辭而釋之言理本无二而殊塗百慮莫非自然何以思慮爲哉必思而從則所從者亦狹矣

集說韓氏伯曰天下之動必歸於一思以求朋未能一也一以感物不思而至○孔氏穎達曰此一

之爲道爲可尚結成前文陽卦以一爲君是君子之道也○徐氏幾曰塗雖殊而歸同則往來自不容無而加之憧憧則私矣慮雖百而致一則思亦人心所當有而局於朋從則狹矣○蔡氏清曰天下感應之理本同歸也但事物則千形萬狀而其塗各殊耳天下感應之理本一致也但所接之事物不一而所發之慮亦因之有百耳夫慮雖百而其致則一塗雖殊而其歸則同是其此感彼應之理一出於自然而然而不必少容心於其閒者吾之應事接物一惟順其自然之理而已矣天下何思何慮

日往則月來月往則日來日月相推而明生焉寒往則暑來暑往則寒來寒暑相推而歲成焉往者屈也來者信也屈信相感而利生焉

本義 言往來屈信皆感應自然之常理加憧憧焉則入於私矣所以必思而後有從也

集說 張子曰屈信相感而利生感以誠也情僞相感而利害生雜之僞也○朱子語類云日往則月來一段乃承上文憧憧往來而言往來皆人之所不能無但憧憧則不可

案夫子引此爻是發明貞一之理故亦從天地日月說來日月有往來而歸於生明所謂貞明者也寒暑有往來而歸於成歲所謂貞觀者也天下之動有屈有信而歸於生利順理則利也所謂貞夫一者也言天地則應在日月之前言寒暑則應在日月之後何則四時者日月之所爲也觀豫恒彖傳及繫傳首章皆不以四時先日月也

尺蠖之屈以求信也龍蛇之蟄以存身也精義

入神以致用也利用安身以崇德也

本義因言屈信往來之理而又推以言學亦有自然之機也精研其義至於入神屈之至也然乃所以爲出而致用之本利其施用无適不安信之極也然乃所以爲入而崇德之資內外交相養互相發也

集說

孔氏穎達曰覆明上往來相感屈信相須尺蠖之蟲初行必屈言信必須屈也龍蛇初蟄是靜也以此存身言動必因靜也聖人用精粹微妙之義入於神化寂然不用乃能致其所用先靜後動是動因靜而來也利已之用安靜其身可以增崇其德此亦先靜後動動亦由靜而來也○朱子語類云且如精義入神如何不思那致用的却不必思致用的是事功是效驗○俞氏琰曰精研義理無豪釐之差而深造於神妙所以致之於用也見於用而利施於身而安所以爲崇德之資也精義入神內也致用外也自內而達外猶尺蠖之屈以求信也

利用安身外也崇德內也卽外以養內亦猶龍蛇之蟄以存身也○蔡氏淸曰利用如何以崇其德蓋外邊事事都能迎刃解將去則胸中所得益深所造亦遠矣精義以致知言義者事理之宜也入神只謂到那不容言之妙處利用以行言利用故安身若其用有不利則亦不能在在皆安而泰然處之矣蓋躬行心得自是相關之理○吳氏一源曰人皆知信之利而不知屈之所以利也故以尺蠖龍蛇明之專言屈之利以示人正欲人養靜以一動無感以待感也

過此以往未之或知也窮神知化德之盛也。

本義 下學之事盡力於精義利用而交養互發之機自不能已自是以上則亦无所用其力矣至於窮神知化乃德盛仁熟而自致耳然不知者往而屈也自致者來而信也是亦感應自然之理而已張子曰氣有陰

陽推行有漸爲化合一不測爲神
此上四節皆以釋咸九四爻義
集說 孔氏穎達曰精義入神以致用利用安身以崇德此二者皆人理之極過此二者以往則微妙不可知窮極微妙之神曉知變化之道乃是聖人德之盛極也○張子曰精義入神事豫吾内求利吾外也利用安身素豫吾外致養吾内也窮神知化乃養盛自致非思勉之能强故崇德而外君子未或致知也○又曰氣有陰陽推行有漸爲化合一不測爲神其在人也知義用利則神化之事備矣德盛者窮神則知不足道知化則義不足云○又曰窮神是窮盡其神也入神是僅能入於神也言入如自外而入義固有淺深○朱子語類云窮神知化德之盛言德字只是去面崇德之德德盛後便能窮神知化便如聰明睿知皆由此出自誠而明相似○又云窮神知化化是逐些子挨將去底一日復一日一月復一月節節挨將去便成一年神是一箇物事或在彼或在此當其在陰時全體在陰在

陽時全體在陽都只是這一物兩處都在不可測故謂神橫渠言一故神兩故化又注云兩在故不測這說得甚分曉○又云天下何思何慮一句便先打破那箇思字却說同歸殊塗一致百慮又再說天下何思何慮謂何用如此憧憧往來尺蠖龍蛇之屈信皆是自然底道理不往則不來不屈則亦不信也今之爲學亦只是如此精義入神用力於內乃所以致用乎外利用安身求利乎外乃所以崇德乎內只是如此作將去雖至於窮神知化地位亦只是德盛仁熟之所致何思何慮之有

○蔡氏清曰未之或知者不容於有思不容於有爲也神以存主處言化以運用處言其神化者亦豈出於精義利用之外哉其始有待於思爲則曰精義利用其終無待於思爲則曰窮神知化所造有淺深理則無精粗也

○張氏振淵曰未有下學功夫不到而頓能上達者神化功夫正在精義利用作起此正實落下手處卽造到神化地位不過精義利用漸進漸熟耳德盛不是就

窮神知化上贊他德之盛

惟德盛方能窮神知化

案精義入神則所知者精深窮理之事也利用安身則所行者純熟盡性之事也窮神則不止於入神其心與神明相契者也知化則不止於利用其事與造化爲徒者也至命之事也窮理盡性學者所當用力至命則無所用其力矣故曰窮理盡性以至於命○又案此章是釋爻者效天下之動之義而原其理於一也自此以下十一爻皆是發明此意而此爻之義尤爲親切蓋感應者動也不可逐物憧憧而惟貴於貞固其心者一也所以然者此心此理一致同歸本不容以有二也故首以此爻而以致一恒心兩爻終焉

易曰困于石據于蒺藜入于其宮不見其妻凶

子曰非所困而困焉名必辱非所據而據焉身

必危。既辱且危。死期將至。妻其可得見邪。

本義 釋困六三爻義。集說 朱子語類云。有著力不得處。若只管著力去作。少間去作不成。他人便道自家無能。便是辱了名。

易曰。公用射隼于高墉之上。獲之。无不利。子曰。隼者禽也。弓矢者器也。射之者人也。君子藏器於身。待時而動。何不利之有。動而不括。是以出而有獲。語成器而動者也。

本義 括結礙也。此釋解上六爻義。集說 韓氏伯曰。括結也。君子待時而動。則無結閡之患也。

子曰小人不恥不仁不畏不義不見利不勸不威不懲小懲而大誡此小人之福也易曰屨校滅趾无咎此之謂也

本義此釋噬嗑初九爻義集說馮氏椅曰不以不仁爲恥故見利而後勸於爲仁不以不義爲畏故畏威而後懲於不義

善不積不足以成名惡不積不足以滅身小人以小善爲无益而弗爲也以小惡爲无傷而弗去也故惡積而不可掩罪大而不可解易曰何

校滅耳凶

本義 此釋噬嗑上九爻義 集說 董氏仲舒曰積善在身猶長日加益而人不知也積惡在身猶火之銷膏而人不見也○吳氏曰愼曰惡以已之所行者言罪以法之所麗者言

子曰危者安其位者也亡者保其存者也亂者有其治者也是故君子安而不忘危存而不忘亡治而不忘亂是以身安而國家可保也易曰其亡其亡繫于包桑

本義 此釋否九五爻義 集說 孔氏穎達曰所以今有傾危者由前安樂於其位自以爲安故致今

日危也所以今日滅亡者由前保有其存恒以爲存故今致滅亡也所以今有禍亂者由前自恃有其治理恒以爲治故今致禍亂也是故君子今雖獲安心恒不忘傾危之事國雖存心恒不忘滅亡之事政雖治心恒不忘禍亂之事心恒畏懼其將滅亡其將滅亡乃繫于包桑之固也○谷氏家杰曰養尊處優曰安宗社鞏固曰存綱舉目張曰治

子曰德薄而位尊知小而謀大力小而任重鮮不及矣易曰鼎折足覆公餗其形渥凶言不勝其任也

本義 此釋鼎九四爻義 集說 張氏浚曰自昔居台鼎之任德力知三者一有闕則弗能勝其事而

況俱不足者乎。有德而無知則不足以應變。有知而無
力則不足以鎮浮。若夫德之不立。雖有知力。亦無以感
格天人而措天下於治矣。○錢氏時曰古之人君必量
力度德而後授之官。古之人臣亦必度力度德而後居
其任。雖百工胥史且猶不苟。況三公乎。爲君不明於所
擇。爲臣不審於自擇。以至亡身危主。誤國亂天下。皆由
不勝任之故。
可不戒哉

子曰知幾其神乎。君子上交不諂。下交不瀆。其
知幾乎。幾者動之微。吉之先見者也。君子見幾
而作。不俟終日。易曰介于石。不終日。貞吉。介如
石焉。寧用終日。斷可識矣。君子知微知彰。知柔

知剛萬夫之望

本義 此釋豫六二爻義漢書吉之之間有凶字

集說 孔氏穎達曰動謂心動事動初動之時其理未著唯纖微而已已著之後則心事顯露若未動之先又寂然頓無幾是離無入有在有無之際故云動之微也直云吉不云凶者凡豫前知幾皆向吉而背凶違凶而就吉無復有凶故特云吉也諸本或有凶字者其定本則無○崔氏憬曰此爻得位於中於豫之時能順以動而防於豫如石之耿介守志不移雖暫豫樂以其見微而不終日則能貞吉斷可知矣○張子曰知幾者爲能以屈爲信○朱子語類云上交貴於恭遜恭則便近於諂下交貴於和易和則便近於瀆蓋恭與諂相近和與瀆相近只爭些子便至於流也○又云幾者動之微是欲動未動之間便有善惡便須就這處理會若到發出處便怎生奈何得所以聖賢說謹獨便都是要就幾微

處理會○項氏安世曰諂者本以求福而禍常基於諂瀆者本以交驩而怨常起於瀆易言知幾而孔子以不諂不瀆明之此眞所謂知幾者矣欲進此道唯存察之密疆界素明者能之此所以必歸之於介如石者與○何氏楷曰知微知彰微而能彰介于石也知柔知剛柔而能剛不終日也

子曰顏氏之子其殆庶幾乎有不善未嘗不知知之未嘗復行也易曰不遠復无祇悔元吉

本義殆危也庶幾近意言近道也此釋復初九爻義

集說虞氏翻曰復以自知自知者明謂顏子不遷怒不貳過克己復禮天下歸仁也○侯氏行果曰失在未形故有不善知則速改故無大過○朱子語類云或以幾爲因上文幾字而言但左傳與孟子庶幾兩字都只作近字說○又云顏子有不善未嘗不知知之未

嘗復行。今人只知知之未嘗復行爲難。殊不知有不善未嘗不知是難處。○項氏安世曰。於微而知其彰。於柔而知其剛。蓋由用心之精。燭理之明。是以至此。欲進此者。當自顏子始。豪釐絲忽之過。一萌於方寸之間。可謂微矣。而吾固已瞭然而見之。可謂柔矣。而吾已斬然而絕之。此章內十一爻。雖各爲一段。而意皆相貫。此爻尤與上爻文意相關。○陸氏振奇曰。誠則明者。知幾之神由介石來也。明則誠者。不遠之復。由眞知得也。在豫貴守之固。故曰貞吉。在復貴覺之早。故曰元吉。

天地絪縕。萬物化醇。男女構精。萬物化生。易曰。三人行則損一人。一人行則得其友。言致一也。

本義 絪縕。交密之狀。醇。謂厚而凝也。言氣化者也。化生。形化者也。此釋損六三爻義。集說 侯氏行果曰。此明物情相感。當上法絪縕化醇致一之道。

子曰。君子安其身而後動。易其心而後語。定其交而後求。君子脩此三者。故全也。危以動。則民不與也。懼以語。則民不應也。无交而求。則民不與也。莫之與。則傷之者至矣。易曰。莫益之。或擊之。立心勿恒。凶。

本義 此釋益上九爻義。○此第五章。

集說 項氏安世曰。危以動則民不與。黨與之與。无交而求則民不與。取與之與也。○又曰。以易對懼。其義可見。直者其語易。曲者其語懼。乾之所以易者。以其直也。○郭氏鵬海曰。事不順理。從欲惟危。爲危以動。心知非理。自覺惶恐爲懼。以語思非素結。信非素孚。爲无交而求。

總論 葉氏良佩曰。下十爻皆承咸九四而言。○吳氏一源曰。咸後十爻。皆發明理之貞一。而不必憧憧耳。往來屈信無二致也。天地所以成造化。聖人所以臻造化。推之事事物物。莫不皆然。故知動靜之一致。則能藏器而時動。知小大之一致。則能謹小以无咎。知安危之一致。則能危以保其安。知顯微之一致。則能見幾而作。不遠而復。知損益之一致。則能損而得友。彼非所困而困。非所任而任。忽小而惡積。求益而或擊。皆昧於屈信之義。以取凶耳。

案此上三章。申吉凶效動而歸於貞一之理。第三章統論彖爻也。第四章舉象所以取材之例。第五章舉爻所以效動之例也。蓋卦有小大。辭有險易。故凡卦之以陽爲主而陽道勝者。皆大卦也。以陰爲主而陰道勝者。皆小卦也其原起於八卦之分陰分陽故爲舉彖取材之例也三百八十四爻正靜則吉邪動則凶故困三解上相反也噬嗑之初上相反也否五鼎四相反也豫二復初相似也損三益上相反也其義皆統於咸之四故爲舉爻效動之例也夫陰陽並行而以陽爲君則所以歸其權於君者一矣動靜相循而以靜爲主則所以專其事於主者一矣何則理一故也故曰天下之動貞夫一

子曰乾坤其易之門邪乾陽物也坤陰物也陰陽合德而剛柔有體以體天地之撰以通神明之德

本義 諸卦剛柔之體皆以乾坤合德而成故曰乾坤易之門撰猶事也 集說 荀氏爽曰陰陽相易

出於乾坤故曰門○葉氏良佩曰此章論文王繫辭之義故首節先本伏羲卦畫而言之○何氏楷曰有形可擬故曰體有理可推故曰通體天地之撰承剛柔有體言兩體字相應通神明之德承陰陽合德言兩德字相應

其稱名也雜而不越於稽其類其衰世之意邪

本義萬物雖多无不出於陰陽之變故卦爻之義雖雜出而不差繆然非上古淳質之時思慮所及也故以爲衰世之意蓋指文王與紂之時也

集說九家易曰名謂卦名陰陽雖錯而卦象各有次序不相踰越○侯氏行果曰易象考其事類但以吉凶得失爲主則非淳古之時也故云衰世之意耳言邪示疑不欲切指也○朱子語類問其稱名也雜而不越是指繫辭而言是指卦名而言曰他下面兩三番說名後又舉九卦

說看來只是謂卦名。又云其衰世之意邪伏羲畫卦時這般事都已有了只是未曾經歷到文王時世變不好古來未曾有底事都有了他一一經歷這崎嶇萬變過來所以說出那卦辭

夫易彰往而察來而微顯闡幽開而當名辨物正言斷辭則備矣。

本義 而微顯恐當作微顯而闡而之而亦疑有誤

集說 郭氏雍曰當名卦也辨物象也正言彖辭也斷辭繫之以吉凶者也。朱子語類云微顯闡幽幽者不可見便就這顯處說出來顯者便就上面尋其不可見底教人知得又曰如顯道神德行相似。又云微顯闡幽是將道來事上看言那箇雖是粗的然皆出於道義之蘊微顯所以闡幽闡幽所以微顯只是一箇物事。吳氏澄曰彰往即藏往也謂明於天之道而彰明

已往之理察來卽知來也謂察於民之故而察知未來之事微顯卽神德行也謂以人事之顯而本之於天道所以微其顯闡幽卽顯道也謂以天道之幽而用之於人事所以闡其幽○蔡氏淸曰人事粗迹也易書有以微之蓋於至著之中寓至微之理也天道至幽也易書有以闡之蓋以至微之理寓於至著之象也

案彰往察來微顯闡幽承首節伏羲卦畫言當名辨物正言斷辭承次節文王卦名言而因及乎辭也彰往察來卽所謂體天地之撰微顯闡幽卽所謂通神明之德當名者卽所謂稱名雜而不越也命名之後又復辨卦中所具之物以繫之辭而斷其占則所謂彖也文王因卦畫而爲之名辭故曰開而有畫無文易道未開也

其稱名也小其取類也大其旨遠其辭文其言曲而中其事肆而隱因貳以濟民行以明失得

之報

本義 肆陳也貳疑也○此第六章多闕文疑字不可盡通後皆放此

集說 程氏敬承曰理貞夫一而民貳之有失得故貳也明失得之報則天下曉然歸於理之一而民行濟矣濟者出之陷溺之危而措之安吉之地此其所以爲衰世之意邪

案稱名小取類大以卦名言旨遠辭文以象辭言其言曲而中又申旨遠辭文之意旨遠則多隱約故曲也辭文則有條理故中也其事肆而隱又申名小類大之意名小則事物畢具故肆也類大則義理包涵故隱也

總論 項氏安世曰此章專論易之象辭易不過乾坤二畫乾坤即陰陽剛柔也凡易之辭其稱名取類千彙萬狀大要不越於二者而其所以繫辭之意則爲世衰道微與民同患不得已而盡言之耳此斷辭之所以

作也。斷辭即彖辭也。

易之興也。其於中古乎。作易者。其有憂患乎。

本義 夏商之末。易道中微。文王拘於羑里而繫彖辭。易道復興。集說 孔氏穎達曰。易在上古伏羲之時。但其時理尚質素。直觀其象。足以垂教。中古之時。事漸澆浮。非象可以爲教。故爻卦之辭起於中古。此之所論。謂周易也。身既憂患。須垂法以示於後。以防憂患之事。○吳氏澄曰。羲皇之易。有畫而已。三畫之卦雖有名。而六畫之卦未有名。文王始名六畫之卦。而繫之以辭。易道幾微。至此而復興也。卦名及辭皆前此所未有。故不云述而云作。作易在羑里時。故云其有憂患乎。蓋於名卦而知其有憂患也。下文舉九卦之名。以見其憂患之意。○谷氏家杰曰。憂患二字。以憂患天下言。乃吉凶同患意。民志未通。務未成。聖人切切然爲天下憂患之於是作易故易皆處憂患之道○何氏楷曰聖人之憂患者憂患天下之迷復也乃其處困又何憂患焉是故易者所以憂患天下之憂患也

是故履德之基也謙德之柄也復德之本也恆德之固也損德之脩也益德之裕也困德之辨也井德之地也巽德之制也

本義　履禮也上天下澤定分不易必謹乎此然後其德有以爲基而立也謙者自卑而尊人又爲禮者之所當執持而不可失者也九卦皆反身脩德以處憂患之事也而有序焉基所以立柄所以持復者心不外而善端存恆者守不變而常且久懲忿窒慾以脩身遷善改過以長善困以自驗其力井以不變其所然後能巽

順於理以集說鄭氏康成曰辨別也遭困之時君子固
制事變也窮小人則濫德於是別也○干氏寶曰
柄所以持物謙所以持禮者也○朱子語類問巽何以
爲德之制曰巽爲脊斧巽多作斷制之象蓋巽字之義
非順所能盡乃順而能入之義是入細直徹到底不只
是到皮子上如此方能斷得殺若不見得盡如何可以
行權○陸氏九淵曰上天下澤尊卑之義禮之本也經
禮三百曲禮三千皆本諸此履德之基謂以行爲德之
基也基始也德自行而進也不行則德何由而積有而
不居爲謙謙者不盈也盈則其德喪矣常執不盈之心
則德乃日積故曰德之柄既能謙然後能復復者陽復
爲復善之義人性本善其不善者遷於物也知物之爲
害而能自反則知善者乃吾性之固有循吾固有而進
德則沛然無他適矣故曰復德之本也知復則內外合
矣然而不常則其德不固所謂雖得之必失之故曰恆
德之固也君子之脩德必去其害德者則德日進矣故

曰損德之脩也善日積則寛裕故曰益德之裕也不臨患難難處之地未足以見其德故曰困德之辨也井以養人利物爲事君子之德亦猶是也故曰井德之地也夫然可以有爲有爲者常順時制宜不順時制宜者一方一曲之士非盛德之事也順時制宜非隨俗合汙如禹稷顏子是已故曰巽德之制也○陳氏琛曰德之基就積行上說德之本就心裏說要當有辨德之固是得寸守寸得尺守尺德之地則全體不窮矣亦要有辨○盧氏曰基與地有別基小而地大基是初起脚跟積累可由此而上地是凝成全體施用之妙皆由此而出也

履和而至謙尊而光復小而辨於物恆雜而不厭損先難而後易益長裕而不設困窮而通井居其所而遷巽稱而隱

本義此如書之九德禮非强世然事皆至極謙以自卑而尊且光復陽微而不亂於羣陰恆處雜而常德不厭損欲先難習熟則易益但充長而不造作困身困而道亨井不動而及物巽稱物之宜而潛隱不露

集說韓氏伯曰和而不至從物者也和而能至故可履也微而辨之不遠復也雜而不厭是以能恆刻損以脩身故先難也身脩而無患故後易也有所興爲以益於物故曰長裕因物興務不虛設也○程子曰益長裕而不設謂固有此理而就上充長也設是撰造也撰造則爲僞也○朱子語類云稱而隱是巽順恰好底道理有隱而不能稱量者有能稱量而不能隱伏不露形迹者皆非巽之道也巽德之制也巽以行權都是此意○陸氏九淵曰履和而至兌以柔悅承乾之剛健故和天在上澤處下理之至也極不可易故至君子所行體履之義故和而至謙尊而光不謙則必自尊自耀自尊則人必賤之自耀則德喪能謙則自卑自晦自卑則人尊之自

晦則德益光顯。復小而辨於物。復貴不遠。言動之微。念慮之隱。必察其爲物所誘與否。不辨於小。則將致悔咎矣。恆雜而不厭。人之生。動用酬酢。事變非一。人情於此多至厭倦。是不恆其德者也。能恆者雖雜而不厭。損先難而後易。人情逆之則難。順之則易。凡抑損其過。必逆乎情。故先難。既損抑以歸於善。則順乎本心。故後易。益長裕而不設。益者遷善以益己之德。故其德長進而寬裕。設者侈張也。有侈大不誠實之意。如是則非所以爲益也。困窮而通。不脩德者遇窮困則隕穫喪亡而已。君子遇窮困則德益進。道益通。井居其所而遷。如君子不以道徇人。故曰居其所。而博施濟衆。無有不及。故曰遷。巽稱而隱。巽順於理。故動稱宜。其所以稱宜者。非有形迹可見。故隱。

案復小而辨於物。陸氏蓋用韓氏之說。與朱子異。然朱子之義爲精。

履以和行謙以制禮復以自知恆以一德損以遠害益以興利困以寡怨井以辨義巽以行權

本義 寡怨謂少所怨尤辨義謂安而能慮。此第七章。三陳九卦以明處憂患之道。○集說 虞氏翻曰禮和爲貴故以和行也有不善未嘗不知故自知也恆立不易方故一德也。○歐陽氏脩曰君子者天下係焉一身之損益天下之利害也君子之自損忿慾耳自益遷善而改過耳然而肆其忿慾者豈止一身之損哉天下有被其害矣遷善而改過豈止一身之益哉天下有蒙其利矣。○朱子語類問巽以行權權是逶迤曲折以順理否曰然巽有入之義巽爲風如風之入物只爲巽便能入義理之中無細不入又問巽稱而隱隱亦是入物否曰隱便是不見處。○又云見得道理精熟後於物之精微委曲處無處不入所以說巽以行權。○又云兌見而巽伏權是隱然作底事物若顯然地作却不成行權。○陸氏九淵曰履以和行行有不和以不由禮故也能由禮則和矣謙以制禮自尊大則不能由禮卑以自牧乃能自節制以禮復以自知自克乃能復善他人無與焉恆以一德不常則二三常則一終始惟一時乃日新損以遠害如忿慾之類爲德之害損者損其害德而已能損其害德者則吾身之害固有可遠之道特君子不取必乎此也益以興利有益於已者爲利天下之有益於已者莫如善君子觀易之象而遷善故曰興利能遷善則福慶之利固有自致之理在君子無加損焉有不足言者困以寡怨君子於困厄之時必推致其命吾遂吾之志何怨之有推困之義不必窮厄患難及已也凡道有所不可行皆困也君子於此自反而已未嘗有所怨也井以辨義君子之義在於濟物於井之養人可以明君子之義巽以行權巽順於理如權之於物隨輕重而應則動靜稱宜不以一定而悖理也九卦之列君子脩身之要其序如此缺一不可也故詳復贊之○王氏應麟曰復以自知自知必自知然後見天地之心有不善未嘗不知自知之明也○何氏楷曰以用也履者禮也用禮以約之而制作始和此履所以爲德之基也所貴乎禮者以其爲德之品節也然惟讓爲禮之實不讓不爲禮故用謙以制之此謙所以爲德之柄也

總論 項氏安世曰此章亦論彖辭凡彖辭之體皆先釋卦名次言兩卦之體末推卦用故此章之序亦然以爲觀象者之法也○胡氏炳文曰上經自乾至履九卦下經自恒至損益亦九卦上經履至謙五卦下經益至困井亦五卦上經謙至復又九卦下經井至巽又九卦上經自復而後八卦而爲下經之恒下經自巽而未濟亦八卦復爲上經之乾上下經對待非偶然者○葉氏良佩曰此章三陳九卦專言卦也易道屢遷一章專言爻也

案此上二章申象之動乎內而吉凶見乎外也六十四卦之象皆以乾坤交錯而成中涵天地變化之道鬼神微妙之德是所謂動乎內者也及聖人命之以名繫之以辭於是吉凶之義昭然見矣六十四卦之名或曰伏羲所命或曰文王所命蓋自夫子之時而已疑也但以其所取事類觀之知其非上古淳質時所有則爲文王命名可以理推名當則卦爻之物可辨因正言其是非而吉凶之辭可斷向之體天地之撰而有以彰往察來通神明之德而有以微顯闡幽者至是而大備矣名雜而不越故所稱者小而義則大象所以發其蘊也故寓意深遠而辭則文指遠辭文故言雖曲而中名小類大故事雖肆而隱蓋由於世衰民疑而將以濟其行故非探賾索隱無以盡其變也非周事體物無以悟其心也夫吉凶者失得之報而已矣故下九卦遂言聖人之所處以示觀象之例

易之爲書也不可遠爲道也屢遷變動不居周流六虛上下无常剛柔相易不可爲典要唯變所適

本義遠猶忘也周流六虛謂陰陽流行於卦之六位集說侯氏行果曰居則觀象動則玩占故不可遠也○孔氏穎達曰六位言虛者位本無體因爻始見故稱虛也○邵子曰六虛者六位也虛以待變動之事也○朱子語類云易不可爲典要易不是確定硬本子揚雄太玄排定三百五十四贊當晝三百五十四贊當夜晝底吉夜底凶吉之中又自分輕重凶之中又自分輕重易却不然有陽居陽爻而吉底又有凶底有陰居陰爻而吉底又有凶底有有應而吉底有有應而凶底是不可爲典要之書也是有那許多變所以如此○蔡

氏淵曰屢遷謂爲道變通而不滯乎物自易之爲書至屢遷此總言爲書爲道以起下文之意也自變動不居至唯變所適言易道之屢遷也不居猶不止也六虛六位也位未有爻曰虛卦雖六位而剛柔爻晝往來如寄故以虛言或自上而降或由下而升上下无常也柔來文剛分剛上而文柔剛柔相易也典常也要約也其屢變无常不可爲典要唯變所適而已○吳氏曰愼曰不可爲典要變無方也既有典常理有定也故曰易者變易也不易也

其出入以度外內使知懼

本義此句未詳疑有脫誤集說韓氏伯曰明出入之度使物知外內之戒也○潘氏夢旂曰易雖不可爲典要而其出入往來皆有法度而非妄動也故卦之外內皆足以使人知懼○蔡氏清曰卦爻所說者皆

利用出入之事，其出入也，皆必以其法，法者，事理當然之則也，使人入而在內，出而在外，皆知有法而不敢妄爲，是使知懼也。

知懼必以度。

又明於憂患與故，无有師保，如臨父母。

本義 雖无師保，而常若父母臨之，戒懼之至。

集說 虞氏翻曰：神以知來，故明憂患；知以藏往，故知事故。○蘇氏軾曰：憂患之來，苟不明其故，則人有苟免之志而怠，故易明憂患，又明其所以致之之故。○朱氏震曰：又明於已之所當憂患，與所以致憂患之故，无有師保教訓而嚴憚之，有如父母親臨而愛敬之，見聖人之情也。○趙氏振芳曰：不特使人知懼，又明於憂患與所以致憂患之故，諄諄然與民同患，與民同憂，不止如師保之提命，且直如父母之儼臨，愛之無所不至，慮之無所不周，故訓之無所不切也。

案无有師保如臨父母朱氏趙氏之說甚善蓋上文言出入以度則人知畏懼嚴憚之如師保及觀其示人憂患之故懇切周盡使聞之者不知嚴憚而但感其慈愛此聖人之情所以為至也无有者非無師保也人之意中无有師保也

初率其辭而揆其方既有典常苟非其人道不虛行

本義　方道也始由辭以度其理則見其有典常矣然神而明之則存乎其人也○此第八章　集說　虞氏翻曰其出入有度故有典常神而明之存乎其人不言而信謂之德行故不虛行也○孔氏穎達曰雖千變萬化不可為典要然循其辭度其義原尋其初要結其終皆唯變所適是其常典也○邵子曰既有典常常

也不可爲典要變也○龔氏煥曰既曰不可爲典要又曰既有典常不可爲典要者以剛柔之變易無常者言也既有典常者以卦爻之一定而不可易者言也剛柔變易之無常所以卦爻一定而不可易而一定不易之理未嘗不行於剛柔變易之中也

總論 項氏安世曰此章專論易之爻辭易之爲書也不可遠爲道也屢遷二句一章大指自變動不居至不可遠也惟其屢遷故虛而無常不可爲典要惟其不可遠惟變所適言屢遷也自出入以度至道不虛行言不可遠也惟其屢遷故虛而無常不可爲典要惟其不可遠故有度有方有典有常而不可虛方其率之也則謂之辭及其行之也則謂之道辭之所指即道之所遷也人能循其不可遠之理則屢遷之道得矣

易之爲書也原始要終以爲質也六爻相雜唯

其時物也

本義　質謂卦體。卦必舉其始終而後成體，爻則唯其時物而已。

集說　韓氏伯曰：質，體也。卦兼始終之義也。○孔氏穎達曰：物，事也。一卦之中，六爻交相雜錯，唯各會其時，各主其事。○吳氏澄曰：質，謂卦之體質。文王原卦義之始，要卦義之終，以為卦之體質，各名其卦而繫彖辭也。爻之為言交也。周公觀六位之交錯，唯其六爻之時，各因其義而繫爻辭也。此章言六爻，而六爻統於彖，故先言彖，乃說六爻也。○谷氏家杰曰：此章雖兼卦爻，實以卦引起爻，專重在爻上。○何氏楷曰：此章統論爻畫，而歸重於彖辭。說易之法，莫備於此。易之為書，綱紀在卦，卦必合爻之全而後成卦，一畫不似，便成他局。聖人之繫卦，為之推原其始，要約其終，彌綸全卦之理，如物之有體質。至於繫爻，則惟相其六位之時而導之宜，因其陰陽之物而立之像。然其大指要不過推演彖辭之意。

其初難知，其上易知，本末也。初辭擬之，卒成之終。

本義　此言初上二爻。

集說　干氏寶曰：初擬議之，故難知；卒終成之，故易知。本末勢然也。○孔氏穎達曰：初辭擬之者，覆釋其初難知也，以初時擬議其始，故難知也；卒成之終者，覆釋其上易知也，言上是事之卒了而成就終竟，故易知也。○吳氏澄曰：初與終爲對，擬之與卒成之爲對，兩句文法顛倒相互。

案　講家以難知易知屬學易者，擬之卒成屬作易者。然聖人作易，六爻之條理渾成於心，豈有難易哉？故初辭擬之，卒成之終兩句，是申上兩句，皆當屬學易者說。

若夫雜物撰德，辨是與非，則非其中爻不備。

本義　此謂卦中四爻。

案雜字、撰字、辨字，亦當屬學易者說。雜者，參錯其貴賤上下之位也。撰者，體察其剛柔健順之德也。德位分而是非判矣。辨者，剖別之於象，以考驗之於辭也。

噫！亦要存亡吉凶，則居可知矣。知者觀其彖辭，則思過半矣。

本義　彖統論一卦六爻之體。　集說　蘇氏軾曰：彖者，常論其用事之爻，故觀其彖，則其餘皆彖爻之所用者也。○吳氏澄曰：章首第一句言彖，第二句總言六爻，此一節又總言六爻，而歸重於彖，蓋爲結語，與章

首起語
相始終
案彖辭之繫。文王蓋統觀六爻以立義者。如屯則以初爲侯。蒙則以二爲師。師則以二爲將。比則以五爲君。其義皆先定於彖。爻辭不過因之而隨爻細別耳。其爻之合於卦義者吉。不合於卦義者凶。故彖辭爲綱領。而爻其目也。彖辭爲權衡。而爻其物也。總之於綱。則目之先後可知。審之於權衡。則物之輕重可見。夫子彖傳旣參錯六爻之義以釋辭。示人卦爻之不相離矣。於此又特指其要而切言之。讀易之法。莫先於此。

二與四同功而異位。其善不同。二多譽。四多懼。近也。柔之爲道。不利遠者。其要无咎。其用柔中也。

本義 此以下論中爻同功謂皆陰位異位謂遠近不同四近君故多懼柔不利遠而二多譽者以其柔中也

集說 崔氏憬曰此重釋中四爻功位所宜也二四皆陰位陰之爲道近比承陽故不利遠矣二遠陽雖則不利其要或有无咎者以柔居中異於四也○蘇氏軾曰近於五也有善之名而近於君則懼矣故二之善宜著四之善宜隱○程氏迥曰易以六居五以九居二爲卦十有六雖爲時不同其十有五皆吉謂人君柔中虛已而任剛德之臣其臣亦以剛中應之也○吳氏澄曰二與四同是陰位若皆以柔居之則六二六四同是以柔居陰故曰同功然其位則有遠近之異五者一卦之尊位故遠近皆自五而言二與五應爲遠四與五比爲近以位之遠近有異而其善亦不同遠者意氣舒展而多譽近者勢分逼迫而多懼多者謂不盡然而若此者衆爾近也二字釋四多懼謂四之所以懼不能如二之多譽者蓋迫近尊位不得自安故也柔之爲道以

下。釋二多譽柔不能自立。近者有所依倚。遠者宜若不利。二遠於五。而其歸得以无咎者。以其用柔而居下卦之中也。何氏楷曰。月遠日則光滿。近則光微。此多譽多懼之說也。

案吳氏說亦詳密。但以二之譽四之懼。專爲以柔居柔者。三之凶五之功。專爲以剛居剛者。則於經意猶偏。蓋聖人之言。舉其一隅。則可以三隅反。多譽多懼以二四之位言。不論剛柔居之。皆多譽多懼也。多凶多功以三五之位言。亦不論剛柔居之。皆多凶多功也。下文言柔之爲道不利遠者。則可見二雖多譽。而九二尤善於六二。四既多懼。而九四尤甚於六四也。又言其柔危其剛勝邪。則可見三雖多凶。而九三猶善於六三。五雖多功而六五猶讓於九五也。柔之爲道不利遠者。爲六二言。而九二在其中。併六四九四皆在其中。其柔危。爲六三言。而九三在其中。併六五九五亦在其中。此聖言之所以妙。

三與五同功而異位。三多凶。五多功。貴賤之等也。其柔危。其剛勝邪。

本義　三五同陽位而貴賤不同。然以柔居之則危。唯剛則能勝之。○此第九章。集說　果侯氏行果曰：三五陽位。陰柔處之則多凶危。剛正居之則勝其任。言邪者不定之辭也。或有柔居而吉者。得其時也。○崔氏憬曰：三處下卦之極。居上卦之下。而上承天子。若無含章之美。則必致凶。五既居中不偏。貴乘天位。以道濟物。廣被寰中。故多功也。○吳氏澄曰：三與五同是陽位。若皆以剛居之。則九三九五同是以剛居陽。故曰同功。然其位則有貴賤之異。賤者剛居剛爲太過而多凶。貴者剛居剛爲適宜而多功。二多譽。四多懼之上。有其善不同一句。而三多凶。五多功之上。無之者。譽懼雖不同而皆可謂之善。凶則不可謂善矣。故不言也。貴賤之等也。五字釋三多凶。謂三之所以凶，不能如五之功者，蓋貴賤有等，賤者不與貴者同故也。其柔危以下，釋五多功。五爲尊位，以柔居之，則不勝其任而危，惟剛居之，則能勝其任而有功也。○胡氏炳文曰：其柔危，其剛勝，專爲三言也。○蔡氏清曰：或遠或近，或貴或賤，此所謂爻有等，故曰物者，是爲雜物。或柔中或不中，或多譽或多懼，或多凶或多功，又或柔危而剛勝，此所謂撰德也，而辨是與非，舉具其中矣。

案：柔危剛勝，吳氏以爲指五，胡氏以爲指三，侯氏兼之，須分別融會，乃得經意。

總論　何氏楷曰：章末覆舉中爻，所以略初上不言者，蓋初上非用事之地，故所重在時位。中四爻用事之地，故惟重在德行也。若夫卦主在初上者，則不可以此例論。此章爲易之凡例，求卦爻之義者，執此以求之而已。然僅曰要，曰多，曰過半，則雖聖人猶未敢輕言之，韋編三絕，有以夫。

案此上二章申爻之動乎內而吉凶見乎外也道屢遷者旨於周流六虛見之无常相易所謂周流者也唯變所適所謂屢遷者也此則爻之動乎內者及繫辭而吉凶見則使人於日用出入之間各循乎法度而知懼蓋稟乎師保之嚴矣再觀其開示人以憂患與其所以致憂患之故不啻父母之謀其子孫者又使人無有師保之嚴但如臨父母之親而已夫是以由其辭而揆之則不可爲典要者未嘗不有典常而欲體其道而行之則所謂不可遠者又存乎其人之不遠於道也下文遂以辭之典常言之大約初上雖無位而爲事之始終自二至五則居中而正爲用事之位玩辭者擬其初竟其終參合其物理以辨其是非而求其備此學易之法也然彖者括始終以立體而爻則其趨時之物而已故知者觀彖辭而爻義已大半得此又學易之要也又舉中四爻而申之以見凡當位用事則有譽有懼有凶有功非初上無位而或在功過之外者比也聖人所謂明憂患與

故者於此尤諄諄焉。

易之爲書也。廣大悉備。有天道焉。有人道焉。有地道焉。兼三才而兩之。故六。六者非它也。三才之道也。

本義 三畫已具三才。重之故六。而以上二爻爲天。中二爻爲人。下二爻爲地。

集說 項氏安世曰。言聖人所以兼三才而兩之者。非以私意傳會。三才之道。自各有兩。不得而不六也。

道有變動。故曰爻。爻有等。故曰物。物相雜。故曰文。文不當。故吉凶生焉。

本義　道有變動謂卦之一體等謂遠近貴賤之差相雜謂剛柔之位相間不當謂爻不當位○此第十章

集說　陸氏績曰天道有晝夜日月之變地道有剛柔燥濕之變人道有行止動靜吉凶善惡之變聖人設爻以效三者之變動故謂之爻者也○孔氏穎達曰三才之道既有變化移動故重畫以象之而曰爻也物者物類也爻有陰陽貴賤等級以象萬物之類故謂之物也若相與聚居間雜成文不相妨害則吉凶不生由文之不當相與聚居不當於理故吉凶生也○張子曰故曰爻爻者交雜之義○項氏安世曰爻有等者初二三四五上也物相雜者初三五與二四上陰陽相間也文不當者九居陰位六居陽位也○李氏簡曰一則無變無動兼而兩之故三才之道皆有變動以其道有變動故名其畫曰爻爻者傚也言六畫能傚天下之動也爻有貴賤上下之等故曰物物有九六雜居剛柔之位則成文交錯之際有當不當吉凶由是生焉○汪氏咸池

曰。文既相雜。豈能皆當。故有以剛居柔。以柔居剛。而位不當者。亦有以柔居柔。以剛居剛。而位未必皆當者。則吉凶於是而生矣。○何氏楷曰。不當者。非專指陽居陰位陰居陽位也。卦情若淑。或以不當爲吉。卦情若慝。反以當位爲凶。要在隨時變易。得其當而已。○吳氏曰慎曰。以時義之得爲當。時義之失爲不當。不以位論。

易之興也。其當殷之末世。周之盛德邪。當文王與紂之事邪。是故其辭危。危者使平。易者使傾。其道甚大。百物不廢。懼以終始。其要无咎。此之謂易之道也。

本義 危懼故得平安。慢易則必傾覆。易之道也。○此第十一章。

集說 張氏栻曰。既懼其始。使人防微

杜漸又懼其終使人持盈守成要之以无咎而補過乃易之道也○高氏攀龍曰一部易原始要終只是敬懼无咎而已故曰懼以終始无咎者善補過也易中凡說有喜有慶吉元吉都是及於物處若本等只到了无咎使平○趙氏光大曰危者使平二句即是辭危處使之不可作易使之言由危而平者危使之也言其理之必然若有以使之也易之道與其道甚大道字正相應○何氏楷曰使者天理之自然若或使之也所謂殖有禮覆昏暴天之道也

案此上二章申功業見乎變聖人之情見乎辭也所謂變者生於三才之道以兩而行交合相濟迭用不窮也寫之於易則以其兩相交也而名爲爻所處之位不同也而名爲物所以處是位者又相錯也而名爲文相錯則有當有否而吉凶於此生大業於此起矣故曰功業見乎變雖然上古之聖以是濟民用焉而辭未備也文

王當殷商之衰忘己之憂而惟世之患是故其因事設戒者無非欲人戰戰兢兢免於咎而趨於平也是所謂以身立教反覆一編之中千載之上心如見焉故曰聖人之情見乎辭

夫乾天下之至健也德行恆易以知險夫坤天下之至順也德行恆簡以知阻

本義至健則所行无難故易至順則所行不繁故簡然其於事皆有以知其難而不敢易以處之是以其有憂患則健者如自高臨下而知其險順者如自下趨上而知其阻蓋雖易而能知險則不陷於險矣既簡而又知阻則不困於阻矣所以能危能懼而無易者之傾也**集說**孔氏穎達曰乾之德行恆易畧不有艱難以此之故能知險之所興若不易則爲險故行易以知險也坤之德行恆爲簡靜不有繁亂以此之故知阻之

所與若不簡則爲阻難故行簡以知阻也○蘇氏軾曰已險而能知險已阻而能知阻者天下未嘗有也是故處下以傾高則高者畢赴用晦以求明則明者必見易簡以觀險阻則險阻無隱情矣○張子曰簡易然後知險阻簡易理得然後一以貫天下之道○朱子語類云險與阻不同險是自上視下見下之險故不敢行阻是自下觀上爲上所阻故不敢進○項氏安世曰易與險相反唯中心易直者能照天下險巇之情簡與阻相反唯行事簡靜者能察天下繁壅之機○李氏簡曰兩險相疑兩阻相持則險不能知險知天下之至險者至易者也阻不能知阻知天下之至阻者至簡者也○胡氏炳文曰前言乾坤之易簡此言乾坤之所以爲易簡蓋乾之德行所以恆易者何也乾天下之至健也坤之德行所以恆簡者何也坤天下之至順也○蔡氏清曰天下之至健天下之至順猶中庸云天下至誠天下至聖相似皆以人言君子行此四德者故曰乾元亨利貞此

天下之至健者也。安貞之吉。應地无疆。此天下之至順者也。

能說諸心。能研諸侯之慮。定天下之吉凶。成天下之亹亹者。

本義 侯之二字衍。說諸心者。心與理會。乾之事也。研諸慮者。理因慮審。坤之事也。說諸心。故有以定吉凶。研諸慮。故有以成亹亹。

集說 張子曰。易簡故能說諸心。知險阻故能研諸慮。○朱氏震曰。簡易者我心之所固有。反而得之。能無說乎。以我所有。慮其不然。能無研乎。○朱子語類云。能說諸心。能研諸慮。方始能定天下之吉凶。成天下之亹亹。凡事見得通透了。自然歡說。既說諸心。是理會得了。於事上更審一審。便是研諸慮。研是更去研磨。定天下之吉凶。是剖判得這事。成天下之亹亹。是作得這事業。○張氏栻曰。心之說也。不忤於理慮之研也不昧於事則得者爲吉失者爲凶吉凶既定則凡勉於事功者莫不弘之不息以成其功矣○谷氏家杰曰能說諸心能研諸慮二能字應下成能之能見此理人人具有唯聖人能說能研耳

是故變化云爲吉事有祥象事知器占事知來○

本義 變化云爲故象事可以知器吉事有祥故占事可以知來 集說 蘇氏軾曰言易簡者無不知也

○朱子語類問有許多變化云爲又吉事皆有休祥之應所以象事者於此而知器占事者於此而知來曰是

○何氏楷曰凡人事之與吉逢者其先必有祥兆天人相感志一之動氣也聖人作易正以廸人於吉故獨以吉事言之與吉之先見同義

天地設位聖人成能人謀鬼謀百姓與能○

本義天地設位而聖人作易以成其功於是人謀鬼謀雖百姓之愚皆得以與其能集說朱子語類云天地設位四句說天人合處天地設位使聖人成其功能人謀鬼謀則雖百姓亦可與其能成能與能雖大小不同然亦是小小底造化之功用○胡氏炳文曰聖人成天地所不能成之能百姓得以與聖人所已成之能也○蔡氏清曰凡卜筮問易者先須謀諸人然後乃可問易雖聖人亦然故洪範曰謀及卿士謀及庶人然後曰謀及卜筮又曰朕志先定詢謀僉同然後鬼神其依龜筮協從是也

八卦以象告爻彖以情言剛柔雜居而吉凶可見矣

本義象謂卦畫爻彖謂卦爻辭集說崔氏憬曰伏羲始畫八卦因而重之以備萬物而告於人也爻

謂爻下辭。象謂卦下辭。皆是聖人之情見乎繫辭。而假爻象以言。故曰爻象以情言。六爻剛柔相推。而物雜居。得理則吉。失理則凶。故吉凶可見也。○蔡氏清曰。八卦以象告。則剛柔雜居矣。爻象以情言。則吉凶可見矣。

變動以利言。吉凶以情遷。是故愛惡相攻而吉凶生。遠近相取而悔吝生。情僞相感而利害生。凡易之情。近而不相得則凶。或害之。悔且吝。

本義 不相得。謂相惡也。凶害悔吝。皆由此生。 **集說** 崔氏憬曰。遠謂應與不應。近謂比與不比。或取遠應而舍近比。或取近比而舍遠應。由此遠近相取。所以生悔吝於繫辭矣。○項氏安世曰。愛惡相攻以下。皆言吉凶以情遷之事。而以六爻之情與辭明之。吉凶悔吝利害之三辭。分出於相攻相取相感之三情。而總屬於相近之一情此四者爻之情也命辭之法必各象其爻之情故觀其辭可以知其情利害者商畧其事有利有不利也悔吝則有迹矣吉凶則其成也故總而名之曰吉凶相感者情之始交故以利害言之相取則有事矣故以悔吝言之相攻則其事極矣故以吉凶言之愛惡遠近情僞姑就淺深分之若錯而綜之則相攻相取相感之人其居皆有遠近其行皆有情僞其情皆有愛惡也故總以相近一條明之近而不相得則以惡相攻而凶生矣以僞相感而害生矣不以近相取而悔吝生矣是則一近之中備此三條也凡爻有比爻有應爻有一卦之主爻皆情之當相得者也今稱近者止據比爻言之反以三隅則遠而爲應爲主者亦必備此三條矣但居之近者其吉凶尤多故聖人槩以近者明之○吳氏澄曰害者利之反凡占曰不利无攸利者害也近而不相得則凶害悔吝其相得則吉利悔亡无悔无咎從可知也○胡氏一桂曰凡易之情以下獨舉近者總言

之近而相取其情乃不相得此必其初之以偽感終至於惡而相攻是以凶耳既至於凶其於害悔吝可知已

○蔡氏清曰愛惡相攻三句平等說下文却合言之曰大抵凡易之情近而相得者為貴不相得而遠者亦無害唯是近而不相得者則凶又有害而悔且吝矣○又曰吉凶悔吝利害六字大抵吉凶重於利害利害重於悔吝故末句先凶次害又次悔吝而凡曰吉凶見乎外吉凶以情遷則皆該利害與悔吝矣○林氏希元曰近而不相得是解遠近相取而悔吝生一句并愛惡相攻兩句亦解蓋遠近相取而悔吝生這裏分情相得不相得情相得者遠相取而悔吝情不相得者近相取而悔吝但此意未明故於此發之只曰近不曰遠者舉近則遠者可以三隅反也夫近而不相得則凶可見惡相攻而凶生者以其近也偽相感而害生者亦以其近也故曰是併解愛惡相攻兩句

御纂周易折中

案此條諸說相參極詳密矣然尚有須補備者諸說皆以近爲相比之爻於易例未盡應爻雖遠然既謂之應地雖遠而情則近也先儒蓋因上章四多懼近也柔之爲道不利遠者故必以相比爲近然彼就二四而言之則有遠近之別此就六爻而統論之則比與應皆近也觀蒙之六四曰獨遠實也以其比應皆陰也如雖無比而有應亦不得謂之遠實矣故易於應爻有曰婚媾者有曰宗者有曰主者有曰類者皆親近之稱也遠近相取須分無比應者爲遠有比應者爲近乃爲完備○易之情其有遠近者固從爻位而生若愛惡情僞則從何處生來須知易爻吉凶皆在時位德三字上取時隨卦義而變時變則有愛惡矣如泰之時則交否之時則隔比之時則和訟之時則爭是愛惡相攻者由於時也位逐六爻而異位異則有遠近矣如比之內比外比觀之觀光者近也蒙之困蒙復之迷復者遠也是遠近相取者由於位也德由剛柔當否而別德別則有情僞矣如

同人五之號咷，豫二之介石，以中正也。同人三之伏戎，豫三之盱豫，以不中正也。是情僞相感者，由於德也。時有消息盈虛之變，位有貴賤上下之異，德有剛柔善惡之別。此三者，皆吉凶悔吝之根。然其發動，皆因彼己之交而起。所謂彼己之交者，比也，應也。非因比應，則無所謂相攻也，無所謂相取也，無所謂相感也。所謂相攻相取相感者，皆以比應言之，故下獨舉近而不相得以見例。近而相得相愛者也，相取者也，以情相感者也，善之善者也。不相得相得者而遠，則雖惡而不能相攻也，不近而不得相取也。雖僞而不與相感也。善之次也，宜相得者有而遠則雖愛而不得相親也，不近而不能相取也。雖有情而無以相感也。又其次也，惟近而不相得，則以惡相攻，以近相取，以僞相感，人事之險阻備矣。大者則凶極其惡之情者也。同人三之敵剛是也。次者則害，防其僞之端者也。兌之介疾，孚剝是也。輕者猶不免於悔吝，如豫萃之三，雖以近而從四，然以非同類而曰悔曰吝者此也。易者教人知險知阻。故特舉此條以見例。餘者可以三隅反也。故觀易者須先知時位德比應五字。又須知時位德之當否。皆於比應上發動。其義莫備於此章矣。

將叛者其辭慚。中心疑者其辭枝。吉人之辭寡。躁人之辭多。誣善之人其辭游。失其守者其辭屈。

本義 卦爻之辭。亦猶是也。○此第十二章。**集說** 王氏申子曰。歉於中者必愧於外。故將叛者其辭慚。疑於中者必泛其說。故中心疑者其辭枝。吉德之人見理直。故其辭寡。躁競之人急於售。故其辭多。誣善類者必深匿其跡。而陰寓其技。故其辭游。失其守者。必見義不明。而內無所主。故其辭屈。○吳氏澄曰。此篇之首泛言辭變象占四道而末句歸重於辭且以本於聖人之情至此卒章凡三節其中亦言四道而首末皆言象爻之辭末又本於易之情以終繫辭之傳蓋唯聖人之情能知易之情而繫易之辭也是爲一篇始終之脈絡云

○張氏振淵曰此節卽人之辭以情遷者驗易之辭以情遷也

案此章亦總上十一章之意而通論之易簡卽上下傳首章所謂乾坤之理而聖人體之以立極者故此卽以乾坤爲聖人之名稱見易道之本聖心所自具也易與險反故知險簡與阻反故知阻以是說諸心卽以是研諸慮凡天下所謂吉凶亹亹者固已豫定取成於聖人之心矣於是仰觀變化俯察云爲知以藏往而通其象神以知來而裕其占此所以作易而天地之功以成百姓之行以濟也爻象動乎內者以象告吉凶見乎外者以情言功業見乎變者以利言聖人之情見乎辭者以情遷時有順逆而愛惡生焉位有離合而遠近判焉德

有淑慝而情偽起焉。此三者易之情也。吉利凶害悔吝之辭所由興也。在易則爲易之情。聖人從而發揮之。則吉凶之途明。而利害之幾審。此即聖人之情也。故言凡人之情。著於辭而不可掩者六。反切上章所謂有憂患者其辭危也。

御纂周易折中

說卦傳

集說　孔氏穎達曰孔子以伏羲畫八卦後重爲六十四卦繫辭中畧明八卦小成引而伸之又曰八卦成列象在其中矣因而重之爻在其中矣又曰觀象於天觀法於地觀鳥獸之文與地之宜近取諸身遠取諸物始作八卦以通神明之德以類萬物之情然引而伸之重三成六之意猶自未明仰觀俯察近身遠物之象亦爲未見故於此更備說重卦之由及八卦所爲之象謂之說卦焉

昔者聖人之作易也幽贊於神明而生蓍

本義　幽贊神明猶言贊化育龜筴傳曰天下和平王道得而蓍莖長丈其叢生滿百莖　集說　孔氏

穎達曰以此聖知深知神明之道而生用蓍求卦之法故曰幽贊於神明而生蓍○程子曰幽贊於神明而生蓍用蓍以求卦非謂有蓍而後畫卦○蘇氏軾曰介紹以傳命謂之贊天地鬼神不能與人接也故以蓍龜爲之介紹○項氏安世曰生蓍謂創立用蓍之法神不能言以蓍言之所以贊神出命故謂之幽贊神明即大衍所謂佑神也○龔氏煥曰項氏生蓍之說與本義不同然以下文倚數立卦生爻觀之似當以項氏之說爲正

蘇氏濬曰生蓍當以生爻之例推之

參天兩地而倚數

本義 天圓地方圓者一而圍三三各一奇故參天而爲三方者一而圍四四合二耦故兩地而爲二數皆倚此而起故揲蓍三變之末其餘三奇則三三而九三耦則三二而六兩二一三則爲七兩三一二則爲八

集說孔氏穎達曰七九爲奇天數也六八爲耦地數也故取奇於天取耦於地而立七八九六之數也何以參兩爲目奇耦蓋古之奇耦亦以參兩言之且以兩是耦數之始三是奇數之初故也不以一目奇者張氏云以三中含兩有一以包兩之義明天有包地之德陽有包陰之道○陸氏振奇曰倚依也倚數在生蓍之後立卦之前蓋用蓍得數而後布以爲卦故以七八九六當之

案參天兩地以方圓徑圍定之亦其大致爾實則徑一者不止圍三非密率也以理言之則張氏所謂以一包兩者是蓋天能兼地故一并二以成三也以筭言之則孔氏所謂兩爲耦數之始三爲奇數之初者是蓋以一乘一以一除一皆不可變故乘除之數起於三與二也以象言之凡圓者錯置三點求心而規之卽成凡方者錯置兩點折角而矩之卽成統而言之皆數也故參天兩地者數之原也其用於筮法則爲七八九六者蓋以

理言之則參兩之數皆統之以三故三三爲九三二爲六一三三二二爲七一二二三三爲八也以算言之奇數起於一三成於九七耦數起於二四成於八六故以其成數紀陰陽陽之進者爲老退者爲少陰之退者爲老進者爲少也以象言之凡圓者以六而包一虛其中則六也實其中則七也凡方者以八而包一實其中則九也虛其中則八也陽圓陰方陽實陰虛故惟七圓而實爲盛陽惟八方而虛爲壯陰九雖實而積方則陽將變而爲陰矣故爲老陽六雖虛而積圓則陰將變而爲陽矣故爲老陰也其數皆自參兩中來故曰倚數

觀變於陰陽而立卦發揮於剛柔而生爻和順於道德而理於義窮理盡性以至於命

本義　和順從容无所乖逆統言之也理謂隨事得其條理析言之也窮天下之理盡人物之性而合於天

道此聖人作易之極功也○此第一章

集說韓氏伯曰卦象也蓍數也卦則雷風相薄山澤通氣擬象陰陽變化之體蓍則錯綜天地參兩之數蓍極數以定象卦備象以盡數故蓍曰參天兩地而倚數卦曰觀變於陰陽○孔氏穎達曰繫辭言伏羲作易之初故直言仰觀俯察此則論其既重之後端策布爻故先言生蓍後言立卦非是聖人幽贊在觀變之前也○邵子曰天使我有是之謂命命之在我之謂性性之在物之謂理○朱子語類問觀變於陰陽而立卦是就蓍數上觀否曰恐只是就陰陽上觀未用說到蓍數處○問既有卦則有爻矣先言卦而後言爻何也曰方其立卦只見是卦及細別之則有六爻又問陰陽剛柔一也而別言之何也曰觀變於陰陽近於造化而言發揮剛柔近於人事而言且如泰卦以卦言之只見得小往大來陰陽消長之意爻裏面便有包荒之類○又云和順於道德是默契本原處理於義是應變合宜處物物皆有理須一

一推窮性則是理之極處故云盡命則性之所自來處故云至○問窮理盡性至於命曰此本是就易上說易上盡具許多道理直是窮得物理盡得人性到得那天命所以通書說易者性命之原○項氏安世曰道即命德即性義即理和順於道德而理於義窮理盡性以至於命反覆互言也易之奇耦在天之命則爲陰陽之道在人之性則爲仁義之德在地之宜則爲剛柔之理和順於道德而理於義自幽而言以至於顯此所謂顯道也窮理盡性以至於命自顯而言以至於幽此所謂神德行也○陳氏淳曰理與性對說理乃是在物之理性乃是在我之理在物底便是天地人物公共底道理在我底乃是此理已具得爲我所有者○徐氏幾曰如乾爲天道而象之元亨利貞則其德爻之潛見躍飛則其義以一卦而統言之所謂和順也就六爻而言之所謂理也善觀易者推爻義以窮天下之理明卦德以盡一已之性窮理盡性則進退存亡得喪之理天道可以知而

天命在我矣。○龔氏煥曰：上句是自源而流，下句是自末而本。蓋必和順於道德而後能理於義，必窮理盡性而後能至於命也。○盧氏曰：立卦生爻，在聖人作易上看。若作蓍數之變說，却是用易了。朱子謂未用說到蓍數處是也。聖人觀察天地變化之道而立乾坤等卦，故曰觀變於陰陽而立卦。既觀象立卦，又就卦中剛柔兩畫或上或下微細闡發出來，而生變動之爻，故曰發揮於剛柔而生爻。○何氏楷曰：數既形矣，卦斯立焉；卦既立矣，爻斯生焉。和順於道德而理於義，從合而分；窮理盡性以至於命，從分而合。理義非二也，程子謂在物爲理，處物爲義是也。性命與道德非二也，子思謂天命之謂性，率性之謂道是也。窮、盡、至，皆造極之意。性者理之原，理窮則逢其原，故窮理所以盡性。命者性之原，性盡則逢其原，故盡性所以至命，只是一事。

總論　孔氏穎達曰：昔者聖人至以至於命，此一節將明聖人引伸因重之意，故先叙聖人本制蓍數卦爻備明天道人事妙極之理。○何氏楷曰。此章統論蓍卦及爻辭。聖人。謂羲文周公。乾鑿度曰。垂皇策者羲。則自伏羲時已用蓍矣。卦爻辭至文王周公始繫。此以知其總言之也。

案此章次第最明。易爲卜筮之書。而又爲五經之原者。於此章可見矣。生蓍者。立蓍筮之法也。倚數者。起蓍筮之數也。立卦生爻。則指畫卦繫辭言之。是二者蓍筮之體。而言於後明易爲卜筮而作也。和順於道德而理於義。言卦畫既立則有以契合乎天之道。性之德。而下周乎事物之宜也。窮理盡性以至於命。言爻辭既設則有以窮盡乎事之理。人之性。而上達乎天命之本也。夫易以卜筮爲教。而道德性命之奧存焉。然則以機祥之末言易者。迷道之原者也。以事物之迹言易者。失敎之意者也。

昔者聖人之作易也。將以順性命之理。是以立

天之道曰陰與陽立地之道曰柔與剛立人之道曰仁與義兼三才而兩之故易六畫而成卦分陰分陽迭用柔剛故易六位而成章

本義 兼三才而兩之總言六畫又細分之則陰陽之位閒雜而成文章也○此第二章

集說 崔氏憬曰此明一卦六爻有三才二體之義故明天道既立陰陽地道又立剛柔人道亦立仁義也何則在天雖剛亦有柔德在地雖柔亦有剛德故書曰沈潛剛克高明柔克人稟天地豈不兼仁義乎所以易道兼之矣○朱氏震曰易有太極陰陽者太虛聚而有氣柔剛者氣聚而有體仁義根於太虛見於氣體動於知覺者也自萬物一源觀之謂之性自稟賦觀之謂之命自天地人觀之謂之理三者一也聖人將以順性命之理曰陰陽曰

柔剛曰仁義以立天地人之道蓋互見也易兼三才而兩之六畫成卦則三才合而爲一然道有變動故分陰分陽迭用柔剛○郭氏雍曰分陰分陽非謂立天之道陰陽也言三才二道皆一爲陰一爲陽見於六位也迭用柔剛非謂立地之道柔剛也言三才陰陽分爲六畫迭以九六柔剛居之也故三才二道不兼九六言之則曰六畫兼明九六柔剛而後謂之六位○朱子語類云陰陽剛柔仁義看來當曰義與仁當以仁對陽仁若不是陽剛如何作得許多造化義雖剛却主於收斂仁却主發舒這也是陽中之陰陰中之陽互藏其根之意且如今人用賞罰到賜與人自是無疑便作將去若是刑殺時便遲疑不肯果決這見得陽舒陰斂仁屬陽義屬陰處○丘氏富國曰上言窮理盡性至命此言順性命則易中所言之理皆性命也然所謂性命之理即陰陽柔剛仁義是也兼三才而兩之言重卦也方卦之小成三畫已具三才之道至重而六則天地人之道各兩所

謂六畫成卦也分陰分陽以位言凡卦初三五位爲陽二四上位爲陰自初至上陰陽各半故曰分迭用柔剛以文言柔謂六剛謂九也位之陽者剛居之柔亦居之位之陰者柔居之剛亦居之或柔或剛更相爲用故曰迭分之以示其經迭用以爲之緯經緯錯綜粲然有文所謂六位成章也○吳氏澄曰性之理謂人之道也命之理謂天地之道也天之氣有陰陽地之質有柔剛人之德有仁義道則主宰其氣質而爲是德者也○又曰上文以陰陽爲天之道下陰陽二字則總言六位也六位之中分初三五爲陽位二四上爲陰位也上文以柔剛爲地之道下柔剛二字則總言六畫也六畫之中奇畫皆謂之剛耦畫皆謂之柔也位無質故以陰陽名之畫有質故以柔剛名之位之陰陽相間則分布一定畫之柔剛不同則迭用以居繫辭傳所謂物相雜曰文即此成章之謂也○胡氏炳文曰上章和順於道德統言之也理於義析言之也此章六畫而成卦統言之也分

陰分陽迭用柔剛六位而成章又析言之也○蔡氏清曰立天之道非有以立之也謂天道之立以陰陽也其曰分陰分陽者陰陽之自分也其曰迭用柔剛者剛柔之自迭用也非有分之用之者也○何氏楷曰此章言卦畫順性命之理即上章所謂和順於道德而理於義窮理盡性以至於命者以一言蔽之也性者人之理命者天地之理陰陽剛柔仁義正所謂性命之理也分陰陽用柔剛以斷吉凶而成亹亹則仁義之道固在其中矣

案上章總論易道此章以下專明卦也上章云觀變於陰陽而立卦和順於道德而理於義此章即所以申其指性即德也命即道也性命流行於事物而理名焉即道德之散而爲義者也故總之曰性命之理六畫成卦則與三極之道相似其於天地之道人性之德也不亦和順矣乎六位成章則陰陽剛柔仁義之用不窮其於

事物之宜也。不亦曲盡其理矣乎。○又案兼三才而兩之及分陰分陽迭用柔剛三句。先儒皆就易上說。細玩文義當且就造化上說兼字分字用字皆不是著力字言合三才之道而皆兩此易所以六畫成卦也。三才之道既以相對而分。又以更迭而用此易所以六位成章也。如此方於故易兩字語氣相合蔡氏說極貼

天地定位山澤通氣雷風相薄水火不相射。八卦相錯

本義邵子曰此伏羲八卦之位乾南坤北離東坎西兌居東南震居東北巽居西南艮居西北。於是八卦相交而成六十四卦所謂先天之學也。集說孔氏穎達曰此一節就卦象明重卦之意若使天地不交水火異處則庶類無生成之用品物無變化之理故云天地定位而合德山澤異體而通氣雷風各動而相薄

水火不相入而相資八卦之用變化如此故聖人重卦令八卦相錯乾坤震巽坎離艮兌莫不交互以象天地雷風水火山澤莫不交錯則易之爻卦與天地等性命之理吉凶之數既往之事將來之幾備在爻卦之中矣○項氏安世曰八卦雖八實則陰陽二字而已是故位雖定而氣則通勢雖相薄而情不厭明本一物也○龔氏煥曰定位以體言通氣相薄不相射以用言天地乾坤之定體水火乾坤之大用山澤之氣卽水之氣雷風之氣卽火之氣而水火之氣又天地之氣也

數往者順知來者逆是故易逆數也

本義起震而歷離兌以至於乾數已生之卦也自巽而歷坎艮以至於坤推未生之卦也易之生卦則以乾兌離震巽坎艮坤爲次故皆逆數也○此第三章

集說朱子語類云先天圖曲折細詳圖意若自乾一

横排至坤八此則全是自然故說卦云易逆數也若如圓圖則須如此方見陰陽消長次第雖似稍涉安排然亦莫非自然之理自冬至至夏至爲順蓋與前逆數若相反自夏至至冬至爲逆蓋與前逆數者同其左右與今天文家說左右不同蓋從中而分其初若有左右之勢爾○陳氏埴曰易本逆數也有一便有二有二便有四有四便有十六以至於六十四皆由此可以知彼由今可以知來故自乾一以至於坤八皆循序而生一如横圖之次今欲以圓圖象渾天之形若一依此序則乾坤相並寒暑不分故伏羲以乾坤定上下之位坎離列左右之門艮兌震巽皆相對而立悉以陰陽相配自一陽始生起冬至節歷離震之間爲春分以至於乾爲純陽是進而得其已生之卦如今日復數昨日故曰數往者順自一陰始生起夏至節歷艮兌之間爲秋分以至於坤爲純陰是進而推其未生之卦如今日逆計來日故曰知來者逆然本易之所成只是自乾一而坤八如

橫圖之序。與圓圖圖之右方而已。故曰易逆數也。○胡氏炳文曰。諸儒訓釋皆謂已往而易見爲順。未來而前知爲逆。易主於前民用。故曰易逆數也。惟本義依邵子以數往者順一段爲指圓圖而言卦氣之所以行。易逆數一段爲指橫圖而言卦畫之所以生。非本義發邵子之蘊。則學者孰知此所謂先天之學哉。

案此節順逆之義。朱子之意如此。然與邵子本意。各成一說。蓋邵子本意。以三陰三陽追數至一陰一陽處爲順。自一陰一陽漸推至三陰三陽處爲逆。朱子則謂左方四卦數已生者爲順。右方四卦推未生者爲逆。兩說可並存。而邵子之說。於此兩章文義尤爲貫串。天地定位一節自乾坤說到震巽。是數往也。雷以動之一節。自震巽說到乾坤。是知來也。此三句是承上節以起下節言圖象數往則順。知來則逆。如上節所列是順數。順數者尊乾坤夾六子也。若建圖之意。則欲見陰陽之運行。功用之先後。所重在逆數。如下節所推也。諸說之詳備

啓蒙中

雷以動之風以散之雨以潤之日以晅之艮以止之兌以說之乾以君之坤以藏之

本義此卦位相對與上章同○此第四章

集說孔氏穎達曰上四舉象下四舉卦者王肅云互相備也○張子曰陰性凝聚陽性發散陰聚之陽必散之其勢均散陽爲陰累則相持爲雨而降陰爲陽得則飄揚爲雲而升故雲物班布太虛者陰爲風驅斂聚而未散者也凡陰氣凝聚陽在內者不得出則奮擊而爲雷霆陽在外者不得入則周旋不舍而爲風其聚有遠近虛實故雷風有大小暴緩和而散則爲霜雪雨露不和而散則爲戾氣曀霾陰常散緩受交於陽則風雨調寒暑正○朱氏震曰前說乾坤以至六子此說六子而歸乾

坤。終始循環。不見首尾。易之道也。○朱子語類云。雷以動之以下四句。取象義多。故以象言。艮以止之以下四句。取卦義多。故以卦言。○項氏安世曰。自天地定位至八卦相錯。言先天之順象也。自雷以動之至坤以藏之言先天之逆象也。○胡氏炳文曰。此章卦位相對。與上章同。特上章先之以乾坤。此章則終之以乾坤也。○金氏貞亨曰。上章以天地居首。序尊卑也。此章以乾坤居後。總成功也。上以體言。此以功用言也。○吳氏曰愼曰前章始乾坤終坎離。此章始震巽終乾坤。首乾者其重在乾。首震者其重在震。二章雖皆明先天卦序。而後天始震之義。亦具其中矣。

案此上二章。明伏羲卦位也。天地萬物之理。交易變易焉盡之矣。定位通氣相薄不相射。以至於相錯。所謂交易者也。動散潤晅止說以統於君藏。所謂變易者也。定位通氣相薄不相射。即繫傳首章所謂相摩者也。八卦相錯即繫傳首章所謂相盪者也左方震離所謂鼓之以雷霆右方巽坎所謂潤之以風雨兌以說物艮以止物所謂一寒一暑乾以君主坤以藏載所謂乾道成男而知大始坤道成女而作成物也中間以順逆爲說者指明卦序也先言天地以及六子體之序也於圖位爲數往其理則繫傳天尊地卑終之以象形者也先言六子以及天地用之序也於圖位爲知來其理則繫傳一雷霆風雨終之以乾坤者也圖意取用之序邵子謂此一節直解圖意者是也然非體則無以立本故易雖主於逆數而必以順數先之○又案艮兌不言山澤則是指氣言也暑氣溫熱發生故曰兌以說之寒氣嚴凝收斂故曰艮以止之上傳於雷霆風雨之下亦曰一寒一暑而不言山澤也若雷以動積寒之氣而日以晅之風以散積暑之氣而雨以潤之則於卦象皆切乾君坤藏亦主大夏大冬而言大夏如下章所云萬物皆相見向明而治是君之也大冬如下章所云萬物之所歸是藏之

也。

帝出乎震，齊乎巽，相見乎離，致役乎坤，說言乎兌，戰乎乾，勞乎坎，成言乎艮。

本義　帝者，天之主宰。邵子曰：此卦位乃文王所定，所謂後天之學也。

集說　程子曰：易八卦之位，元不曾有人說。先儒以爲乾位西北，坤位西南，乾坤任六子而自處於無爲之地，此大故無義理。雷風山澤之類，便是天地之用，如人身之有耳目手足，便是人之用也，豈可謂手足耳目皆用而身無爲乎。○何氏楷曰：三男震坎艮以次綱紀於始終，三女巽離兌以次而處綱紀之內，自東南至西南皆陰，自西北至東北皆陽，亦最齊整，故坤、蹇彖辭有西南東北之語。

萬物出乎震震東方也齊乎巽巽東南也齊也
者言萬物之潔齊也離也者明也萬物皆相見
南方之卦也聖人南面而聽天下嚮明而治蓋
取諸此也坤也者地也萬物皆致養焉故曰致
役乎坤兌正秋也萬物之所說也故曰說言乎
兌戰乎乾乾西北之卦也言陰陽相薄也坎者
水也正北方之卦也勞卦也萬物之所歸也故
曰勞乎坎艮東北之卦也萬物之所成終而所

成始也故曰成言乎艮

本義 上言帝此言萬物之隨帝以出入也○此第五章所推卦位之說多未詳者 集說 鄭氏康成曰萬物出乎震雷發聲以生之也齊乎巽風搖動以齊之也潔猶新也萬物皆相見日照之使光大萬物皆致養地氣含養使秀實也萬物之所說草木皆老猶以澤氣說成之戰言陰陽相薄西北陰也而乾以純陽臨之坎勞卦也水性勞而不倦萬物之所歸也萬物自春出生於地冬氣閉藏還皆入地萬物之所成終而所成始言萬物陰氣終陽氣始皆艮之用事也○程子曰艮止也生也止則便生不止則不生此艮終始萬物○又曰冬至一陽生每遇至後則倍寒何也陰陽消長之際無截然斷絶之理故相攙掩過如天將曉復至陰黑亦是理也大抵終始萬物盛乎艮此盡神妙須研窮此理○鄭氏樵曰乾居西北父道也父道尊嚴嚴凝之氣盛於

西北西北者萬物成就之方也坤居西南母道也母道在養育萬物萬物之生盛於西南西南者萬物長養之方也坎艮震方位次於乾者乾統三男也巽離兌方位次乎坤者坤統三女也西北盛陰用事而陰氣盛矣非至健莫能與爭故陰陽相薄曰戰乎乾而乾位焉戰勝則陽氣起矣○楊氏萬里曰於帝言致役者蓋臣也帝君也君之於臣役之而已於萬物言致養者蓋坤母也萬物子也母之於子養之而已至於他卦不言戰而乾言戰乾西北之卦陰盛陽微之時陰疑於陽也不然則坤之上六何以言龍戰于野○項氏安世曰後天之序據太極既分之後播五行於四時也震巽二木主春故震在東方巽東南次之離火主夏故爲南方之卦兌乾二金主秋故兌爲正秋乾西北次之坎水主冬故爲北方之卦土王四季故坤土在夏秋之交爲西南方之卦艮土在冬春之交爲東北方之卦木金土各二者以形王也水火各一者以氣王也坤陰土故在陰地艮陽

土故在陽地震陽木故正東巽陰木故近南而接乎陰兌陰金故正西乾陽金故近北而接乎陽其序甚明○徐氏幾曰坎離天地之大用也得乾坤之中氣故離火居南坎水居北也震動也物生之初也故居東兌說也物成之後也故居西此四者各居正位也震屬木巽亦屬木震陽木也巽陰木也故巽居東南巳之位也兌屬金乾亦屬金兌陰金也乾陽金也故乾居西北亥之方也坤艮皆土也坤陰土艮陽土坤居西南艮居東北者所以均王乎四時也此四者分居四隅也後天八卦以震巽離坤兌乾坎艮爲次者震巽屬木木生火故離次之離火生土故坤次之坤土生金故兌乾次之金生水故坎次之水非土亦不能以生木故艮次之水土又生木木又生火八卦之用五行之生循環無窮此所以爲造化流行之序也○龔氏煥曰土之於物無時而不養今獨言致役乎坤何也曰土之養物雖無時不然然於西南夏秋之交物將成就之時土氣正旺致養之功莫

盛於此故曰致役乎坤非他時不養而獨養乎此也故又曰成言乎艮艮亦土也養者成之漸成者養之終成而終者又將於此而始此土無不在其於養物之功成始而成終者也水火一而木金土二者水火陰陽之正木金土陰陽之交正者一而交者二也○胡氏炳文曰離明以德言八卦之德可推坤地坎水以象言八卦之象可推兌秋以時言八卦之時可推以互見也夏而秋火克金者也火金之交有坤土焉則火生土土生金克者又順以相生冬而春水生木者也水木之交有艮土焉木克土土克水生者又逆以相克土金順以相生所以爲秋之克木土逆以相克所以爲春之生生生克克變化無窮孰主宰之曰帝是也○俞氏琰曰艮止也不言止而言成蓋止則生意絕矣成終而復成始則生意周流故曰成言乎艮○陳氏琛曰火氣極熱物無由而成水氣極寒物無由而生惟土氣最爲中和故火金之交有坤土水木之交有艮土而爲萬物之所由出入者

也養身養民治天下皆要中和○張氏振淵曰成始只在成終內無兩截事○吳氏曰愼曰氣不翕聚則不能發散物未堅實則不能復種而生未有不能成終而能成始者也此貞下起元之理主靜立本之道蓋必體立而後用有以行天地人物其理一也

案此章明文王卦位也震動而發散者生機之始雷厲而風行者造化之初是故陽氣奮而物無不出陰氣順而物無不齊陽氣盛麗於陰則明極矣陰精厚順於陽則養至矣陽之和足於內陰之滋足於外則說乎物而物成矣雖然天之道資陰而用之而功乃就克陰而化之而命斯行自始至終莫非天也而終始之際見其健而不已焉者天之所以爲天也由是役者於此休故坎以習熟之義而司勞焉動者於此止故艮以動靜不窮之義而司成焉夫文之位變乎羲矣而其體用交錯之妙動靜互根之機則必合而觀之然後造化之理盡○

孔子所以釋文王之意者如此而已諸儒或以五行言之說亦詳密故備載以相參考然諸儒所言坤艮之理亦有未盡者蓋呂令以土獨王未月而爲中央則土位惟一也京房以土分王辰戌丑未而直四季則土位有四也今文王之卦惟坤艮二土位於丑未視月令則多其一視京房則少其二何也蓋木之生火金之生水無所藉於土若火非土必不能成金水非土必不能生木則土之功於是爲著又一歲之間陰陽二氣皆互相勝陽勝陰則爲木之溫火之熱自卯至未陽多之卦是也陰勝陽則爲金之凉水之寒自酉至丑陰多之卦是也惟丑接於寅未接於申爲三陰三陽之卦則二氣適均而爲中和之會此所以獨爲土德之居也其精義亦非諸術所及尚有先天後天列象文變之妙見啓蒙附論中

神也者妙萬物而爲言者也動萬物者莫疾乎

雷橈萬物者莫疾乎風燥萬物者莫熯乎火說萬物者莫說乎澤潤萬物者莫潤乎水終萬物始萬物者莫盛乎艮故水火相逮雷風不相悖山澤通氣然後能變化既成萬物也

本義 此去乾坤而專言六子以見神之所爲然其位序亦用上章之說未詳其義○此第六章

集說 韓氏伯曰於此言神者明八卦運動變化推移莫有使之然者神無物妙萬物而爲言則雷疾風行火炎水潤莫不自然相與爲變化故能萬物既成也○崔氏憬曰此言六卦之用而不及乾坤者以天地無爲而無不爲故能成雷風等有爲之神妙也艮不言山獨舉卦名者以動橈燥潤功是雷風水火至於終始萬物於山義則

不然故言卦而餘皆稱物各取便而論也○朱氏震曰張子云一則神兩則化妙萬物者一則神也且動橈燥說潤終始萬物者孰若六子然不能以獨化故必相逮也不相悖也通氣也然後能變化既成萬物合則化化則神○項氏安世曰動橈燥說潤盛皆據後天分治之序而相逮不相悖通氣變化復據先天相合之位者明五氣順布四季分王之時無極之眞二五之精所以妙合而凝者未始有戾於先天之事也○又曰澤不爲潤而爲說者潤者氣之濕而在內者也說者色之光而在外者也澤氣上浮而光溢於外故說而可愛若潤物之功淫液而深長則惟水足以當之○吳氏澄曰此承上章文王卦位之後而言六卦之用不言乾坤者乾坤主宰萬物之帝行乎六子之中所謂神也者妙萬物而爲言者也萬物有迹可見而神在其中無迹可見然神不離乎物也即萬物之中而妙不可測者神也故曰妙萬物雷之所以動風之所以橈火之所以燥澤之所以說

水之所以潤艮之所以終始皆乾坤之神也動者發萌啓蟄震之出也橈者吹拂長養巽之齊也燥者炎赫暴炙離之相見也說者欣懌充實兌之說也潤者滋液歸根坎之勞也終始者貞下起元艮之成也○胡氏炳文曰以上第三章第四章言先天第五章言後天此第六章則由後天而推先天者也去乾坤而專言六子以見神之所爲言神則乾坤在其中矣雷之所以動風之所以橈以至艮之所以終所以始後天之所以變化者實出先天而來先天水火相逮以交陰陽之交合然後雷動風橈以交五行之變化惟其交合之妙如此然後變化之妙亦如此○俞氏琰曰物之方萌雷以動之萌而未舒風以橈之舒而尚柔火以燥之及其長也澤以說其外水以潤其內既說且潤矣於是艮以止之止則終終則復始此六子各一其用而其所以成萬物者如是也乃若能變能化畢成萬物則又在乎兩相爲用然後能變化既成萬物也○梁氏寅曰神即帝也帝者神之

體神者帝之用故主宰萬物者帝也所以妙萬物者帝之神也○蔡氏清曰如雷專於動風專於橈則滯於一隅不得謂之妙天地則役使六子以造化乎萬物而六子之伸縮變化皆天地之爲也所以謂神當乾坤也於此蓋可以驗合一不測之義無在無不在之意蓋神如君后六子則六官之分職也六官所施行皆帝后所主宰然後六職交舉而治功成矣○葉氏爾瞻曰神非乾坤乃乾坤之運六子而不測者曰動曰橈曰燥曰說曰潤曰終始此正變化成萬物處然天地功用惟一故神非兩不化先天之六子各得其耦者所謂兩也兩者體之立也後天之變化成萬物者所謂兩者之化也兩者之化用之行也就此兩化之合一不測處乃所謂神

案此章合羲文卦位而總贊之蓋變易之序後天爲著而交易之理先天爲明變易者化也動萬物橈萬物燥萬物說萬物潤萬物終始萬物者也交易者神也所以變變化化道並行而不相悖使物並育而不相害者也

御纂周易折中

化者造物之迹也統乎地者也故以其可見之功而謂之成神者生物之心也統乎天者也故以其不測之機而謂之妙

乾健也坤順也震動也巽入也坎陷也離麗也艮止也兌說也

本義此言八卦之性情○此第七章 集說孔氏穎達曰此一節說八卦名訓乾象天天體運轉不息故爲健坤象地地順承於天故爲順震象雷雷奮動萬物故爲動巽象風風行無所不入故爲入坎象水水處險陷故爲陷離象火火必著於物故爲麗艮象山山體靜止故爲止兌象澤澤潤萬物故爲說○邵子曰乾奇也陽也健也故天下之健莫如天坤耦也陰也順也故天下之順莫如地所以順天也震起也一陽起也起動

也故天下之動莫如雷坎陷也一陽陷於二陰陷下也故天下之下莫如水艮止也一陽於是而止也故天下之止莫如山巽入也一陰入二陽之下故天下之入莫如風離麗也一陰麗於二陽其卦錯然成文而華麗也天下之麗莫如火故又爲附麗之麗兌說也一陰出於外而說於物故天下之說莫如澤○張子曰陽陷於陰爲水附於陰爲火○又曰一陷溺而不得出爲坎一附麗而不能去爲離○朱子語類云以通神明之德以類萬物之情盡於八卦而震巽坎離艮兌又總於乾坤曰動曰陷曰止皆健底意思曰入曰麗曰說皆順底意思聖人下此八字極狀得八卦性情盡○項氏安世曰健者始於動而終於止順者始於入而終於說陽之動志於得所止陰之入志於得所說○蔡氏清曰自震而艮者陽之由動而靜也自巽而兌者陰之由靜而動也坎離在中間坎則自動而向於靜也離則自靜而向於動也

案八卦以卦畫定名義在先取象於雷風山澤等在後孔氏之說固不如邵子之說矣然邵子說三陽卦則既得之其說三陰卦以巽爲陰入於陽離爲陰附於陽則似未合經義蓋陰在內陽必入而散之陰在中陽必附而散之入與麗皆陽也特以先有陰質爲主故謂之陰卦爾惟張子曰陽陷於陰爲水附於陰爲火又曰陰在內陽在外者不得入則周旋不舍而爲風實盡物理之妙

乾爲馬坤爲牛震爲龍巽爲雞坎爲豕離爲雉艮爲狗兌爲羊

本義遠取諸物如此○此第八章 集說孔氏穎達曰此一節畧明遠取諸物也乾象天天行健故爲馬坤象地任重而順故爲牛震動象龍動物故爲龍巽主號令雞能知時故爲雞坎主水瀆豕處污濕故爲

豕離爲文明雉有文章故爲雉艮爲靜止狗能善守禁止外人故爲狗兌說也王廙云羊者順之畜故爲羊也○項氏安世曰健者爲馬順者爲牛善動者爲龍善伏者爲雞質躁而外污者爲豕質野而外明者爲雉前剛而止物者爲狗內很而外說者爲羊○又曰造化權輿云乾陽物也馬故蹄圓坤陰物也牛故蹄拆陽病則陰故馬疾則卧陰病則陽故牛疾則立馬陽物故起先前足卧先後足牛陰物故起先後足卧先前足

乾爲首坤爲腹震爲足巽爲股坎爲耳離爲目艮爲手兌爲口

本義近取諸身如此○此第九章 集說孔氏穎達曰此一節畧明近取諸身也乾尊而在上故爲首坤能包藏含容故爲腹足能動用故震爲足也股隨於足則巽順之謂故巽爲股也坎北方之卦主聽故爲

耳也離南方之卦主視故爲目也艮旣爲止手亦能止持其物故爲手也兌主言語故爲口也○龔氏原曰其外圓諸陽之所聚者首也其中寬衆陰之所藏者腹也足則在下而善動股則從上而善隨耳則內陽而聰目則外陽而明在上而止者手也在外而說者口也○余氏芑舒曰首以君之腹以藏之足履於下爲動手持於上爲止股下岐而伏口上竅而見耳外虛目內虛各以反對也

案諸儒說股義惟余氏得之蓋股者陰所伏也

乾天也故稱乎父坤地也故稱乎母震一索而得男故謂之長男巽一索而得女故謂之長女坎再索而得男故謂之中男離再索而得女故

謂之中女艮三索而得男故謂之少男兌三索而得女故謂之少女

本義索求也謂揲蓍以求爻也男女指卦中一陰一陽之爻而言○此第十章

集説朱子語類云乾求於坤而得震坎艮坤求於乾而得巽離兌一二三者以其畫之次序言也○又云一索再索之説初間畫卦時也不恁地只是畫成八卦後便見有此象耳○項氏安世曰乾坤六子初爲氣末爲形中爲精雷風氣也山澤形也水火精也○吳氏澄曰萬物資始於天猶子之氣始於父也資生於地猶子之形生於母也故乾稱父坤稱母索求而取之也坤交於乾求取乾之初畫中畫上畫而得長中少三男乾交於坤求取坤之初畫中畫上畫而得長中少三女一索謂交初再索謂交中三索謂交上以索之先後爲長中少之次也○胡氏炳文曰

御纂周易折中 説卦傳

此章本義乃朱子未改正之筆當以語錄說爲正若專言揲蓍求卦則無復此卦序矣○俞氏琰曰一索再索三索蓋以三畫自下而上之次序言稱者尊之之辭謂者卑之之辭

案以上四章皆言八卦之德之象而健順動入陷麗止說諸德則名卦之義易理之根也不言雷風山澤諸象者爲前圖位中已具○乾求坤坤求乾之說當從吳氏朱子語類記錄偶誤

乾爲天爲圜爲君爲父爲玉爲金爲寒爲冰爲大赤爲良馬爲老馬爲瘠馬爲駁馬爲木果

本義荀九家此下有爲龍爲直爲衣爲言**集說**孔氏穎達曰此一節廣明乾象乾既爲天天動運轉故爲圜爲君爲父取其尊道而爲萬物之始也爲玉爲金取其剛之清明也爲寒爲冰取其西北寒冰之地也

爲大赤取其盛陽之色也爲良馬取其行健之善也老馬取其行健之久也瘠馬取其行健之甚瘠馬骨多也駁馬有牙如鋸能食虎豹取其至健也爲木果取其果實著木有似星之著天也○邵子曰木結實而種之又成是木而結是實木非舊木也此木之神不二也此實生生之理也○郭氏雍曰果者木之始也木以果爲始猶物以乾爲始也○程氏迥曰爲圜天之體也爲君居上而覆下也爲玉德粹也爲金堅剛也爲寒位西北也爲冰寒之凝也爲木果以實承實也○朱子語類云卦象指文王卦言所以乾言爲寒爲冰

坤爲地爲母爲布爲釜爲吝嗇爲均爲子母牛爲大輿爲文爲衆爲柄其於地也爲黑

本義 荀九家有爲牝爲迷爲方爲囊爲裳爲黄爲帛爲漿。

集說 孔氏穎達曰此一節廣明坤象坤既

為地地受任生育故為母也為布取其廣載也為釜取其化生成熟也為吝嗇取其生物不轉移也為均地道平均也為子母牛取其多蕃育而順之也為大輿取其載萬物也為文取其萬物之色雜也為衆取其載物非一也為柄取其生物之本也為黑取其極陰之色也○崔氏憬曰徧布萬物於致養故坤為布地生萬物不擇美惡故為均也萬物依之為本故為柄○項氏安世曰吝嗇其靜之翕均其動之闢也乾質故坤文乾一故坤衆

震為雷為龍為玄黃為旉為大塗為長子為決躁為蒼筤竹為萑葦其於馬也為善鳴為馵足為作足為的顙其於稼也為反生其究為健為

蕃鮮

本義 荀九家有爲玉爲鵠爲鼓。

集說 虞氏翻曰：天玄地黄，震天地之雜，故爲玄黄。○孔氏穎達曰：此一節廣明震象。爲玄黄，取其相雜而成蒼色也。爲旉，取其春時氣至，草木皆吐旉布而生也。爲大塗，取其萬物之所生也。爲長子，震爲長子也。爲決躁，取其剛動也。爲蒼筤竹，竹初生色蒼也。爲萑葦，竹之類也。其於馬也，爲善鳴，取雷聲之遠聞也。爲馵足，馬後足白爲馵，取其動而見也。爲作足，取其動而行健也。爲的顙，白額爲的顙，亦取動而見也。其於稼也，爲反生，取其始生戴甲而出也。其究爲健，極於震動則爲健也。爲蕃鮮，取其春時草木蕃育而鮮明。○俞氏琰曰：陽長而不已，則其究爲乾之健；三爻俱變，則爲巽，故爲蕃鮮。○蔡氏清曰：凡稼之始生皆爲反生，蓋以其初間生意實從種子中出，而下著地以爲根，然後種中萌芽乃自舉

巽為木為風為長女為繩直為工為白為長為高為進退為不果為臭其於人也為寡髮為廣顙為多白眼為近利市三倍其究為躁卦

本義荀九家有為楊為鸛

集說翟氏玄曰為繩直上二陽共正一陰使不得邪僻如繩之直也○孔氏穎達曰此一節廣明巽象巽為木木可以輮曲直巽順之謂也為繩直取其號令齊物也為工亦取繩直之類為白取其潔也為長取其風行之遠也為高取其木生而上也為進退取其風性前却為不果亦進退之義也為臭取其風所發也為寡髮風落樹之華葉則在樹者稀疏如人之少髮為廣顙顙闊髮寡少之義為多白眼取躁人之眼其色多白也為近利取躁人之情多近於利也市三倍取其木生蕃盛於市則三倍之利也其

究爲躁卦。取其風之勢極於躁急也。

○項氏安世曰。繩直其齊。白其潔也。

案寡髮廣顙多白眼。皆取潔義。今人之顙闊少寒毛而眸子清明者。皆潔者也。

坎爲水。爲溝瀆。爲隱伏。爲矯輮。爲弓輪。其於人也。爲加憂。爲心病。爲耳痛。爲血卦。爲赤。其於馬也。爲美脊。爲亟心。爲下首。爲薄蹄。爲曳。其於輿也。爲多眚。爲通。爲月。爲盜。其於木也。爲堅多心。

本義 荀九家有爲宮。爲律。爲可。爲棟。爲叢棘。爲狐。爲蒺藜。爲桎梏。

集說 宋氏衷曰。曲者更直爲矯。直者更曲爲輮。水流有曲直。故爲矯輮。爲美脊。陽在中央。馬脊之象也。○孔氏穎達曰。此一節廣明坎象。坎爲水。取其北方之行也。爲溝瀆。取其水行無所不通也。爲隱伏。取其水藏地中也。爲矯輮。使曲者直爲矯。使直者曲爲輮。水流曲直。故爲矯輮也。爲弓輪。弓者激矢。如水激射也。輪者運行。如水行也。爲加憂。取其憂險難也。爲心病。憂險難故心病也。爲耳痛。坎爲勞卦。聽勞則耳痛也。爲血卦。人之有血。猶地有水也。爲赤。亦取血之色。其於馬也。爲美脊。取其陽在中也。爲亟心。亟急也。取其中堅內動也。爲下首。取其水流向下也。爲薄蹄。取水流迫地而行也。爲曳。取水磨地而行也。其於輿也。爲多眚。取其表裏有陰。力弱不能重載也。爲通。取其行有孔穴也。爲月。月是水之精也。爲盜。取水行潛竊也。其於木也。爲堅多心。取剛在內也。○鄭氏正夫曰。血在形。如水在天地閒。故爲血卦。○蔡氏清曰。日火外影也。金水內影也。月是金水之精。何獨外影。曰月體亦內影。坎象也。得日之光以爲光。故兼外影耳。凡金與水得日之光。亦光輝外射也。

案坎以習險取勞義，故加憂、心病、耳痛者，人之勞也。亟心、下首、薄蹄、曳者，馬之勞也。多眚者，車之勞也。凡馬勞極，則心亟而屢下其首，蹄薄而足曳，皆歷險之甚所致也。

離爲火，爲日，爲電，爲中女，爲甲胄，爲戈兵。其於人也爲大腹。爲乾卦，爲鱉，爲蟹，爲蠃，爲蚌，爲龜。其於木也爲科上槁。

本義 荀九家有爲牝牛。

集說 孔氏穎達曰：此一節廣明離象。離爲火，取南方之行也。爲日，日是火精也。爲電，火之類也。爲中女，離爲中女。爲甲胄，取其剛在外也。爲戈兵，取其以剛自捍也。其於人也爲大腹，取其懷陰氣也。爲乾卦，取其日所烜也。爲鱉，爲蟹，爲蠃，爲蚌，爲龜，皆取剛在外也。其於木也爲科上槁，科，空也。陰在內爲空。木既空中。上必枯槁也。○俞氏琰曰。離中虛而外乾燥。故爲木之科上槁。蓋與坎之堅多心相反。

艮爲山。爲徑路。爲小石。爲門闕。爲果蓏。爲閽寺。爲指。爲狗。爲鼠。爲黔喙之屬。其於木也。爲堅多節。

本義 荀九家有爲鼻。爲虎。爲狐。

集說 宋氏衷曰。閽人主門。寺人主巷。艮爲止。此職皆掌禁止者也。○虞氏翻曰。爲山。故爲徑路也。艮手。故爲指。陽剛在上。故堅多節。○孔氏穎達曰。此一節廣明艮象。艮爲山。取陰在下爲止。陽在上爲高。故艮象山也。爲徑路。取其山路有澗道也。爲小石。取其艮爲山。又爲陽卦之小者也。爲門闕。取其崇高也。爲果蓏。木實爲果。草實爲蓏。取其出於山谷之中也。爲閽寺。取其禁止人也。爲指。取其執止物也。爲狗。爲鼠。取其皆止人家也。爲黔喙之屬。取其山居之獸也。其於木也。爲堅多節。取其堅凝故多節也。○項氏安世曰。震爲旉。爲蕃鮮。草木之始也。艮爲果蓏。草木之終也。果蓏能終而又能始。故於艮之象爲切。○俞氏琰曰。周官閽人掌王宮中門之禁。止物之不應入者。寺人掌王之內人及女宮之戒令。止物之不得出者。坎之剛在內。故爲木之堅多心。艮之剛在外。故爲木之堅多節。

兌爲澤。爲少女。爲巫。爲口舌。爲毀折。爲附決。其於地也。爲剛鹵。爲妾。爲羊。

本義 荀九家有爲常。爲輔頰。○此第十一章。廣八卦之象。其間多不可曉者。求之於經。亦不盡合也。

集說 孔氏穎達曰。此一節廣明兌象。兌爲澤。取其陰卦之小。地類卑也。爲少女。兌爲少女也。爲巫。取其口舌之官也。爲口舌。取西方於五事而言也。爲毀折。爲附決。兌西方之卦。取秋物成熟。稾稈之屬則毀折也。果蓏之屬則附決也。其於地也。爲剛鹵。取水澤所停則鹹鹵也。爲妾。取少女從姊爲娣也。

總論

項氏安世曰。此章推廣象類使之明備。以資占者之決也。○胡氏炳文曰。此章廣八卦之象。凡百十有二。其中有相對取象者。如乾爲天坤爲地之類是也。上文乾爲馬。此則爲良馬老馬瘠馬駁馬。上文坤爲牛。此則爲子母牛。乾爲木果結於上而圓。坤爲大輿載於下而方。震爲決躁。巽爲進退爲不果。剛柔之性也。震巽闇以其究言。剛柔之始也。坎內陽外陰。水與月則內明外暗。離內陰外陽。火與日則內暗外明。坎中實故於人爲加憂。爲心病。爲耳痛。離中虛故於人爲大腹。艮爲閽寺爲指。艮之止也。兌爲巫爲口舌。陰之說也。有相反取象者。震爲大塗。反而艮則爲徑路。巽爲長爲高。反而兌則爲毀折。有相因取象者。乾爲馬。震得乾初之陽。故於馬爲善鳴馵足作足的顙坎得乾中爻之陽故於馬爲美脊亟心下首薄蹄曳巽爲木幹陽而根陰也坎中陽故於木爲堅多心艮上陽故於木爲堅多節離中陰而虛故於木爲科上槁乾爲木果艮爲果蓏果陽在上果蓏陽上而陰下也有一卦之中自相因取象者坎爲隱伏因而爲盜巽爲繩直因而爲工艮爲門闕因而爲閽寺兌爲口舌因而爲巫有不言而互見者乾爲君以見坤之爲臣乾爲圜以見坤之爲方吝嗇者陰之翕也以見陽之闢均者地之平也以見天之高離爲乾卦以見坎之爲濕坎爲血卦以見離之爲氣巽爲臭以見震之爲聲震爲長子而坎艮不言者於陽之長者尊之也兌少女爲妾而巽離不言者於陰之少者卑之也乾爲馬震坎得乾之陽皆言馬而艮不言者艮止也止之性非馬也他可觸類而通矣

案此章雖廣八卦之象然有前文所取而此反不備者則非廣也意前爲歷代相傳而此則周易義例與

序卦傳

集說孔氏穎達曰。韓康伯云。序卦之所明。非易之蘊也。蓋因卦之次。託象以明義。今驗六十四卦。二二相偶。非覆即變。覆者。表裏視之。遂成兩卦。屯蒙需訟師比之類是也。變者。反覆惟成一卦。則變以對之。乾坤坎離大過頤中孚小過之類是也。且聖人本定先後。若元用孔子序卦之意。則不應非覆即變。然則康伯所云因卦之次。託象以明義。蓋不虛矣。○張子曰。序卦相受。聖人之作易。須有次序。○朱子語類。問序卦或以為非聖人之書。信乎。曰此沙隨程氏之說也。先儒以為非聖人之蘊某以為非聖人之精則可。謂非易之蘊則不可。周子分精與蘊字甚分明。序卦却正是易之蘊。事事夾雜。都有在裏面。問如何謂易之精。曰如易有太極。是生兩儀。兩儀生四象。四象生八卦。這是易之精。問如序卦中亦見消長進退之義。喚作不是精。不得。曰此正是事事夾雜見有在裏面正是蘊須是自一箇生出來以至於無窮便是精。○問易上經三十卦下經三十四卦多寡不均何也曰卦有正對有反對乾坤坎離頤大過中孚小過八卦正對也正對不變故反覆觀之止成八卦其餘五十六卦反對也反對者皆變故反覆觀之其二十八卦以正對卦合反對卦觀之總而爲三十六卦其在上經不變卦凡六乾坤坎離頤大過是也自屯蒙而下二十四卦反之則爲十二以十二而加六則十八也其在下經不變卦凡二中孚小過是也自咸恆而下三十二卦反之則爲十六以十六加二亦十八也其多寡之數則未嘗不均也○問序卦中有一二不可曉處如六十四卦獨不言咸卦何也曰夫婦之道卽咸也問恐亦如上經不言乾坤但言天地則乾坤可見否曰然○項氏安世曰易之稱上下經者未有考也以序卦觀之二篇之分斷可

知矣

案卦之所以序者必自有故而孔子以義次之就其所次亦足以見天道之盈虛消長人事之得失存亡國家之興衰理亂如孔氏朱子之言皆是也然須知若别爲之序則其理亦未嘗不相貫如蓍筮之法一卦可變爲六十四卦隨其所遇而其貞與悔皆可以相生然後有以周義理而極事變故曰天下之能事畢也孔子蓋因序卦之次以明例所謂舉其一隅焉爾神而明之則知易道之周流而趨時無定且知筮法之變通而觸類可長此義蓋易之旁通至極處也

有天地然後萬物生焉盈天地之間者唯萬物

故受之以屯屯者盈也

集說項氏安世曰屯不訓盈也當屯之時剛柔始交天地絪縕雷雨動盪見其氣之充塞也是以謂之盈

爾故謂之盈者其氣也謂之物之始生者其時也謂之難者其事也若屯之訓紛紜盤錯之義云爾

屯者物之始生也物生必蒙故受之以蒙蒙者蒙也物之穉也物穉不可不養也故受之以需需者飲食之道也飲食必有訟故受之以訟

集說 孔氏穎達曰上言屯者盈也釋屯次乾坤其言已畢更言屯者物之始生者開說下物生必蒙直取始生之意非重釋屯之名也○朱氏震曰蒙冥昧也物生者必始於冥昧勾萌胎卵是也故次之以蒙蒙童蒙也物如此穉也○又曰飲食必有訟乾餱以愆豕酒生禍有血氣者必有爭心故次之以訟

訟必有眾起故受之以師師者眾也眾必有所

比故受之以比比者比也。

集說韓氏伯曰衆起而不比則爭無由息必相親比而後得寧○項氏安世曰師比二卦相反師取伍兩卒旅師軍之名比取比閭族黨州鄉之名師以衆正爲義比以相親爲主

比必有所畜故受之以小畜物畜然後有禮故受之以履履而泰然後安故受之以泰

本義晁氏曰鄭无而泰二字　集說姚氏信曰安上治民莫善於禮有禮然後泰泰然後安也○項氏安世曰履不訓禮人所履未有外於禮者外於禮則非所當履故以履爲有禮也上天下澤亦有禮之名分焉○胡氏一桂曰乾坤至履十變陰陽之氣一周矣

泰者通也。物不可以終通，故受之以否。物不可以終否，故受之以同人。與人同者物必歸焉，故受之以大有。有大者不可以盈，故受之以謙。有大而能謙必豫，故受之以豫。

本義：郭氏雍曰：以謙有大則絶盈滿之累，故優游不迫而暇豫也。

豫必有隨，故受之以隨。以喜隨人者必有事，故受之以蠱。蠱者事也。有事而後可大，故受之以臨。臨者大也。

集說韓氏伯曰：可大之業，由事而生。○朱氏震曰：以喜隨人，必有所事。臣事君，子事父，婦事夫，弟子事師，非樂於所事者，其肯隨乎？○項氏安世曰：蠱不訓事，物壞則萬事生矣。事因壞而起，故以蠱爲事之先。○又曰：臨不訓大，大者以上臨下，以大臨小，凡稱臨者，皆大者之事，故以大釋之。若豐者大也，則眞訓大矣。○吳氏澄曰：因蠱之有事，而後有臨之盛大也。

物大然後可觀，故受之以觀。可觀而後有所合，故受之以噬嗑。嗑者，合也。物不可以苟合而已，故受之以賁。賁者，飾也。致飾然後亨則盡矣，故受之以剝。剝者，剝也。

集說崔氏憬曰言德業大者可以觀於人也○蘇氏軾曰君臣父子夫婦朋友之際所謂合也直情而行謂之苟禮以飾情謂之賁苟則易合易則相瀆相瀆則易以離賁則難合難合則相敬相敬則能久飾極則文勝而實衰故剝○張氏栻曰賁飾則貴於文文之太過則文滅其質而有所不通故致飾則亨有所盡

物不可以終盡剝窮上反下故受之以復復則不妄矣故受之以无妄有无妄然後可畜故受之以大畜

集說崔氏憬曰物復其本則爲誠實故言復則无妄矣○周子曰不善之動妄也妄復則无妄矣无妄則誠矣故无妄次復○郭氏忠孝曰健爲天德大畜止健畜天德也故曰剛健篤實輝光日新其德不能畜天德

則見於有爲者不能无妄故天德止於大畜而動於无妄也○閻氏彥升曰无妄然後可畜所畜者在德故曰大○余氏芑舒曰自有事而大大而可觀可觀而合合而飾所謂忠信之薄而僞之始也故一變而爲剝剝而復則眞實獨存而不妄矣○何氏楷曰不妄與无妄當辨由不妄然後能无妄也

物畜然後可養故受之以頤頤者養也不養則不可動故受之以大過物不可以終過故受之以坎坎者陷也陷必有所麗故受之以離離者麗也

集說蘇氏軾曰養而不用其極必動動而不已其極必過○閻氏彥升曰養者君子所以成己動者君子

所以應物然君子處則中立動則中行豈求勝物哉及其應變則有時或過故受之以大過○林氏希元曰不專一則不能直遂不翕聚則不能發散故必有養然後能動不養則不可以動孟子曰人有不爲也而後可以有爲即此理也故受之以大過大過即動也以大過之才當大過之時而行大過之事是之謂動而本於養也○姜氏寶曰無所養則其體不立不可舉動以應大事惟養充而動動必有大過人者矣

有天地然後有萬物有萬物然後有男女有男女然後有夫婦有夫婦然後有父子有父子然後有君臣有君臣然後有上下有上下然後禮義有所錯夫婦之道不可以不久也故受之以

恆恆者久也。

集說干氏寶曰此詳言人道三綱六紀有自來也人有男女陰陽之性則自然有夫婦配合之道陰陽化生血體相傳則自然有父子之親以父立君以子資臣則必有君臣之位有君臣之位故有上下之序有上下之位則必禮以定其體義以制其宜明先王制作蓋取之於情者也上經始於乾坤有生之本也下經始於咸恆人道之首也易之興也當殷之末世有妲已之禍當周之盛德有三母之功以言天不地不生夫不婦不成相須之至王教之端故詩以關雎爲國風之始而易於咸恆備論禮義所由生也○朱子語類問禮義有所錯錯字陸氏兩音如何曰只是作措字謂禮義有所設施耳○吳氏澄曰此言咸所以爲下經之首也夫婦謂咸卦先言天地萬物男女者有夫婦之所由也後言父子君臣上下者有夫婦之所致也有夫婦則其所生爲父

子由家而國雖非父子也而君尊臣卑之分如父子也。由國而天下雖非君臣而上貴下賤之分如君臣也禮義所以分別尊卑貴賤之等錯猶置也乾坤咸不出卦名者以其爲上下經之首卦特别言之。

物不可以久居其所故受之以遯遯者退也物不可以終遯故受之以大壯物不可以終壯故受之以晉晉者進也進必有所傷故受之以明夷夷者傷也傷於外者必反其家故受之以家人

集說郭氏忠孝曰傷乎外者必反其家蓋行有不得於人則反求諸己○閻氏彥升曰知進而已不知消

息盈虛與時偕行則傷之者至矣故受之以明夷以利合者迫窮禍患害相棄也以天屬者迫窮禍患害相收也明夷之傷豈得不反於家人乎○何氏楷曰晉與漸皆進進必有歸者先以艮進必有傷者先以壯也

家道窮必乖故受之以睽睽者乖也乖必有難故受之以蹇蹇者難也物不可以終難故受之以解解者緩也

集說周子曰家人離必起於婦人故睽次家人以二女同居而志不同行也○朱子語類問緩字恐不是遲緩之緩乃是懈怠之意故曰解緩也曰緩是散漫意問如縱弛之類曰然○項氏安世曰凡言屯者皆以爲難而蹇又稱難者卦皆有坎也然屯動乎險中行乎患難者也蹇見險而止但爲所阻難而不得前耳非患難

之難也故居屯者必以經綸濟之遇蹇者待其解緩而後前

緩必有所失故受之以損損而不已必益故受之以益益而不已必決故受之以夬夬者決也決必有所遇故受之以姤姤者遇也

集說朱氏震曰益久必盈盈則必決隄防是已故次之以夬○胡氏一桂曰咸恆十變為損益亦猶乾坤十變為否泰也○俞氏琰曰損益盛衰若循環然損而不已天道復還故必益益而不已則所積滿盈故必決此乃理之常也損之後繼以益深谷為陵之意也益之後繼以夬高岸為谷之意也

物相遇而後聚故受之以萃萃者聚也聚而上

者謂之升故受之以升升而不已必困故受之以困困乎上者必反下故受之以井

集說崔氏憬曰冥升在上則窮故言升而不已必困也○張氏栻曰天下之物散之則小合而聚之則積小以成其高大故聚而上者爲升也○項氏安世曰物相遇而聚者彼此之情交相會也以衆言之也比而有所畜者係而止之也自我言之也畜有止而聚之義聚者不必止也

井道不可不革故受之以革

集說朱氏震曰井在下者也井久則穢濁不食治井之道革去其害井者而已

革物者莫若鼎故受之以鼎主器者莫若長子

故受之以震震者動也物不可以終動止之故受之以艮艮者止也物不可以終止故受之以漸漸者進也進必有所歸故受之以歸妹得其所歸者必大故受之以豐豐者大也

集說閻氏彥升曰晉者進也進必有所傷漸者進也進必有歸何也曰晉所謂進者有進而已此進必有傷也漸之所謂進者漸進而已烏有不得所歸者乎

朱氏震曰前曰與人同者物必歸焉故受之以大有此曰得其所歸者必大大有次同人者處大之道也豐次歸妹者致大之道也

案得其所歸猶言得其所依歸也婦得賢夫而配之臣得聖君而事之皆得其所歸之謂故同人之物必歸焉

者人歸己也此之得其所歸者已歸人也兩者皆足以致事業之大

窮大者必失其居故受之以旅旅而无所容故受之以巽巽者入也

集說郭氏雍曰動極而止止極復進進極必傷進以漸則有歸歸得其所則大窮其大則必失蓋非有大以謙故也○張氏栻曰旅者親寡之時无所容也惟巽然後得所入故受之以巽而巽者入也○俞氏琰曰大而能謙則豫大而至於窮極則必失其所安故豐後繼以旅

入而後說之故受之以兌兌者說也說而後散之故受之以渙渙者離也

集說張氏栻曰入於道故有見而說故巽而受之以兌惟說於道故推而及人說而後散故受之以渙○項氏安世曰人之情相拒則怒相入則說故入而後說之

物不可以終離故受之以節節而信之故受之以中孚有其信者必行之故受之以小過

集說韓氏伯曰孚信也既已有節則宜信以守之守其信者則失貞而不諒之道而以信為過故曰小過也○項氏安世曰有其信猶書所謂有其善言以此自負而居有之也自恃其信者其行必果而過於中○吳氏澄曰過者行動而踰越之也故大過云動小過云行凡行動未至其所為未及既至其所為至既至而又動又行則為踰越其所至之地而過也○蔡氏清曰節而信之必立為節制於此上之人當信而守之下之人當

信而行之故受之以中孚有其信者必行之若果於自信則於事不加詳審而在所必行矣能免於過乎

有過物者必濟故受之以既濟物不可窮也故受之以未濟終焉

集說韓氏伯曰行過乎恭用過乎儉可以矯世勵俗有所濟也○項氏安世曰大過則踰越常理故必至於陷小過或可濟事故有濟而無陷也坎離之交謂之既濟此生生不窮之所從出也而聖人猶以為有窮也又分之以為未濟此即咸感之後繼之以恆久之義也蓋情之交者不可以久而無弊故必以分之正者終之

總論王氏通中說讚易至序卦曰大哉時之相生也達者可與幾矣至雜卦曰旁行而不流守者可與存義矣○邵子曰乾坤天地之本坎離天地之用是以易始於乾坤中於坎離終於既未濟而泰否為上經之中

咸恆爲下經之首皆言乎其用也○又曰乾坤坎離爲上篇之用兌艮震巽爲下篇之用也頤中孚大過小過爲二篇之正也○又曰自乾坤至坎離以天道也自咸恆至既濟未濟以人事也○程子上下篇義曰乾坤天地之道陰陽之本故爲上篇之首坎離陰陽之成質故爲上篇之終咸恆夫婦之道生育之本故爲下篇之首未濟坎離之合既濟坎離之交合而交則生物陰陽之成功也故爲下篇之終二篇之卦既分而後推其義以爲之次序卦是也卦之分則以陰陽陽盛者居上陰盛者居下所謂盛者或以卦或以爻卦與爻取義有不同如剝以卦言則陰長陽剝也以爻言則陽極於上又一陽爲衆陰主也如大壯以卦言則陽長而壯以爻言則陰盛於上用各於其所不相害也乾父也莫亢焉坤母也非乾無與爲敵也故卦有乾者居上篇有坤者居下篇而復陽生臨陽長觀陽盛剝陽極則雖有坤而居上姤陰生遯陰長大壯陰盛夬陰極則雖有乾而居下其

餘有乾者皆在上篇泰否需訟小畜履同人大有无妄大畜也有坤而在上篇皆一陽之卦也卦五陰而一陽則一陽爲之主故一陽之卦皆在上篇師謙豫比復剝也其餘有坤者皆在下篇晉明夷萃升也卦一陰五陽者皆有乾也又陽衆而盛也雖衆陽說於一陰說之而已非如一陽爲衆陰主也王弼云一陰爲之主非也故一陰之卦皆在上篇小畜履同人大有也卦二陽者有坤則居下篇小過雖無坤陰過之卦也亦在下篇其餘二陽之卦皆一陽生於下而達於上又二體皆陽陽之盛也皆在上篇屯蒙頤習坎也陽生於下謂震坎在下震生於下也坎始於中也達於上謂一陽至上或得正位生於下而上達陽暢之盛也陽生於下而不達於上又陰衆而陽寡復失正位陽之弱也震也解也上有陽而下無陽無本也艮也蹇也震坎艮以卦言則陽也以爻言則皆始變微也而震之上艮之下無陽坎則陽陷皆非盛也惟習坎則陽上達矣故爲盛卦二陰者有乾

則陽盛可知需訟大畜无妄也無乾而爲盛者大過也
離也大過陽盛於中上下之陰弱矣陽居上下則綱紀
於陰頤是也陰居上下不能主制於陽而反弱也必上
下各二陰中惟兩陽然後爲勝小過是也大過小過之
名可見也離則二體上下皆陽陰實麗焉陽之盛也其
餘二陰之卦二體俱陰陰盛也皆在下篇家人睽革鼎
巽兌中孚也卦三陰三陽者敵也則以義爲勝陰陽尊
卑之義男女長少之序天地之大經也陽少於陰而居
上則爲勝蠱少陽居長陰上貴少男在中女上皆陽盛
也坎雖陽卦而陽爲陰所陷溺也又與陰卦重陰盛也
故陰陽敵而有坎者皆在下篇困井渙節既濟未濟也
或曰一體有坎尚爲陽陷二體皆坎反爲陽盛何也曰
一體有坎陽爲陰所陷又重於陰也二體皆坎陽生於
下而達於上又二體皆陽可謂盛矣男在女上乃理之
常未爲盛也若失正位而陰反居尊則弱也故恆損歸
妹豐皆在下篇女在男上陰之勝也凡女居上者皆在

下篇咸益漸旅困渙未濟也唯隨與噬嗑則男下女非女勝男也故隨之彖曰剛來而下柔噬嗑彖曰柔得中而上行長陽非少陰可敵以長男下中少女故爲下之若長少敵勢力侔則陰在上爲陵陽在下爲弱咸益之類是也咸亦有下女之象非以長下少也乃二少相感以相與所以致陵也故有利貞之戒困雖女少於男乃陽陷而爲陰揜無相下之義也小過二陽居四陰之中則爲陰盛中孚二陰居四陽之中而不爲陽盛何也曰陽體實中孚中虛也然則頤中四陰不爲虛乎曰頤二體皆陽卦而本末皆陽盛之至也中孚二體皆陰卦上下各二陽不成本末之象以其中虛故爲中孚陰盛可知矣○項氏安世曰上經言天地生萬物以氣而流形故始於乾坤終於坎離言氣化之本也下經言萬物之相生以形而傳氣故始於咸恆終於既濟未濟言夫婦之道也○蔡氏清曰序卦之義有相反者有相因者相反者極而變者也相因者其未至於極者也總不出此

二
例

雜卦傳

集説孔氏穎達曰序卦依文王上下而次序之此雜卦孔子更以意錯雜而對辨其次第不與序卦同○朱子語類云卦有反有對乾坤坎離是反艮兌震巽是對乾坤坎離倒轉也只是四卦艮兌震巽倒轉則爲中孚頤小過大過其餘皆是對卦○又云八卦便只是六卦乾坤坎離是四正卦兌便是翻轉底巽震便是翻轉的艮六十四卦只八卦是正卦餘便只二十四卦翻轉爲五十六卦中孚是箇雙夾底離小過是箇雙夾的坎大過是箇厚畫底坎頤是箇厚畫底離○又云三畫之卦只是六卦卽六畫之卦以正卦八加反卦二十有八爲三十有六六六三十六也邵子謂之暗卦小成之卦八卽大成之卦六十四八八六十四也三十六與六十

四同。○龍氏仁夫曰。按春秋傳釋繫辭所謂屯固比入坤安震殺之屬。以一字斷卦義。往往古筮書多有之。雜卦此類是也。夫子存之爲經羽翼。非創作也。

乾剛坤柔。比樂師憂。

集說 蘇氏軾曰。有親則樂。動衆則憂。○朱氏震曰。比得位而衆比之。故樂。師犯難而衆從之。故憂。憂樂以天下也。

臨觀之義。或與或求。

本義 以我臨物曰與。物來觀我曰求。或曰。二卦互有與求之義。集說 郭氏雍曰。臨與所臨。觀與所觀。二卦皆有與求之義。或有與無求。或有求無與。皆非臨觀之道。

屯見而不失其居蒙雜而著

本義 屯震遇坎震動故見坎險不行也蒙坎遇艮坎幽昧艮光明也或曰屯以初言蒙以二言

集說 蘇氏軾曰君子以經綸故曰見盤桓利居貞故曰不失其居蒙以養正蒙正未分故曰雜童明故曰著○龔氏原曰不見則不足以濟衆不居則不足以爲主○柴氏中行曰在蒙昧之中雖未有識別而善理昭著

震起也艮止也損益盛衰之始也

集說 虞氏翻曰震陽動行故起艮陽終止故止○朱氏震曰陽起於坤而出震則靜者動陽止於艮而入坤則動者靜○郭氏雍曰損已必盛故爲盛之始益已必衰故爲衰之始消長相循在道常如是也○俞氏琰曰損益蓋未至於盛衰而盛衰自此始也○錢氏志立曰損益否泰爲盛衰反復之介易所最重者也雜卦於

他卦分舉而損益否泰則合舉之以明盛衰之無常反復之甚速也周易自乾坤至否泰十二卦自咸恆至損益十二卦此除乾坤外自比師至損益十卦自咸恆至泰否十卦

大畜時也无妄災也

本義 止健者時有適然无妄而災自外至 **集說** 郭氏雍曰君子藏器於身待時而動然則多識前言往行以畜其德亦以待時也无妄之謂災其餘自作孽而已故无妄匪正有眚○何氏楷曰大畜若上九天衢之亨可謂得時矣然無畜而時不謂時也大畜故謂之時耳无妄若六三或繫之牛可謂逢災矣然有妄而災不謂災也无妄故謂之災耳

萃聚而升不來也謙輕而豫怠也

集說郭氏雍曰謙輕己豫怠己也以樂豫故心怠是以君子貴知幾○朱子語類云輕是不自尊重卑小之義豫是悅之極便放倒了如上六冥豫是也○項氏安世曰自以爲少故謙自以爲多故豫少故輕多故怠○柴氏中行曰謙者視己若甚輕豫則有滿盈之志而怠矣○張氏振淵曰萃有聚而尚往之義升有往而不反之義

噬嗑食也賁无色也

本義白受采 集說郭氏雍曰賁以白賁无咎故无色則質全有天下之至賁存焉○項氏安世曰物消曰食噬者合則强物消矣

案此二語之義即所謂食取其充腹衣取其蔽體者也若飫於膏粱則噬之不能合而失飲食之正若競於華

美則目迷五色。而非自然之文。

兌見而巽伏也

本義 兌陰外見。巽陰內伏。集說 何氏楷曰。巽本以陰在下為能巽也。彖傳乃為剛巽乎中正而志行柔皆順乎剛。兌本以陰在上為能說也。彖傳乃謂剛中而柔外。說以利貞。蓋終主陽也云爾。

隨无故也蠱則飭也

本義 隨前无故。蠱後當飭。集說 俞氏琰曰。故謂故舊。與革去故之故同。隨人則忘舊。蠱則飭而新也。

案无故。猶莊子言去故。人心有舊見則不能隨人。故堯舜舍己從人者无故也。

剝爛也復反也

集說項氏安世曰剝爛盡復反生也凡果爛而仁生物爛而蠱生木葉爛而根生糞壤爛而苗生皆剝復之理也○徐氏幾曰剝爛則陽窮於上復反則陽生於下猶果之爛墜於下則可種而生矣

晉晝也明夷誅也

本義誅傷也　集說虞氏翻曰離日在上故晝也明入地中故誅也○郭氏雍曰晉與明夷朝暮之象也故言明出地上明入地中誅亦傷也

井通而困相遇也

本義剛柔相遇而剛見揜也　集說張子曰澤无水理勢適然故曰相遇○朱氏震曰往來不窮故曰井通遇陰則見揜而困惟其時也○郭氏雍曰往來井井則其道通困遇剛揜所以為困○項氏安世曰自

乾坤至此三十卦。正與上經之數相當。而下經亦以咸恆爲始。以此見卦雖以雜名。而乾坤咸恆上下經之首則未嘗雜也。

咸速也。恆久也。

本義 咸速恆久。集說 蔡氏淵曰。有感則應。故速。常故能久。○蔡氏清曰。咸非訓速也。天下之事。無速於感通者。故曰咸速。

渙離也。節止也。解緩也。蹇難也。睽外也。家人內也。否泰反其類也。

集說 虞氏翻曰。渙散故離。節制度數故止。○張子曰。天下之難既解。故安於佚樂。每失於緩。蹇者見險而止故爲難。○項氏安世曰：渙節正與井困相反，井以木出水，故居塞而能通；渙則以水浮木，故通之極而至於散也。節以澤上之水，故居通而能塞；困爲澤下之水，故塞之極而至於困也。○徐氏幾曰：睽者疏而外也，家人者親而内也。○俞氏琰曰：渙節皆有坎水，風以散之則離，澤以潴之則止。○徐氏在漢曰：外猶言外之也，非内外之外，以情之親疏爲内外也。

大壯則止遯則退也

本義　止謂不進。　集說　郭氏雍曰：壯不知止，小人之壯也；君子之壯則有止。遯之退，大壯之止，則克己之道。○趙氏玉泉曰：大壯以壯趾爲凶，用壯爲厲，欲陽之知所止也。遯以嘉遯爲吉，肥遯爲利，欲陽之知所處也。○何氏楷曰：壯不可用，宜止不宜躁；遯與時行，應退不應進。止者難進，退者易退也。

大有眾也同人親也革去故也鼎取新也小過過也中孚信也豐多故親寡旅也

本義既明且動其故多矣 集說朱氏震曰大有六五柔得尊位而有其衆有其衆則衆亦歸之故曰大有衆也同人六二得中得位而同乎人同乎人則人亦親之故曰同人親也○潘氏夢旂曰物盛則多故旅寓則少親

離上而坎下也

本義火炎上水潤下

小畜寡也履不處也

本義不處行。集說龔氏原曰：柔爲君，故大有進之義。則衆柔爲臣，故小畜則寡。案寡者一陰雖得位而畜衆陽，其力寡也。不處者一陰不得位而行乎衆陽之中，不敢寧處也。

需不進也。訟不親也。

集說李氏舜臣曰：乾上離下爲同人，火性炎上而趨乾，故曰同人親也。乾上坎下爲訟，水性就下，與乾違行，故不親也。

大過顛也。姤遇也，柔遇剛也。漸女歸待男行也。頤養正也。既濟定也。歸妹女之終也。未濟男之窮也。夬決也，剛決柔也。君子道長，小人道憂也。

本義自大過以下。卦不反對。或疑其錯簡。今以韻協之。又似非誤。未詳何義。

集說韓氏伯曰。剛柔失位。其道未濟。故曰窮也。朱子語類云。女待男而行。所以爲漸。○又云。雜卦以乾爲首。不終之以他卦。而必終之以夬者。蓋夬以五陽決一陰。決去一陰。則復爲純乾矣。○項氏安世曰。大過之象。本末俱弱。而在雜卦之終。聖人作易。示天下以無終窮之理。教人以撥亂反正之法。是故原其亂之始生於姤。而極其勢之上窮於夬。以示微之當防。盛之不足畏。自夬而乾。有終而復始之義也。○又曰。自大過以下。特皆以男女爲言。至夬而明言之。曰君子小人。然則聖人之意。斷可識矣。○胡氏炳文曰。本義謂自大過以下。或疑其錯簡。以韻協之。又似非誤。愚竊以爲雜物撰德。非其中爻不備。此蓋指中四爻互體而言也。先天圖之左。互復頤既濟家人歸妹睽夬乾八卦。右互姤大過未濟解漸蹇剥坤八卦。此則於右取姤大過未濟漸四卦。於左取頤既濟歸妹夬四卦。

各舉其半。可兼其餘矣。始於乾。終於夬。夬之一陰。決盡則爲乾也。

御纂周易折中

易學啓蒙

聖人觀象以畫卦揲蓍以命爻使天下後世之人皆有以決嫌疑定猶豫而不迷於吉凶悔吝之塗其功可謂盛矣然其爲卦也自本而榦自榦而枝其勢若有所迫而自不能已其爲蓍也分合進退從横逆順亦無往而不相值焉是豈聖人心思智慮之所得爲也哉特氣數之自然形於法象見於圖書者有以啓於其心而假手焉爾近世學者類喜談易而不察乎此其專於文義者旣支離散漫而無所根著其涉於象數者又皆牽合傳

會。而或以爲出於聖人心思智慮之所爲也。若是者予竊病焉。因與同志。頗輯舊聞。爲書四篇。以示初學。使毋疑於其說云。淳熙丙午暮春既望。

魏氏了翁曰。朱文公易。得於邵子爲多。蓋不讀邵易則茫不知啓蒙本義之所以作。

本圖書第一

河圖

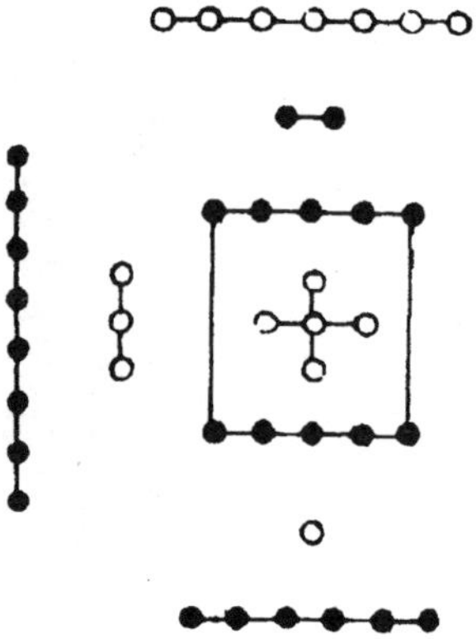

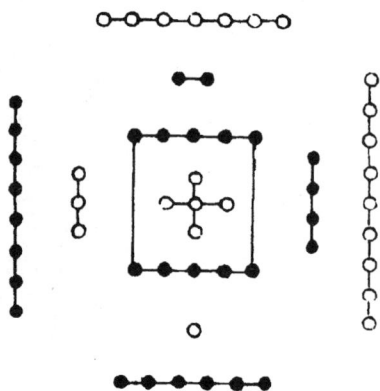

洛書

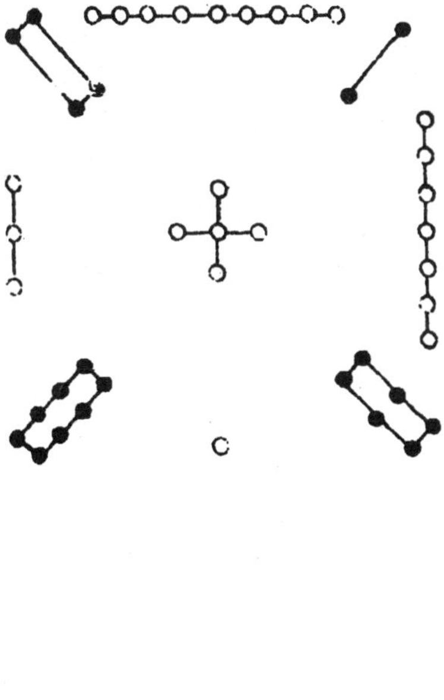

易大傳曰。河出圖。洛出書。聖人則之。

孔安國云。河圖者。伏羲氏王天下。龍馬出河。遂則其文。以畫八卦。洛書者。禹治水時。神龜負文而列於背。有數至九。禹遂因而第之。以成九類。

集説

朱子荅袁樞曰。以河圖洛書爲不足信。自歐陽公以來。已有此説。然終無奈顧命繫辭論語皆有是言。而諸儒所傳二圖之數。雖有交互。而無乖戾。順數逆推。縱横曲直。皆有明法。不可得而破除也。至如河圖與易之天一至地十者合。而載天地五十有五之數。則固易之所自出也。洛書與洪範之初一至次九者合。而具九疇之數。則固洪範之所自出也。繫辭雖不言伏羲受河圖以作易。然所謂仰觀俯察。遠求近取。安知河圖非其中一事邪。大抵聖人制作所由。初非一端。然其法象之規模。必有最親切處。如鴻荒之世。天地之間。陰陽之氣。雖各有象。然初未嘗有數也。至於河圖之出。然後五十有五之數。奇耦生成。粲然可見。此其所以深發聖人之獨智。又非泛然氣象之所可得而擬也。是以仰觀俯察。遠求近取。至此而後兩儀四象八卦之陰陽奇耦可得而言。雖繫辭所論聖人作易之由者非一。而不害其得此而後決也。

劉歆云。伏羲氏繼天而王。受河圖而畫之。八卦是也。禹治洪水。錫洛書法而陳之。九疇是也。河圖洛書相為經緯。八卦九章。相為表裏。

關子明云。河圖之文。七前六後。八左九右。洛書之文。九前一後。三左七右。四前左。二前右。八後左。六後右。

集說 朱子書河圖洛書曰。讀大戴禮書。又得一證甚明。其明堂篇有二九四七五三六一八之語。而鄭氏注云。法龜文也。然則漢人固以九數者為洛書也。○又偶讀漫記曰。子華子論河圖之二與四抱九而上躔六與八蹈一而下沈五居其中。據三持七巧亦甚矣。惟其甚巧。所以知其非古書也。案。鄭注大戴禮。是確證。至子華子。則位置雖明。但錯以洛書為河圖。故朱子疑其非古書。

邵子曰。圖者星也。歷紀之數。其肇於此乎。歷法合二始以定剛柔。二中以定律歷。二終以紀閏餘。是所謂歷紀也。**方者土也。畫州井地之法。其倣於此乎。**州有九。井九百畝。是所謂畫州井地也。**蓋圓者河圖之數。方者洛書之文。故羲文因之而造易。禹箕敘之而作範也。**蔡元定曰。古今傳記。自孔安國劉向父子班固。皆以爲河圖授羲。洛書錫禹。關子明邵康節。皆以十爲河圖。九爲洛書。蓋大傳既陳天地五十有五之數。洪範又明言天乃錫禹洪範九疇。而九宮之數。戴九履一。左三右七。二四爲肩。六八爲足。正龜背之象也。惟劉牧臆見。以九爲河圖。十爲洛書。託言出於希夷。既與諸儒舊說不合。又引大傳。以爲二者皆出於伏羲之世。其易置圖書。並無明驗。

但謂伏羲兼取圖書。則易範之數。誠相表裏。爲可疑耳。其實天地之理。一而已矣。雖時有古今先後之不同。而其理則不容於有二也。故伏羲但據河圖以作易。則不必豫見洛書。而已逆與之合矣。大禹但據洛書以作範。則亦不必追考河圖。而已暗與之符矣。其所以然者何哉。誠以此理之外。無復他理故也。然不特此爾。律呂有五聲十二律。而其相乘之數。究於六十。日名有十幹十二支。而其相乘之數。亦究於六十。二者皆出於易之後。其起數又各不同。然與易之陰陽策數多少。自相配合。皆爲六十者。無不合若符契也。下至運氣參同太乙之屬。雖不足道。然亦無不相通。蓋自然之理也。假令今世後有圖書者出。其數亦必相符。可謂伏羲有取於今日而作易乎。大傳所謂河出圖洛出書聖人則之者。亦汎言聖人作易作範。其原皆出於天之意。如言以卜筮者尚其占。與莫大乎蓍龜之類。易之書豈有龜與卜之法乎。亦言其理無二而已爾。

天一。地二。天三。地四。天五。地六。天七。地八。天九。地十。天數五。地數五。五位相得而各有合。天數二十有五。地數三十。凡天地之數五十有五。此所以成變化而行鬼神也。

此一節。夫子所以發明河圖之數也。天地之間。一氣而已。分而爲二。則爲陰陽。而五行造化。萬物始終。無不管於是焉。故河圖之位。一與六共宗而居乎北。二與七爲朋而居乎南。三與八同道而居乎東。四與九爲友而居乎西。五與十相守而居乎中。蓋其所以爲數者。不過一陰一陽以兩其五行而已。所謂天者。陽之輕清而位乎上者也。所謂地者。陰之重濁而位乎下者也。陽數奇。故一三五七九皆屬乎天。所謂天數五也。陰數耦。故二四六八十皆屬乎地。所謂地數五也。天數地數各以類而相求。所謂五位之相得者然也。天以一生水而地以六成之。地以二生火而天以七成之。天以三生木而地以八成之。地以四生金而天以九成之。天以五生土。而地以十成之。此又其所謂各有合焉者也。積五奇而爲二十五積五耦而爲三十合是二者而爲五十有五此河圖之全數皆夫子之意而諸儒之說也至於洛書則雖夫子之所未言然其象其說已具於前有以通之則劉歆所謂經緯表裏者可見矣

案中間述大傳處是夫子之意天一生水之類則是諸儒之說蓋諸儒舊說皆以五行說圖書故朱子於啓蒙本義因而仍之他日又曰河圖洛書於八卦九章不相著未知如何也然則朱子之意蓋疑圖書之精蘊不盡於諸儒之所云者爾

或曰河圖洛書之位與數其所以不同何也曰河圖以五生數統五成數而同處其方蓋揭其全以示人而道其常數之體也洛書以五奇數統四耦數而各居其所蓋主於陽以統陰而肇其變數之用也

御纂周易折中　啓蒙

集說

趙氏汝楳曰一對二三對四而五居中六七合一二八九合三四而十合五奇耦胥對陰陽有合而數之體以立聖人所謂陰陽合德而剛柔有體者此其類也體立矣不變則數不行故陽以三左行陰以二右行三其一爲三而居東三其三爲九而居南三其九爲二十七而七居西三其二十七爲八十一而一復居北等而上之至於億兆其餘數之位皆然二其二爲四而居東南二其四爲八而居東北二其八爲十六而六居西北二其十六爲三十二而二復居西南上而億兆亦然八位既列五仍居中而數之用以通聖人所謂參伍以變錯綜其數者此其類也〇鮑氏雲龍曰以洛書變數推之陽以三左行天圓徑一圍三三天數也一在北一而三之三在東三其三爲九而居南九而三之三九二十七而居西三其二十七爲八十一而一復居於北北而東東而南南而西西而復北循環不窮有以符天道左旋之義地方徑一圍四兩其二也蓋以地上之數起於二而陰資以爲始位在西南而右行二而二之爲四而居東南二而四之爲八而居東北二其八爲十六而居西北二其十六爲三十二而二復居西南本位西南而東南東南而東北東北而西北西北而復西南亦循環不窮有以協地道右行之說一三九七陽居四正二四八六陰居四閫左右旋轉相爲經緯造化之妙如

此若以河圖推之亦然但陰陽對布內外交錯有不同爾

案朱子此條已盡圖書之大義蓋以生數統成數而同處其方者自五以前爲方生之數自五以後爲既成之數陰生則陽成陽生則陰成陰陽二氣相爲終始而未嘗相離也以奇數統耦數而各居其所者四正之位奇數居之四維之位耦數居之陰統於陽地統於天天地同流而定分不易也揭其全以示人而道其常者數至十而始全缺一則不全矣故曰數之體主於陽以統陰而舉其變者始於一終於九所以起因乘歸除之法故曰數之用然生成之理則明矣而正維之位所自定者惟趙氏鮑氏之說爲能推明其意諸家皆不及也

曰其皆以五居中者何也曰凡數之始一陰一陽而已矣陽之象圓圓者徑一而圍三陰之象方方者徑一而圍四圍三者以一爲一故參其一陽而爲三圍四者以二爲一故兩其一陰而爲二是所謂參天兩地者也三二之合則爲五矣此河圖洛書之數所以皆以五爲中

也。

案三二之合。五也。一四之合。亦五也。一一二二之積。又五也。三三四四之積。又五之積也。此五所以爲數之會而位之中與。

然河圖以生數爲主。故其中之所以爲五者。亦具五生數之象焉。其下一點。天一之象也。其上一點。地二之象也。其左一點。天三之象也。其右一點。地四之象也。其中一點。天五之象也。洛書以奇數爲主。故其中之所以爲五者。亦具五奇數之象焉。其下一點。亦天一之象也。其左一點。亦天三之象也。其中一點。亦天五之象也。其右一點。則天七之象也。其上一點。則天九之象也。其數與位皆三同而二異。蓋陽不可易。而陰可易。成數雖陽。固亦生之陰也。曰。中央之五。既爲五數之象矣。然其爲數也奈何。曰。以數言之。通乎一圖。由內及外。固各有積實可紀之數矣。然河圖之一二三四。各居其五象本方之外。而六七八九十者。又各因五而得數。以附於其生數之外。洛書之一三七九。亦各居其五象本方之外。而二四六八者。又各因其類。以附於奇數之側。蓋中者爲主。而外者爲客。正者爲君。而側者爲臣。亦各有條而不紊也。

集說 翁氏泳曰。河圖東北陽方。則主之以奇。而與合者耦。西南陰方。則主之以耦。而與合者奇。○吳氏曰愼曰。陽始北而終西。一三陽尚微。故居內。七九陽盛而著於外也。必實其中而後能著乎外。故五居中。陰始南而終東。二四陰尚微。故居內。六八陰盛而凝於外也。必堅乎外而後能實其內。故十居中。自中而外。陽之生長。

自外而中。陰之收藏。觀於草木之枝葉果實。亦可見矣。○五。生數之終。十。成數之終。而藏於中。此太和之所以保合深固。而生機之所以充實於內也。

叅此段。即與上生數統成數奇數統耦數一段相發明。以生數統成數者。生數常居內而爲主。成數常居外而爲客。如一歲之寒暑往來。一月之明魄死生。一日之晝夜進退。其自生而長者。皆爲主者也。其自盛而衰者。皆爲客者也。此河圖之大義也。以奇數統耦數者。奇數居四正而爲君。耦數居四側而爲臣。如天之以圓而運旋。則樞在四正。地之以方而奠位。則維在四隅。天尊而地卑之位也。陽主而陰輔之分也。此洛書之大義也。翁氏呉氏之論河圖。深得朱子內外賓主之意。其於洛書雖未及。然前文趙氏鮑氏之說。足以通之矣。

曰。其多寡之不同何也。曰。河圖主全。故極於十。而奇耦之位均。論其積實。然後見其耦贏而奇乏也。洛書主變。故極於九。而其位與實皆奇贏而耦乏也。必皆虛其中也。然後陰陽之數均於二十而無偏耳。

案此段亦與上段數之體數之用相發明。

曰。其序之不同何也。曰。河圖以生出之次言之。則始下次上次左次右以復於中。而又始於下也。以運行之次言之。則始東次南次中次西次北。左旋一周。而又始於東也。其生數之在內者。則陽居下左而陰居上右也。其成數之在外者。則陰居下左而陽居上右也。洛書之次。其陽數則首北次東次中次西次南。其陰數則首西南次東南次西北次東北也。合而言之。則首北次西南次東次東南次中次西北次西次東北而究於南也。其運行則水克火。火克金。金克木。木克土。右旋一周。而土復克水也。是亦各有說矣。曰。其七八九六之數不同何也。

曰河圖六七八九既附於生數之外矣此陰陽老少進退饒乏之正也其九者生數一三五之積也故自北而東自東而西以成於四之外其六者生數二四之積也故自南而西自西而北以成於一之外七則九之自西而南者也八則六之自北而東者也此又陰陽老少互藏其宅之變也洛書之縱橫十五而七八九六迭爲消長虛五分十而一含九二含八三含七四含六則參伍錯綜無適而不遇其合焉此變化無窮之所以爲妙也曰然則聖人之則之也奈何曰則河圖者虛其中則洛書者總其實也河圖之虛五與十者太極也奇數二十耦數二十者兩儀也以一二三四爲六七八九者四象

也析四方之合以爲乾坤離坎補四隅之空以爲兌震巽艮者八卦也洛書之實其一爲五行其二爲五事其三爲八政其四爲五紀其五爲皇極其六爲三德其七爲稽疑其八爲庶徵其九爲福極其位與數尤曉然矣

集說 朱子語類云洛書本文只四十五點班固云六十五字皆洛書本文古字畫少恐或有模樣但今無所考漢儒此說未是恐只是以義起之不是數如此蓋皆以天道人事參互言之五行最急故第一五事又參之故第二身既脩可推之於政故八政次之政既成又驗之於天道故五紀次之又繼之以皇極居五蓋能推五行正五事用八政脩五紀乃可以建極也六三德乃是權衡此皇極者也德既脩矣稽疑庶徵繼之者其驗也又繼之以福極則善惡之效至是不可加矣皇極非大中也皇乃天子極乃極至言皇建此極也○吳氏曰慎曰河圖虛中宮以象太極故周子曰無極而太極洛書主中五以爲皇極故曰皇建其有極○陰陽皆自內始生窮外而盡觀四時之寒暑相推萬物之榮枯生死可見河圖生數始於內成數終於外先天圓圖震一

陽至乾三陽。巽一陰至坤三陰。皆自內而外。內者為主而漸長。外者為客而漸消。此法象之不可易者也。○洛書上三數象天。中三數象人。下三數象地。人能參天地。贊化育。建中和。故歸重於五。皇極焉。案吳氏三條。於圖書卦疇。深有發明。所謂無極有極云者。則易範之第一義也。其以先天圖合河圖語尤眞切。聖人所謂則之者。為其理之符契耳。豈必規規於點畫方位而求密合哉。洛書以四正之參數象天。四隅之兩數象地。中宮之合數象人。吳氏分三重者。似亦本於大戴禮子華子之說。然今以洪範考之。蓋始於一二三。中於四五六。終於七八九。而各以相天道。建主極。協民居為之先後次第。自日用飲食脩已治人之近。而層累增高至於上下同流而後已焉。皆所謂得其理而不規規於點畫方位以求密合者。大抵易卦以八為節。其根起於兩儀也。範疇以九為節。其根起於三才也。知易範所起之根。則知圖書所蘊之妙矣。

曰。洛書而虛其中。則亦太極也。奇耦各居二十。則亦兩儀也。一二三四而含九八七六。縱橫十五而互為七八九六。則亦四象也。四方之正以為乾坤離坎。四隅之偏。

以爲兌震巽艮則亦八卦也河圖之一六爲水二七爲火三八爲木四九爲金五十爲土則固洪範之五行而五十有五者又九疇之子目也是則洛書固可以爲易而河圖亦可以爲範矣且又安知圖之不爲書書之不爲圖也邪曰是其時雖有先後數雖有多寡然其爲理則一而已但易乃伏羲之所先得乎圖而初無所待於書範則大禹之所獨得乎書而未必追考於圖耳且以河圖而虛十則洛書四十有五之數也虛五則大衍五十之數也積五與十則洛書縱橫十五之數也以五乘十以十乘五則又皆大衍之數也洛書之五又自含五而得十而通爲大衍之數矣積五與十則得十五而通

爲河圖之數矣苟明乎此則橫斜曲直無所不通而河圖洛書又豈有先後彼此之間哉

原卦畫第二

朱子答袁樞曰伏羲之易初無文字只有一圖以寓其象數而天地萬物之理陰陽始終之變具焉文王之易即今之周易而孔子所爲作傳者是也孔子既因文王之易以作傳則其所論固當專以文王之易爲主然不推本伏羲作易畫卦之所由則學者只從中半說起不識向上根原矣故十翼之中如八卦成列因而重之太極兩儀四象八卦而天地山澤雷風水火之類皆本伏羲畫卦之意今新書原卦畫一篇亦分兩義伏羲在前文王在後

古者包羲氏之王天下也仰則觀象於天俯則觀法於地觀鳥獸之文與地之宜近取諸身遠取諸物於是始作八卦以通神明之德以類萬

物之情。

易有太極。是生兩儀。兩儀生四象。四象生八卦。

大傳又言包羲畫卦所取如此。則易非獨以河圖而作也。蓋盈天地之間。莫非太極陰陽之妙。聖人於此。仰觀俯察。遠求近取。固有以超然而默契於其心矣。故自兩儀之未分也。渾然太極。而兩儀四象六十四卦之理。已粲然於其中。自太極而分兩儀。則太極固太極也。兩儀固兩儀也。自兩儀而分四象。則兩儀又爲太極。而四象又爲兩儀矣。自是而推之。由四而八。由八而十六。由十六而三十二。由三十二而六十四。以至於百千萬億之無窮。雖其見於摹畫者。若有先後而出於人爲。然其已定之形已成之勢則固已具於渾然之中而不容豪髮思慮作爲於其閒也程子所謂加一倍法者可謂一言以蔽之而邵子所謂畫前有易者又可見其眞不妄矣世儒於此或不之察往往以爲聖人作易蓋極其心思探索之巧而得之甚者至謂凡卦之畫必由蓍而後得其誤益以甚矣

集說

謝氏良佐曰堯夫易數甚精明道聞說甚熟一日因監試無事以其說推算之皆合出謂堯夫曰堯夫之數只是加一倍法以此知太玄都不濟事○朱子荅虞大中曰太極兩儀四象八卦此乃易學綱領開卷第一義孔子發明伏羲畫卦自然之形體孔子而後千載不傳惟康節明道二先生知之蓋康節始傳先天之學而得其說且以此爲伏羲之易也說卦天地定位一章先天圖乾一至坤八之序皆本於此然康節猶不肯大段說破易之心體全在此處不敢容易輕說其意非偶然也明道以爲加一倍法其發明孔子之言又可謂

最切要矣。

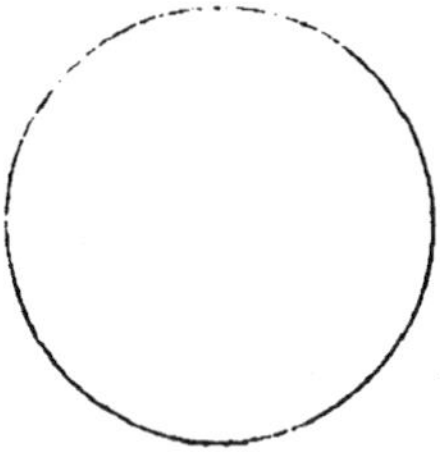

易有太極

太極者。象數未形。而其理已具之稱。形器已具。而其理無朕之目。在河圖洛書。皆虛中之象也。周子曰。無極而太極。邵子曰。道為太極。又曰。心為太極。此之謂也。

案太極之在易書者。雖無形。然乾即太極也。偏言之。則可以與坤對。亦可以與六子並列。專言之。則地一天也。六子亦一天也。故程子曰。夫天專言之則道也。以形體言謂之天。以主宰言謂之帝。以妙用言謂之神。以性情言謂之乾。其言可謂至矣。雖然。畫卦之初。亦未有乾之名。其始於一畫者即是也。摹作圖形者。始自周子。朱子蓋借之以發易理之宗。學者不可誤謂伏羲畫卦。
真有是象也。

陽儀

⚊

陰儀

⚋

是生兩儀

太極之判。始生一奇一耦。而爲一畫者二。是爲兩儀。其數則陽一而陰二。在河圖洛書。則奇耦是也。周子所謂太極動而生陽。動極而靜。靜而生陰。靜極復動。一動一靜。互爲其根。分陰分陽。兩儀立焉。邵子所謂一分爲二者。皆謂此也。

集說 朱子荅袁樞曰。如所論兩儀。有曰乾之畫奇。坤之畫耦。只此乾坤字便未穩當。蓋儀匹也。如俗語所謂一雙一對云耳。自此再變至第三畫。八卦已成。方有乾坤之名。當其爲一畫之時。方有一奇一耦。只可謂之

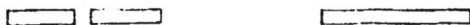

陰陽未得謂之乾坤也。

太陽一

少陰二

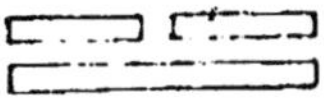

兩儀生四象

兩儀之上各生一奇一耦。而爲二畫者四。是謂四象。其位則太陽一。少陰二。少陽三。太陰四。其數則太陽九。少陰八。少陽七。太陰六。以河圖言之則六者一而得於五者也。七者二而得於五者也。八者三而得於五者也。九者四而得於五者也。以洛書言之則九者十分一之餘也。八者十分二之餘也。七者十分三之餘也。六者十分四之餘也。周子所謂水火木金。邵子

少陽三

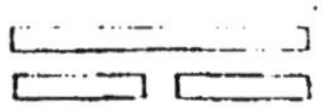

太陰四

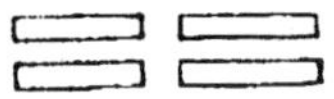

所謂二分爲四者。皆謂此也。

集說

朱子荅程迥曰。所謂兩儀爲乾坤初爻。四象爲乾坤初二相錯而成。則恐立言有未瑩者。蓋方其爲兩儀。則未有四象也。方其爲四象。則未有八卦也。安得先有乾坤之名。初二之辨哉。兩儀只可謂之陰陽。四象方有太少之別。其序以太陽少陰少陽太陰爲次。此序既定。遞升而倍之。適得乾一兌二離三震四巽五坎六艮七坤八之序也。○又荅袁樞曰。四象之名。所包甚廣。大抵須以兩畫相重。四位成列者爲正。而一二三四者。其位之次也。七八九六者。其數之實也。其以陰陽剛柔分之者。合天地而言也。其以陰陽太少分之者。尊以天道而言也。若專以地道言之。則剛柔又自有太少矣。推而廣之。縱横錯綜。凡是一物。無不各有四者之象。不但此數者而已矣。○語類云。易中七八九六之數。向來只從揲蓍處推起。雖亦脗合。然終覺曲折太多。疑非所以得數之原。因看四象次第。偶得其說極爲捷徑。蓋因一二三四。便見六七八九。老陽位一。便合九。少陰位二。便合八。少陽位三。便合七。老陰位四。便合六。數不過十。惟此一義。先儒未曾發。但說中閒進退而已。

乾	一	☰
兌	二	☱
離	三	☲
震	四	☳
巽	五	☴
坎	六	☵
艮	七	☶
坤	八	☷

四象生八卦

四象之上各生一奇一耦。而爲三畫者八。於是三才略具。而有八卦之名矣。其位則乾一兌二離三震四巽五坎六艮七坤八。在河圖。則乾坤離坎。分居四實。兌震巽艮。分居四虛。在洛書。則乾坤離坎。分居四方。兌震巽艮。分居四隅。周禮所謂三易經卦皆八。大傳所謂八卦成列。邵子所謂四分爲八者。皆指此而言也。

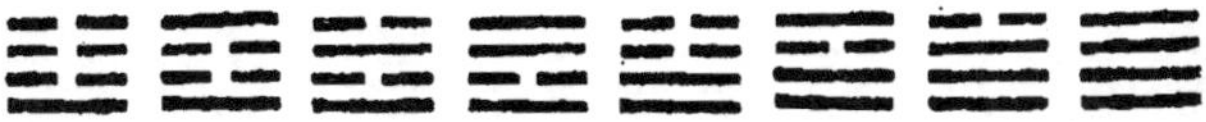

八卦之上各生一奇一耦而爲四畫者十六於經無見邵子所謂八分爲十六者是也又爲兩儀之上各加八卦又爲八卦之上各加兩儀也

案四畫十六者爲八卦之上各加兩儀又爲四象之上各加四象也於經雖無見然及六十四卦既成之後以其自二至五四爻互之或自初至四或自三至上或自四而又至初或自五而又至二或自上而又至三錯綜顛倒互之皆得乾坤既未濟剝復姤夬漸歸妹大過頤解蹇睽家人諸卦適合十六之數孔子於雜卦發其端矣漢儒互卦之說蓋本諸此也邵子詩云四象相交成十六事即以此四畫者爲四象相交者爾學者誤以上文天地否泰十六卦當之失其指矣

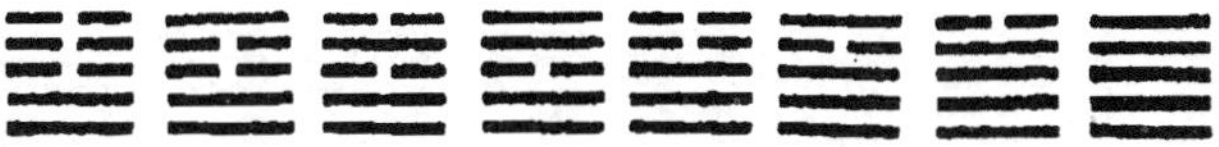

四畫之上。各生一奇一耦。而爲五畫者三十二。邵子所謂十六分爲三十二者是也。又爲四象之上。各加八卦。又爲八卦之上。各加四象也。

案五畫三十二者。自初至三。可互一卦。自三至五。又可互一卦。六十四卦既成之後。依此法錯綜顛倒互之。則得復姤頤大過屯鼎恒益豐渙坎離蒙革同人師臨遯咸損節旅中孚小過大壯觀大有比夬剝乾坤諸卦。亦適合三十二之數。先儒亦有以是說互卦者。如損益皆互頤。頤象離爲龜。故損益二五言十朋之龜之類。

乾 ䷀
夬 ䷪
大有 ䷍
大壯 ䷡
小畜 ䷈
需 ䷄
大畜 ䷙
泰 ䷊

五畫之上。各生一奇一耦。而爲六畫者六十四。則兼三才而兩之。而八卦之乘八卦亦周。於是六十四卦之名立。而易道大成矣。周禮所謂三易之別。皆六十有四。大傳所謂因而重之。爻在其中矣。邵子所謂三十二分爲六十四者是也。若於其上各卦。又各生一奇一耦。則爲七畫者百二十八矣。七畫之上。又各生一奇一耦。則爲八畫者二百五十六矣。八畫之上。又各生一奇一耦。則爲九畫者五百十

履	兌	睽	歸妹	中孚	節	損	臨
䷉	䷹	䷥	䷵	䷼	䷻	䷨	䷒

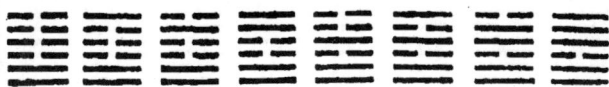

二矣。九畫之上。又各生一奇一耦。則爲十畫者千二十四矣。十畫之上。又各生一奇一耦。則爲十一畫者二千四十八矣。十一畫之上。又各生一奇一耦。則爲十二畫者四千九十六矣。此焦贛易林變卦之數。蓋以六十四乘六十四也。今不復爲圖於此。而略見第四篇中。若自十二畫上。又各生一奇一耦。累至二十四畫。則成千六百七十七萬七千二百一十六變。以四千九十六自相乘。其數亦與此合。

同人 ䷌

革 ䷰

離 ䷝

豐 ䷶

家人 ䷤

既濟 ䷾

賁 ䷕

明夷 ䷣

引而伸之。蓋未知其所終極也。雖未見其用處。然亦足以見易道之無窮矣。

案易林之數。蓋古占筮之法。洪範占法。曰貞曰悔。夫以八卦變為六十四言之。則八卦貞也。重卦悔也。春秋傳貞風悔山是也。以六十四卦變為四千九十六言之。則六十四卦貞也。變卦悔也。春秋傳貞屯悔豫是也。因卦畫之生生無盡。故占筮之變化無窮。焦贛能知其法。而至各綴以辭。則鑿矣。邵朱二子所為傳心之要者在此。

无妄 ䷘

隨 ䷐

噬嗑 ䷔

震 ䷲

益 ䷩

屯 ䷂

頤 ䷚

復 ䷗

御纂周易折中

姤 ䷫

大過 ䷛

鼎 ䷱

恆 ䷟

巽 ䷸

井 ䷯

蠱 ䷑

升 ䷭

訟 ䷅

困 ䷮

未濟 ䷿

解 ䷧

渙 ䷺

坎 ䷜

蒙 ䷃

師 ䷆

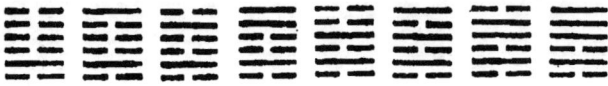

遯 ䷠
咸 ䷞
旅 ䷷
小過 ䷽
漸 ䷴
蹇 ䷦
艮 ䷳
謙 ䷎

否	萃	晉	豫	觀	比	剝	坤
䷋	䷬	䷢	䷏	䷓	䷇	䷖	䷁

御纂周易折中

集說

朱子荅林栗曰太極兩儀四象八卦生出次第位置行列不待安排而粲然有序以至於第四分而爲十六第五分而爲三十二第六分而爲六十四則其因而重之亦不待用意推排而與前之三分焉者未嘗不脗合也比之幷累三陽以爲乾連疊三陰以爲坤然後以意交錯而成六子又先畫八卦於內復畫八卦於外以旋相加而爲六十四卦者其出於天理之自然與人爲之造作蓋不同矣○又荅袁樞曰若要見得聖人作易根原直截分明不如且看卷首橫圖自始初只有兩畫時漸次看起以至生滿六畫之後其先後多寡既有次第而位置分明不費辭說於此看得方見六十四卦全是天理自然挨排出來聖人只是見得分明便只依本畫出元不曾用一豪智力添助蓋本不繁智力之助亦不容智力得以助於其間也及至卦成之後逆順縱橫都成義理千般萬種其妙無窮却在人看得如何而各因所見爲說雖若各不相資而實未嘗相悖也蓋自初未有畫時說到六畫滿處者邵子所謂先天之學也卦成之後各因一義推說邵子所謂後天之學也先天後天既各自爲一義而後天說中取義又多不同彼此自不相妨不可執一而廢百也○語類問自一陰一陽見一陰一陽又各生一陰一陽之象以圖言之兩儀生四象四象生八卦節節推去固容易見就天地間著

實處如何驗得？曰：一物上又自各有陰陽，如人之男女陰陽也。逐人身上又各有這血氣，血陰而氣陽也。如晝夜之間，晝陽而夜陰也；而晝陽自午後又屬陰，夜陰自子後又屬陽，便是陰陽各生陰陽之象。○又云：先天圖直是精微，不起於康節。希夷以前元有，只是秘而不傳。次第是方士輩所相傳授。參同契中亦有些意思相似。揚雄太玄全模倣易。他底用三數，易却用四數。他本是模易，故就他模底句上看易也，可略見得易意思。○又云：自有易以來，只有邵子說得此圖如此齊整。如揚雄太玄便零星補湊得可笑。若不補，又却欠四分之一；補得來又却多四分之三。如潛虛之數用五，只似如今算位一般，其直一畫則五也，下橫一畫則爲六，橫二畫則爲七。蓋亦補湊之書也。○黃氏瑞節曰：先天圖與太極圖同時而出，周、邵二子不相聞，則二圖亦不相通。此勿論也。陳瑩中云：司馬文正與康節同時友善，而未嘗有一言及先天之學。邵伯溫云：伊川在康節時，於先天之學非不問，不語之也。卽二先生之論，則先天圖在當時豈猶未甚著邪？陳瑩中云：先天之學以心爲本，其在經世書者，康節之餘事耳。又曰：闡先聖之幽微，先天之顯，不在康節之書乎？然則朱子以前表章尊敬此圖者，了翁爲有見也。

伏羲八卦圖

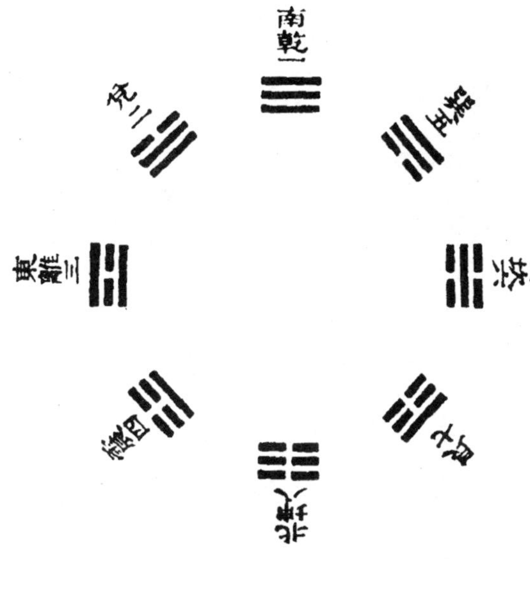

伏羲六十四卦圖

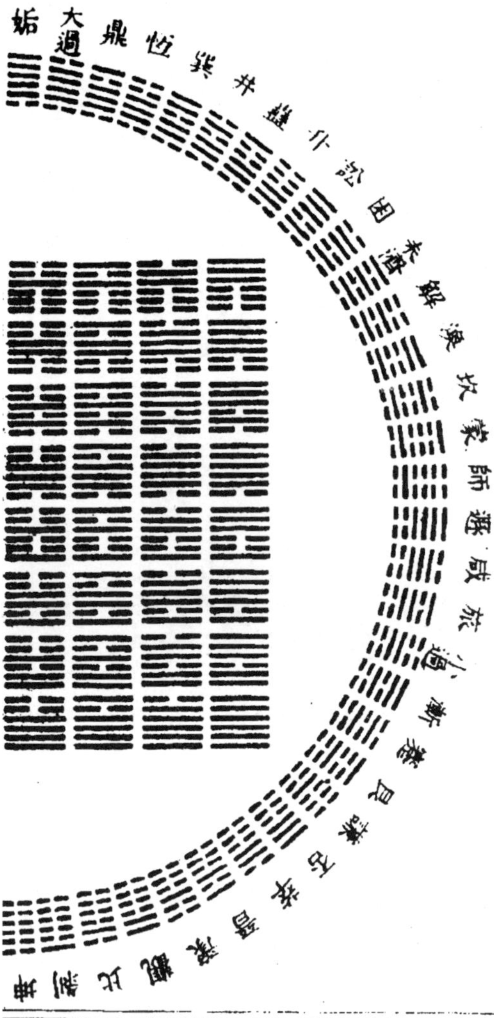

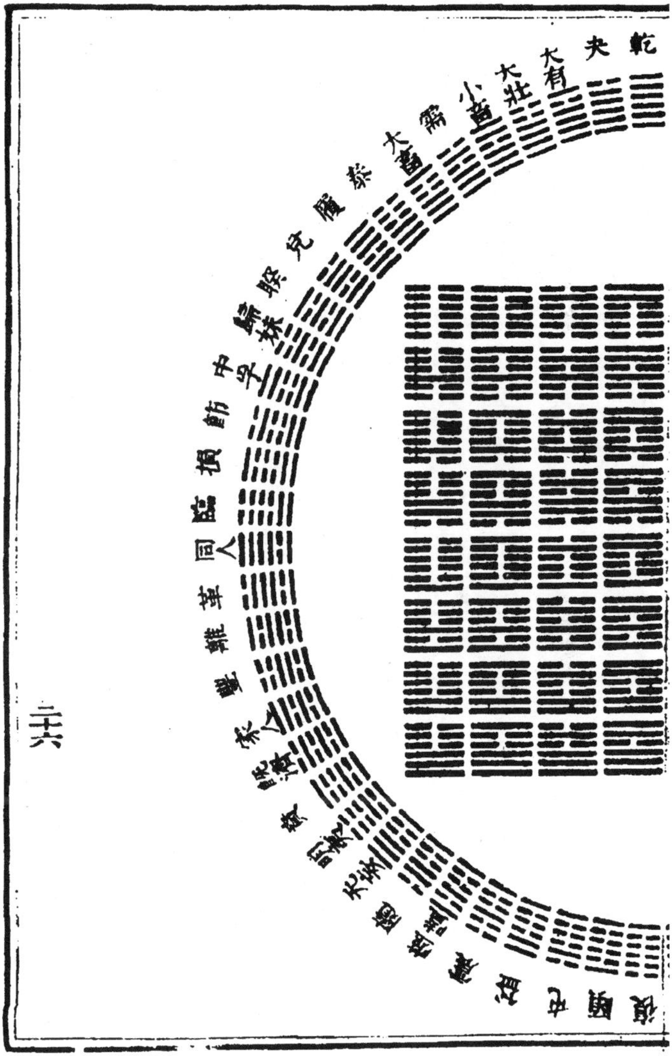
乾
夬
大有
大壯
小畜
需
大畜
泰
履
兌
睽
歸妹
中孚
節
損
臨
同人
革
離
豐
二十六

天地定位。山澤通氣。雷風相薄。水火不相射。八卦相錯。數往者順。知來者逆。是故易逆數也。雷以動之。風以散之。雨以潤之。日以晅之。艮以止之。兑以說之。乾以君之。坤以藏之。

邵子曰。此一節。明伏羲八卦也。八卦相錯者。明交相錯而成六十四也。數往者順。若順天而行。是左旋也。皆已生之卦也。故云數往也。知來者逆。若逆天而行。是右行也。皆未生之卦也。故云知來也。夫易之數。由逆而成矣。此一節。直解圖意。若逆知四時之謂也。以横圖觀之。有乾一而後有兑二。有兑二而後有離三。有離三而後有震四。有震四而後巽五。坎六。艮七。坤八。亦以次而生焉。此易之所以成也。而圓圖之左方，自震之初爲冬至，離兌之中爲春分，以至於乾之末而交夏至焉。皆進而得其已生之卦，猶自今日而追數昨日也，故曰數往者順。其右方，自巽之初爲夏至，坎艮之中爲秋分，以至於坤之末而交冬至焉。皆進而得其未生之卦，猶自今日而逆計來日也，故曰知來者逆。然本易之所以成，則其先後始終，如横圖及圓圖右方之序而已，故曰易逆數也。

集說 朱子語類云：若自乾一横排至坤八，此則全是自然。故說卦云易逆數也，皆自已生以得未生之卦。若如圓圖，則須如此方見陰陽消長次第：震一陽，離兌二陽，乾三陽，巽一陰，坎艮二陰，坤三陰，雖似稍涉安排，然亦莫非自然之理。

附錄 項氏安世曰：數往者順，以指上文；知來者逆，以指下文；是故易逆數也，此一句以起下文八句也。上文據八卦已成之後，對而數之，其序順而理明，故曰數往者順。下文據八卦始畫之初，左右對畫而上下逆生。故曰知來者逆。非聖人於順之外別爲逆象也。此之逆象卽上文之順象。○章氏潢曰。自乾純陽歷兌離以至一陽之震。自坤純陰歷艮坎以至一陰之巽。非數往之順乎。自震一陽歷離兌以至乾之純陽。自巽一陰歷坎艮以至坤之純陰。非知來之逆乎。左旋則總爲知來。右旋則總爲數往。但易以知來爲主。生生不窮。是以逆而數之。案邵子所謂左旋者。猶言向左而旋耳。所謂右行者。猶言向右而行耳。與曆家所謂左旋右轉義正相反。各爲一說也。其所謂巳生未生。正指陰陽生生而言。如章氏之說。而項氏說尤得前後聯貫語氣。蓋其順數者。既如上文所列矣。而圖之作。主於逆數。故其終始生成。又如下文之所敘也。朱子之解。似又自爲一說。學者分別觀之。

又曰。太極既分。兩儀立矣。陽上交於陰。陰下交於陽。而四象生矣。陽交於陰。陰交於陽。而生天之四象。剛交於柔。柔交於剛。而生地之四象。八卦相錯。而後萬物生焉。

是故一分爲二。二分爲四。四分爲八。八分爲十六。十六分爲三十二。三十二分爲六十四。猶根之有幹。幹之有枝。愈大則愈小。愈細則愈繁。

集說朱子語類問程易乾辭下解云。聖人始畫八卦。三才之道備矣。因而重之以盡天下之變。故六畫而成卦。或疑此說却是聖人始畫八卦。每卦便是三畫。聖人因而重之爲六畫。似與邵子一分爲二而至六十四爲六畫其說不同。曰。程子之意只云三畫上疊成六畫。八卦上疊成六十四耳。與邵子說誠異。蓋康節此意不曾說與程子。程子亦不曾問之。故一向只隨他所見去。但程子說聖人始畫八卦。不知聖人畫八卦時先畫甚卦。此處便曉不得。

是故乾以分之。坤以翕之。震以長之。巽以消之。長則分。分則消。消則翕也。乾坤定位也。震巽一交也。兌離坎艮再交也。故震陽少而陰尚多也。巽陰少而陽尚多也。兌

離陽浸多也坎艮陰浸多也

又曰無極之前陰含陽也有象之後陽分陰也陰爲陽之母陽爲陰之父故母孕長男而爲復父生長女而爲姤是以陽起於復陰起於姤也

集說 朱子語類問無極如何說前曰邵子就圖上說循環之意自姤至坤是陰含陽自復至乾是陽分陰坤復之間乃無極問無極之前旣有前後須有有無曰本無間斷問先天圖陰陽自兩邊生若將坤爲太極與太極不同如何曰姑自據他意思說卽不曾契勘濂溪底若論他太極中間虛者便是他亦自說圖從中起他兩邊生卽是陰根陽陽根陰這箇有對從中出者卽無對

案周子所謂無極而太極者以陰陽之本體言之中庸所謂天命之性也邵子所謂無極者以動靜之樞紐言之中庸所謂未發之中也天命之性固周流而無不在然人生而靜天之性也則沖漠無眹之時乃本體之眞之所以具故周子亦言主靜程子言其本也眞而靜三子之說實相發明而不相悖也

文曰。震始交陰而陽生。巽始消陽而陰生。兌陽長也。艮陰長也。震兌在天之陰也。巽艮在地之陽也。故震兌上陰而下陽。巽艮上陽而下陰。天以始生言之。故陰上而陽下。交泰之義也。地以旣成言之。故陽上而陰下。尊卑之位也。乾坤定上下之位。坎離列左右之門。天地之所闔闢。日月之所出入。春夏秋冬。晦朔弦望。晝夜長短。行度盈縮。莫不由乎此矣。震始交陰而陽生。是說圓圖震與坤接而一陽生也。巽始消陽而陰生。是說圓圖巽與乾接而一陰生也。

集說邵子曰。陽爻晝數也。陰爻夜數也。天地相銜。陰陽相交。故晝夜相離。剛柔相錯。春夏陽也。故晝數多夜數少。秋冬陰也。故晝數少夜數多。○胡氏方平曰。此一節先論震巽艮兌四維之卦。而後及於乾坤坎離四正之位。震始交陰而陽生。以震接坤言也。至兌二陽則為陽之長。巽始消陽而陰生。以巽接乾言也。至艮二陰則為陰之長。震兌在天之陰者。邵子以震為天之少陰。兌為天之太陰。惟其為陰。故陰爻皆在上。而陽爻皆在下。天以生物為主。始生之初。非交泰不能。故陰上陽下。而取交泰之義。巽艮在地之陽者。邵子以巽為地之少剛。艮為地之太剛。惟其為剛。故陽爻皆在上。而陰爻皆在下。地以成物為主。既成之後。則尊卑定。故陰下陽上。而取尊卑之位。乾坤定上下之位。天地之所闔闢也。坎離列左右之門。日月之所出入也。歲而春夏秋冬。月而晦朔弦望。日而晝夜行度。莫不胥此焉出。豈拘拘爻畫陰陽之間哉。

又曰。乾四十八而四分之。一分為陰所剋也。坤四十八而四分之。一分為所剋之陽也。故乾得三十六。而坤得十二也。兌離以下更思之。○今按兌離二十八陽。二十陰。震二十陽。二十八陰。艮坎二十八陰。二十陽。巽二十陰。二十八陽。

又曰。乾坤縱而六子橫。易之本也。
又曰。陽在陰中。陽逆行。陰在陽中。陰逆行。陽在陽中。陰在陰中。則皆順行。此眞至之理。按圖可見之矣。
又曰。復至乾。凡百一十有二陽。姤至坤。凡八十陽。姤至坤。凡百一十有二陰。復至乾。凡八十陰。
又曰。坎離者。陰陽之限也。故離當寅。坎當申。而數常踰之者。陰陽之溢也。然用數不過乎中也。此更宜思。離當卯。坎當酉。但以坤爲子半可見矣。
集說蔡氏元定曰。此論陰陽往來。皆以馴致。不截然爲陰爲陽也。以坎離而言。離中當卯。坎中當酉。然離之所生。已起於寅震中。坎之所生。已起於申巽中矣。故邵子謂離當寅。坎當申也。坤當子半。乾當午半。即離卯坎酉之謂也。

又曰。先天學心法也。故圖皆自中起。萬化萬事生於心也。

又曰。圖雖無文。吾終日言而未嘗離乎是。蓋天地萬物之理。盡在其中矣。

案自孔子既沒。易道失傳。義理既已差訛。圖象尤極茫渺。惟大傳帝出乎震一條所載八卦方位。顯然明白。故學者有述焉。其餘如卦氣月候之屬。皆漢儒傳會。非聖人本法也。至宋康節邵子。乃有所謂先天圖者。其說有六十四卦生出之序。則今之橫圖。自一畫至六畫。一每分二者是已。有八卦方位。則今之小圓圖。乾南坤北離東坎西者是已。有六十四卦方位。則今之大圓圖。始復姤終乾坤者是已。大圓圖中有方圖。又所以象天地之相函也。諸圖之義。廣大高深。信非聖人不能造作。然當邵子之時。伊川程子則未之見。龜山楊氏見而未之信。惟明道程子稍見其書。而括以加倍之一言。然則當時知邵子者。明道一人而已。南渡之後。如林栗袁樞之徒。攻邵者尤衆。雖象山陸氏。亦以為先天圖非聖人作易本指。獨朱子與蔡氏闡發表章。而邵學始顯明於世。五百年來雖復有爲異論者而不能奪也顧朱子之意以爲孔子之後諸儒不能傳受而使方外得之故其流爲丹竈小術至康節然後返之於易道今以參同契諸書觀之其六卦月候蓋即納甲之法其十二辟卦主歲蓋即卦氣之流所爲始於震復者與先天偶同兩似未足爲先天傳受之據惟揚雄作太玄其法始於三方重於九州又重於二十七部又重於八十一家則與先天極儀象卦加倍之法相似也流行之序始於中於美從中於吏曄廓終於減流成則與先天始復終乾始姤終坤之序相似也首用九九策用六六則與先天卦用八八策用七七之數相似也意者康節讀揚雄之書而心悟作易之本與然非揚雄之時易傳未泯則雄亦無自而依倣之故康節深服太玄以爲見天地之心蓋其學所啟發得力處也然自邵書既出則太玄爲僭經爲汩陰陽之敘與邵書過乎如者素之不相倖矣觀明道程子之意蓋以爲康節能自得師故於希夷之傳揚雄之書皆有取焉而其淳一不雜汪洋浩大則非揚陳之所能及也故曰堯夫之數似玄而不同又曰穆李皆得之希夷者而其言與行事槩可見矣堯夫特因其門戶而入者兩程于之言至當後之學者欲考先天之傳不可以不知

文王八卦圖

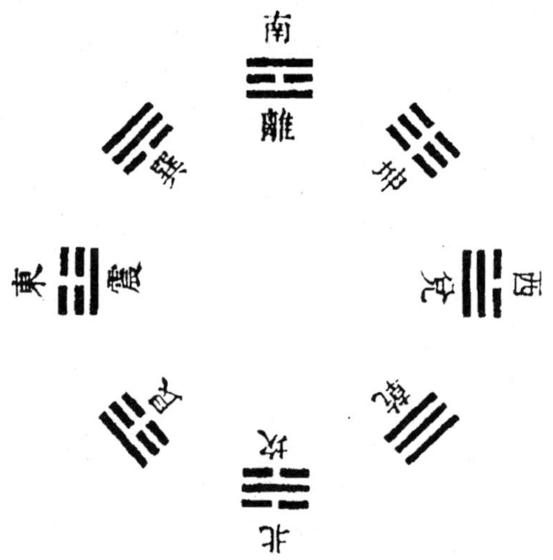

帝出乎震齊乎巽相見乎離致役乎坤說言乎兌戰乎乾勞乎坎成言乎艮萬物出乎震震東方也齊乎巽巽東南也齊也者言萬物之潔齊也離也者明也萬物皆相見南方之卦也聖人南面而聽天下嚮明而治蓋取諸此也坤也者地也萬物皆致養焉故曰致役乎坤兌正秋也萬物之所說也故曰說言乎兌戰乎乾乾西北之卦也言陰陽相薄也坎者水也正北方之卦也勞卦也萬物之所歸也故曰勞乎坎艮東北之卦也萬物之所成終而所成始也故曰成言乎艮神也者妙萬物而爲言者也動萬物者莫

疾乎雷。撓萬物者莫疾乎風。燥萬物者莫熯乎火。說萬物者莫說乎澤。潤萬物者莫潤乎水。終萬物始萬物者莫盛乎艮。故水火相逮。雷風不相悖。山澤通氣。然後能變化旣成萬物也。

邵子曰。此一節明文王八卦也。○又曰。至哉文王之作易也。其得天地之用乎。故乾坤交而爲泰。坎離交而爲旣濟也。乾生於子。坤生於午。坎終於寅。離終於申。以應天之時也。置乾於西北。退坤於西南。長子用事。而長女代母。坎離得位。而兌艮爲耦。以應地之方也。王者之法。文王也。其盡於是矣。此言文王改易伏羲卦圖之意也。蓋自乾南坤北而交。則乾北坤南而爲泰矣。自離東坎西而交。則離西坎東而爲既濟矣。乾坤之交者。自其所已成。而反其所由生也。故再變則乾退乎西北。坤退乎西南也。坎離之變者。東自上而西。西自下而東也。故乾坤既退。則離得乾位。而坎得坤位也。震用事者。發生於東方。巽代母者。長養於東南也。

案邵子言乾坤交而爲泰者。釋先天變爲後天之指也。先天之位。乾南坤北。今變爲乾北坤南。故曰交。然邵子言乾生於子。坤生於午。今桉圖攷之。則乾在西北。乃亥而非子。坤在西南。乃未而非午。其故何也。曰。陽自靜以之動。故氣肇於子。然自亥月而巳朕兆胚胎。故古人以亥爲陽月。言天道於是始也。陰自動以之靜。故功著於午。然至未而後育養蕃庶。故古人以未爲中央。言土德於是王也。亥字從草爲荄。從木爲核。皆朕兆胚胎之意。未從日爲昧。言日於是始向昧谷。而萬物將西成也。樂律黃鐘子爲天統。然自應鐘亥而陽氣巳應於內。故曰應鐘。林鐘未爲地統。故班固引西南得朋釋之。下至納甲星命淺術亦以亥爲天門。未爲坤始。疑皆本於後天以爲說也若乃火雖始於東而盛於南水雖始於西而盛於北雷霆之氣雖動於寅而發聲於卯膏澤之潤雖暢於巳而收功於西風在西南則涼風也成萬物者也故春秋傳曰風落山在東南則和風也生萬物者也故薰風之操曰可以皐吾民之財艮在西北則動極而靜者也故大傳曰艮以止之在東北則靜極復動者也故大傳曰萬物之所成終而所成始也凡此皆先天後天相爲發明之妙要之無非造化之所以流行而發育者先儒有乾坤不用之說攷以孔子之言則坤曰致役曰致養其爲用莫大於是至於乾曰戰則又所以著剛健之體有以克勝羣陰而主宰天命八卦之用皆其用也夫豈不用者哉此聖人精意不可不表而出之者

又曰易者一陰一陽之謂也震兌始交者也故當朝夕之位坎離交之極者也故當子午之位巽艮不交而陰陽猶雜也故當用中之偏乾坤純陽純陰也故當不用之位也

又曰兌離巽得陽之多者也艮坎震得陰之多者也是

以爲天地用也。乾極陽。坤極陰。是以不用也。

又曰。震兌橫而六卦縱。易之用也。嘗考此圖而更爲之說曰。震東兌西者。陽主進。故以長爲先而位乎左。陰主退。故以少爲貴而位乎右也。坎北者。進之中也。離南者。退之中也。男北而女南者。互藏其宅也。四者皆當四方之正位。而爲用事之卦。然震兌始而坎離終。震兌輕而坎離重也。乾西北坤西南者。父母既老。而退居不用之地也。然母親而父尊。故坤猶半用。而乾全不用也。艮東北巽東南者。少男進之後。而長女退之先。故亦皆不用也。然男未就傳。女將有行。故巽稍向用。而艮全未用也。四者皆居四隅不正之位。然居東者未用。而居西者不復用也。故下文歷舉六子而不數乾坤。至其水火雷風山澤之相偶。則又用伏羲卦云。

集說 邵子曰。乾統三男於東北。坤統三女於西南。

案邵子之言。可蔽圖之全義。周易坤蹇解諸卦彖辭皆出於此也。大抵先天則以東南爲陽方。西北爲陰方。故自陽儀而生之卦皆居東南。自陰儀而生之卦皆居西北也。後天則以北東爲陽方。南西爲陰方。故凡屬陽之卦皆居東北。屬陰之卦皆居西南也。然先天陽卦離起於東。而其運之以敘卦氣。則所謂復見天地心者。仍以北方爲始。後天陽卦以起於北。而其播之以合歲序。則所謂帝出乎震者。仍以東方爲先。蓋兩義原不可以偏廢。必也參而互之。則造化之妙。易理之精。可得而識矣。歲始於東。終於北。而西南在其間。後天圖意主乎陽。以統陰。故自震而坎而艮者。以陽終始歲功也。自巽而離而兌者。以陰佐陽於中也。震陽生。故直春生之令。以始爲始也。乾則以終爲始。而莫得其端。乃傳所謂大始者也。所謂不可爲首者也。兌陰成。故畢西成之事。陰功之終也。坤則致役以終事。而不居其成。乃傳所謂作成者也。所謂无成而代有終者也。是故陽居終始而陰在中閒。乃天地萬物之至理。如草木之種實。陽也。華葉。陰也。人類之父子。陽也。妻妾。陰也。始於植種。終於成實。而其閒華葉盛焉。始於有父。終於有子。而其閒嫡媵繁焉。實生於華。子生於母。此陰佐陽之驗。然而實成則為來歲之種矣。子之生則為他日之父矣。此又所謂以終為始者。而元陽之生生不已。其首尾端倪。真不可得而窺矣。謝氏艮佐論一起於震。發生也。又曰。一起於乾。探本也。其有得於後天之精意者與。

乾健也。坤順也。震動也。巽入也。坎陷也。離麗也。艮止也。兌說也。

程子曰。凡陽在下者動之象。在中者陷之象。在上止之象。陰在下者入之象。在中者麗之象。在上說之象。

乾為馬。坤為牛。震為龍。巽為雞。坎為豕。離為雉。艮為狗。兌為羊。

此遠取諸物之象。

乾爲首。坤爲腹。震爲足。巽爲股。坎爲耳。離爲目。艮爲手。兌爲口。

此近取諸身之象。

集說朱子語類云。伏羲畫八卦。只此數畫。該盡天下萬物之理。學者於言上會得者淺。於象上會得者深。王輔嗣伊川皆不信象。伊川說象只似譬喻樣說。郭子和云。不獨是天地雷風水火山澤謂之象。只是卦畫便是象。亦說得好。鄭東卿專取象。如以鼎爲鼎。革爲爐。小過爲飛鳥。亦有義理。但畫欲如此牽合傅會。便疎脫。學者須先理會得正當道理。然後於此等零碎處收拾以相資益。不爲無補。

乾天也。故稱乎父。坤地也。故稱乎母。震一索而得男。故謂之長男。巽一索而得女。故謂之長女。坎再索而得男。故謂之中男。離再索而得女。故謂之中女。艮三索而得男。故謂之少男。兌三索而得女。故謂之少女。

今按坤求於乾。得其初九而爲震。故曰一索而得男。乾求於坤。得其初六而爲巽。故曰一索而得女。坤再求而得乾之九二以爲坎。故曰再索而得男。乾再求而得坤之六二以爲離。故曰再索而得女。坤三求而得乾之九三以爲艮。故曰三索而得男。乾三求而得坤之六三以爲兌。故曰三索而得女。

凡此數節。皆文王觀於已成之卦。而推其未明之象以爲說。邵子所謂後天之學。入用之位者也。

案邵子既以天地定位一章爲先天之易。因以帝出乎震以下爲後天之易。先羲後文。其序既可信。而先天圖易簡渾涵。得畫卦自然之妙。後天圖精深切至。於周易義例。合者爲多。其理尤可信也。然後天所以改置先天

之意朱子之說所畧其見於答袁樞書者可以得先賢
慎重之盛心矣諸家以五行爲說者亦有條理然今即
八卦之象求之則惟坎水離火巽木坤土合於本象耳
金者乾之一象而不足以盡乾也蒼筤竹者震之一象
而不足以盡震也艮山之爲土猶可假借兌則絕無爲
金之義也況易之爲書不言五行而說卦解釋圖體亦
與五行生克遯不相涉則疑文王之意不出乎此也質
以孔子之言蓋不離乎八卦之德象而得之何則以德
言之則震者動也陽氣動則出而萬物亦於是乎出也
巽者入也制也陽動則陰亦動矣陰氣凝滯陽能入而
散之則陰與陽齊而萬物亦於是乎齊也離者明也故
曰相見帝與物相見而萬物亦於是乎相見也坤者順
也故曰致役又曰致養自帝言之坤則以順而效其勞
自萬物言之坤則以順而厚其生也兌者說也帝之生
意於是乎充萬物之生意亦於是乎足也乾者健也故
曰戰陰功已成則當斂其機而化其迹惟天德之剛故
能制伏羣陰使之退聽而不巳之命於是乎流行矣坎
有習險之義故爲勤勞之卦習久則熟矣故又爲休勞
之卦帝生物之勤既成而休萬物之生亦既成而息也
艮者止也不止則不行不息則不生故不惟成終而且
成始也以象言之動陽氣而出之者莫如雷撓陰氣而
散之者莫如風揚之以發其光燄者莫如火滋之以足

其精液者莫如澤。澤既足其精液矣。而至於枯落之後。則有源之水復潤其根。水既潤其本根矣。而至於生息之交。則艮德之厚又固其氣。凡此者皆統於乾而具於坤。乾坤以德言之。則健也順也。可與八卦並敘。以象言之。則天也地也。不可與六子分職也。是故以形體言謂之天。天地定位是也。以性情言謂之乾。乾君坤藏是也。以主宰言謂之帝。帝出乎震是也。以妙用言謂之神。神妙萬物是也。其實一天也。夫天專言之則道也。其實一太極也。以乾為主。而流行為八卦之功用。此先天後天所以相為經緯。異而同。二而一者也。

明蓍策第三

大衍之數五十。

河圖洛書之中數皆五。衍之而各極其數以至於十。則合為五十矣。河圖積數五十五。其五十者皆因五而後得。獨五為五十所因。而自無所因。故虛之則但為五十。又五十五之中。其四十者。分為陰陽老少之數。而其五與十者無所爲。則又以五乘十。以十乘五而亦皆爲五十矣。洛書積數四十五。而其四十者。散布於外。而分陰陽老少之數。唯五居中而無所爲。則亦自含五數。而幷爲五十矣。

案洪範曰。卜五占用二衍忒。衍者推衍也。忒者過差也。卜筮所以推衍人事之過差。故揲蓍之法。謂之大衍。大音太。如太卜太筮之比。乃尊之之稱。非如先儒小衍大衍之說也。五十之數。說者不一。惟推本於圖書者得之。河圖之數。則羸五。數之體也。洛書之數。則虛五。數之用也。大衍者。其酌河洛之數之中。而兼體用之理之備者與。

其用四十有九。

大衍之數五十。而蓍一根百莖。可當大衍之數者二。故揲蓍之法。取五十莖爲一握。置其一不用。以象太極。而其當用之策。凡四十有九。蓋兩儀體具而未分之象也。

集說 崔氏憬曰。其用四十有九者。法長陽七七之數也。六十四卦。既法長陰八八之數。故四十九蓍。則法長陽七七之數。蓍圓而神象天。卦方而智象地。陰陽之別也。捨一不用者。以象太極虛而不用也。○邵子曰。蓍之用數。掛一以象三。其餘四十八則一卦之策也。四其十二爲四十八也。十二去三而用九。四三十二。所去之策也。四九三十六。所用之策也。十二去五而用七。四五二十。所去之策也。四七二十八。所用之策也。十二去六而用六。四六二十四。所去之策也。四六二十四。所用之策也。十二去四而用八。四四十六。所去之策也。四八三十二。所用之策也。是故七九爲陽。六八爲陰。九者陽之極數。六者陰之極數。數極則反。故爲卦之變也。○又曰。奇數極於四而五不用。策數極於九而十數不用。故去五十而用四十九也。

分而爲二以象兩。掛一以象三。揲之以四。以象四時。歸奇於扐以象閏。五歲再閏。故再扐而後掛。

掛者。懸於小指之間。揲者。以大指食指間而別之。奇謂餘數。扐者。扐於中三指之兩間也。蓍凡四十有九。信手中分。各置一手。以象兩儀。而掛右手一策於左手小指之間。以象三才。遂以四揲左手之策。以象四時。而歸其餘數於左手第四指間。以象閏。又以四揲右手之策。而再歸其餘數於左手第三指間。以象再閏。五歲之象。掛一一也。揲左二也。扐左三也。揲右四也。扐右五也。是謂一變。其掛扐之數。不五卽九。

案河圖之中宮。太極也。洛書之中宮。人極也。故大衍之數。其虛一者。既以象太極之無。爲其掛一者。又以象人極之參贊。一虛之後。繼以分二者。明乎分陰分陽造化之本也。掛一之後。繼以揲四歸奇者。明乎定時成歲人事之綱也。分二掛一。則天地設位而人立焉。而三才之體具矣。揲四歸奇。則四氣交運。五行參差。百物生焉。萬事起焉。而三才之用行矣。大衍之數所以爲酌河洛之中。而兼體用之備者如此。

扐掛扐掛扐掛

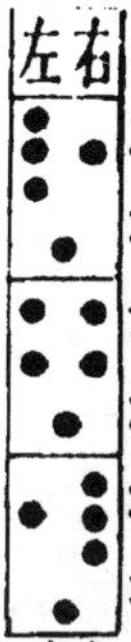

得五者三。所謂奇也。五除掛一卽四。以四約之爲一。故爲奇。卽兩儀之陽數也。

得九者一。所謂耦也。九除掛一卽八。以四約之爲二。故爲耦。卽兩儀之陰數也。

一變之後。除前餘數。復合其見存之策。或四十。或四十四。分掛揲歸如前法。是謂再變。其掛扐者不四則八。

扐掛扐掛

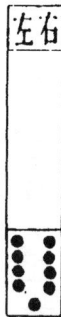

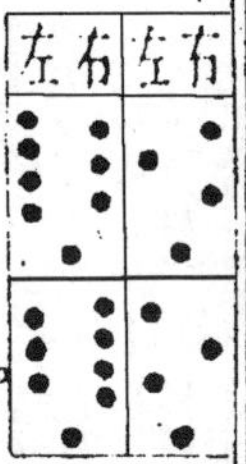

得四者二。所謂奇也。不去掛一。餘同前義。

得八者二。所謂耦也。不去掛一。餘同前義。

再變之後。除前兩次餘數。復合其見存之策。或四十。或三十六。或三十二。分掛揲歸如前法。是謂三變。其掛扐者如再變例。

三變既畢。乃合三變。視其掛扐之奇耦。以分所遇陰陽之老少。是謂一爻。

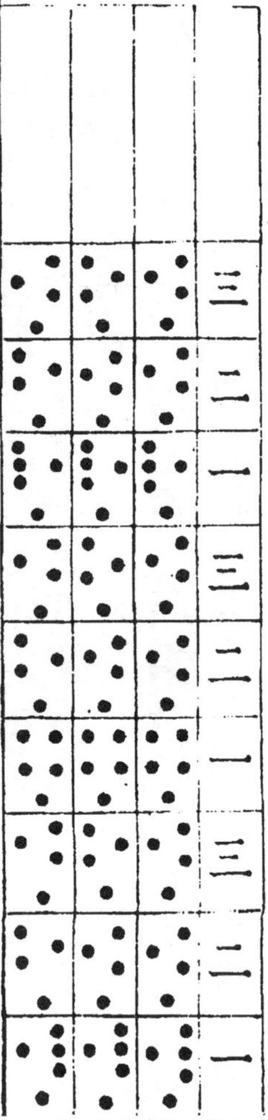

右三奇爲老陽者凡十有二掛扐之數十有三除初掛之一爲十有二以四約而三分之爲一者三一奇象圓而圍三故三一之中各復有三而積三三之數則爲九過揲之數三十有六以四約之亦得九焉掛扐除一四分四十有八而得其一也一其十二而三其四也九之母也過揲之數四分四十八而得其三也三其十二而九其四也九之子也皆徑一而圍三也即四象太陽居一含九之數也

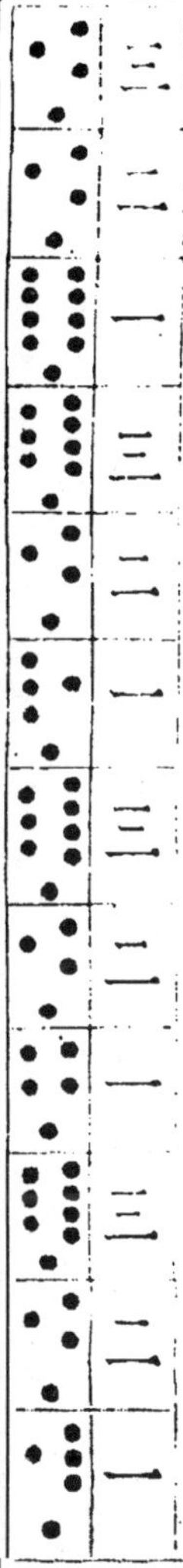

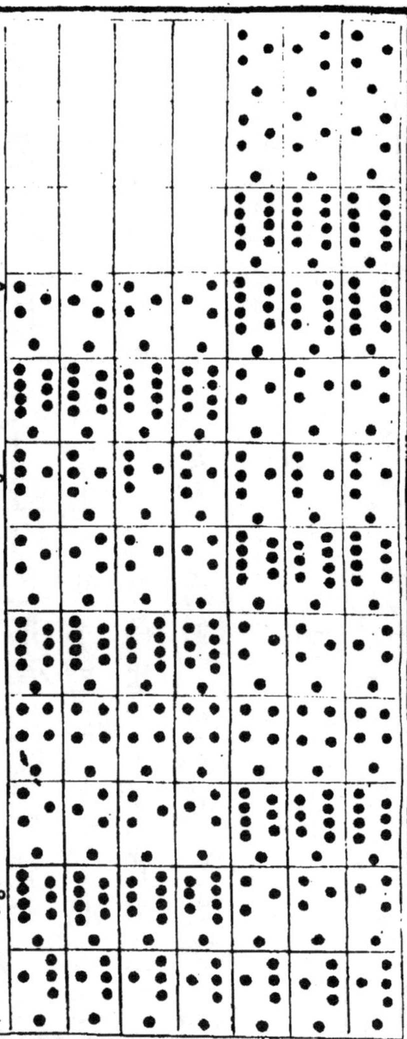

右兩奇一耦。以耦爲主。爲少陰者凡二十有八。掛扐之數十有七。除初掛之一爲十有六。以四約而三分之。爲一者二。爲二者一。一奇象圓而用其全。故二一之中各復有三。二耦象方而用其半。故一二之中復有二焉。而積二三一二之數則爲八。過揲之數三十有二。以四約之亦得八爲。掛扐除一。四其四也。自一其十二者而進四也。八之母也。過揲之數。八其四也。自三其十二者而退四也。八之子也。即四象少陰居二含八之數也。

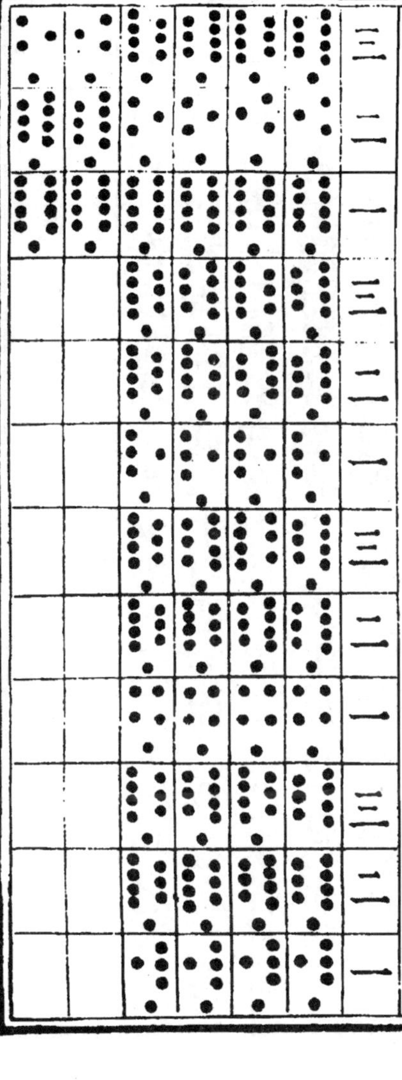

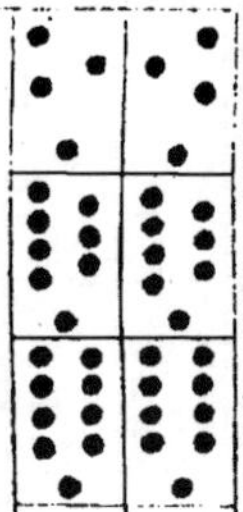

右兩耦一奇以奇爲主爲少陽者凡二十掛扐之數二十有一除初掛之一爲二十以四約而三分之爲二者二爲一者一二耦象方而用其半故二二之中各復有二一奇象圓而用其全故一三之中復有三焉而積二二一三之數則爲七過揲之數二十有八以四約之亦得七焉掛扐除一五其四也自兩其十二者而退四也七之母也過揲之數七其四也自兩其十二者而進四也七之子也即四象少陽居三含七之數也

三

二

一

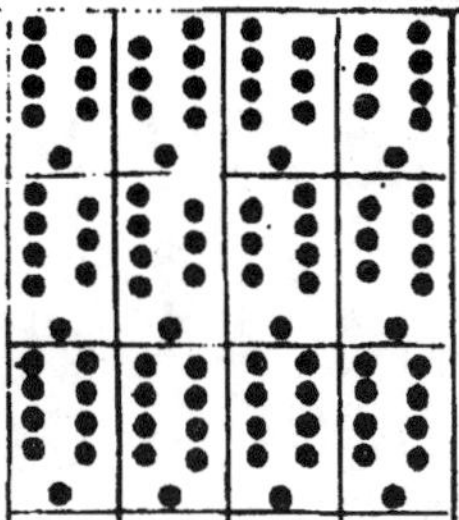

右三耦爲老陰者四。掛扐之數二十有五。除初掛之一爲二十有四。以四約而三分之。爲二者三。二耦象方而用其半。故三二之中各復有二。而積三二之數則爲六。過揲之數亦二十有四。以四約之亦得六焉。掛扐除一。六六之母也。過揲之數。六六之子也。四分四十有八而各得其二也。兩其十二而六其四也。皆圍四而用半也。即四象太陰居四含六六之數也。

集說蔡氏元定曰：蓍之奇數，老陽十二，老陰四，少陽二十，少陰二十八，合六十有四。三十二爲陽，老陽十二，少陽二十。三十二爲陰，老陰四，少陰二十八。其十六則老陽老陰也。老陽十二，老陰四，其四十八則少陽少陰也。少陽二十，少陰二十八。老陽老陰，乾坤之象也。二八也。少陽少陰，六子之象也。六八也。

凡此四者，皆以三變皆掛之法得之。蓋經曰再扐而後掛，又曰四營而成易，其指甚明。注疏雖不詳說，然劉禹錫所記僧一行、畢中和、顧象之說，亦已備矣。近世諸儒乃有前一變獨掛，後二變不掛之說，考之於經，乃爲六扐而後掛，不應五歲再閏之義。且後兩變又止三營，蓋已誤矣。

集說胡氏方平曰：案王輔嗣注云：分而爲二，一營也。掛一象三，二營也。揲之以四，三營也。歸奇於扐，四營也。孔穎達疏云：再扐而後掛者，既分天於左手，地於右手，乃四四揲天之數，最末之餘，歸之合爲掛扐之一處，是一扐也又以四四揲地之數最末之餘又合於前所歸之扐而總扐之是再扐而後掛也劉禹錫辨易九六論云畢中和之學其傳原於一行禪師一行唐開元時所作大衍曆本議云綜盈虛之數五歲而再閏蓋其衍法皆以再扐而後掛也畢中和有揲法其言三揲皆掛正合四營之義朱子亦謂畢氏揲法視疏義爲詳顧象之說未詳禹錫又自言揲法第一指餘一益三餘二益二餘三益一餘四益四第二指餘一益二餘二益一餘三益四餘四益三第三指與第二指同此可以見三變皆掛矣近世儒者若郭雍所著蓍卦辨疑專以前一變獨掛後二變不掛其載橫渠先生之言曰再扐而後掛每成一爻而後掛也謂第二第三揲不掛也且謂橫渠之言所以明注疏之失朱子辨之曰此說大誤恐非橫渠之言也再扐者一變之中左右再揲而再扐也一掛再揲再扐而當五歲蓋一掛再揲當其不閏之年而再扐當其再閏之歲也而後掛者一變既成又合見存之策分二掛一以起後變之端也今曰第一變掛而第二第三變不掛遂以當掛之變爲掛而象閏以不掛之變爲扐而當不閏之歲則與大傳所云掛一象三再扐象閏者全不相應矣且不數第一變之再扐而以第二第三變爲再扐又使第二第三變中止有三營而不足乎成易之數且於陰陽老少之數亦多有不合者其載伊

川先生之說曰再以左右手分而爲三更不重掛奇朱子辨之曰此說尤多可疑然郭氏云本無文字則其傳授之際不無差舛宜矣郭氏又云第二第三揲雖不掛亦有四八之變蓋不必掛也朱子辨之曰所以不可不掛者有兩說變三變之中前一變屬陽故其餘五九皆奇數後二變屬陰故其餘四八皆耦數屬陽者爲陽三而陰一皆圍三徑一之術屬陰者爲陰二而陽二皆以圍四用半之術也是皆以三變皆掛之法得之後兩變不掛則不得也三變之後其可爲老陽者十二可爲老陰者四可爲少陰者二十八可爲少陽者二十雖多寡之不同而皆有法象是亦以三變皆掛之法得之而後兩變不掛則不得也郭氏僅見第二第三變可以不掛之一端耳而遂執以爲說夫豈知其掛與不掛之爲得失乃如此哉大抵郭氏他說偏滯雖多而其爲法尚無甚戾獨此一義所差雖小而深有害於成卦變爻之法九不可不辯愚嘗考之第一變獨掛後二變不掛非特爲六扐而後掛三營而成易於再扐四營之義不協且後二變不掛其數雖亦不四則八而所以爲四八者實有不同蓋掛則所謂四者左手餘一則右手餘二左手餘二則右手餘一不掛則左手餘一右手餘三左手餘二右手餘二左手餘三右手餘一此四之所以不同也掛則所謂八者左手餘四右手餘三左手餘三右手餘

四。不掛則左手餘四。右手亦餘四。此八之所以不同也。三變之後。陰陽變數皆參差不齊。無復自然之法象矣。且用舊法。則三變之中。又以前一變爲奇。後二變爲耦。奇故其餘五九。耦故其餘四八。餘五九者五三而九一。亦圍三徑一之義也。餘四八者四八皆二。亦圍四用半之義也。三變之後老者陽饒而陰乏。少者陽少而陰多。亦皆有自然之法象焉。蔡元定曰。案五十之蓍。虛一分二。掛一揲四。爲奇者三。爲耦者二。是天三地二自然之數。而三揲之變。老陽老陰之數本皆八。合之得十六。陰陽以老爲動。而陰性本靜。故以四歸於老陽。此老陰之數所以四。老陽之數所以十二也。少陽少陰之數本皆二十四。合之四十八。陰陽以少爲靜。而陽性本動。故以四歸於少陰。此少陽之數所以二十。而少陰之數所以二十八也。陽用老而不用少。故六十四變。所用者十六變。又以四約之。陽用其三。陰用其一。蓋一奇一耦對待者。陰陽之體。陽三陰一一饒一乏者。陰陽之用。故四時春夏秋生物。而冬不生物。天地東西南可見。而北不可見。人之瞻視。亦前與左右可見。而背不可見也。不然。則以四十九蓍。虛一分二。掛一揲四。則爲奇者二。爲耦者二。而老陽得八。老陰得八。少陽得二十四。少陰得二十四。不亦善乎。聖人之智。豈不及此。而其取此而不取彼者。誠以陰陽之體數常均。用數則陽三而陰一也。

集說蘇氏軾曰。唐一行之學。以爲三變皆少。則乾之象也。乾所以爲老陽。而四數其揲得九。故以九名之。

三變皆多則坤之象也坤所以為老陰而四數其揲得六故以六名之三變而少者一則震坎艮之象也震坎艮所以為少陽而四數其揲得七故以七名之三變而多者一則巽離兌之象也巽離兌所以為少陰而四數其揲得八故以八名之故七八九六者因揲數以名陰陽而陰陽之所以為老少者不在乎是而在乎三變之閒八卦之象也此唐一行之學也○朱子文集曰初一變得五者三得九者一故曰餘五九者五三而九一後二變得四者二得八者二故曰餘四八者四八皆二三變之後為老陽者十有二老陰四故曰陽饒而陰乏少陽二十少陰二十八故曰陽少而陰多沈氏筆談云易象九為老陽七為少陽八為少陰六為老陰其九七八六之數皆有所從來得之自然非意之所配也凡歸餘之數有多有少多為陰如爻之耦少為陽如爻之奇三少乾也故曰老陽九揲而得之故其數九其策三十六兩多一少則一少為之主震坎艮也故皆謂之少陽少在初為震中為坎末為艮皆七揲而得之故其數七其策二十有八三多坤也故曰老陰六揲而得之故其數六其策二十有四兩少一多則一多為之主巽離兌也故皆謂之少陰多在初謂之巽中為離末為兌皆八揲而得之故其數八其策三十有二諸家揲蓍說惟筆談簡而盡孔穎達非不曉揲法者但為之不孰故其言之

易差，然其於大數亦不差也。畢中和覛疏義爲詳。柳子厚詆劉夢得以爲膚末，於學者誤矣。畢論三揲皆掛一，正合四營之義。惟以三揲之掛扐分指於三指間爲小誤，然於其大數亦不差也。其言餘一益三之屬，乃夢得亡文太簡之誤，使讀者疑其不出於自然而出於人意耳。此與孔氏之說不可不正，然恐亦不可不原其情也。蔡氏所謂以四十九蓍虛一分二掛一揲四者，蓋謂虛一外止用四十八分掛揲之餘爲奇耦，各二老陽老陰變數各八，少陰少陽變數各二十四，合爲六十四，八卦各得八焉。然此乃奇耦對待加倍而得者體數也。若天三地二衍而爲五十者用數也。蓋體數常均，用數則陽饒而陰乏也。此正造化之妙。若陰陽同科，老少一例，是體數非用數也。

若用近世之法，則三變之餘皆爲圍三徑一之義，而無復奇耦之分。三變之後，爲老陽少陰者皆二十七，爲少陽者九，爲老陰者一，又皆參差不齊，而無復自然之法象。此足以見其說之誤矣。至於陰陽老少之所以然者，則請復得而通論之。蓋四十九策。除初掛之一而爲四十八。以四約之爲十二。以十二約之爲四。故其揲之一變也。掛扐之數。一其四者爲奇。兩其四者爲耦。其三變也。掛扐之數。三其四。一其十二。而過揲之數。九其四。三其十二者。爲老陽。掛扐過揲之數。皆六其四。兩其十二者爲老陰。自老陽之掛扐而增一四。則是四其四也。一其十二而又進一四也。自其過揲者而損一四。則是八其四也。三其十二而損一四也。此所謂少陰者也。自老陰之掛扐而損一四。則是五其四也。兩其十二而去一四也。自其過揲而增一四。則是七其四也。兩其十二而進一四也。此所謂少陽者也。二老者陰陽之極也。二極之間相距之數凡十有二而三分之自陽之極而進其掛扐退其過揲各至於三之一則爲少陰自陰之極而退其掛扐進其過揲各至於三之一則爲少陽老陽居一而含九故其掛扐十二爲最少而過揲三十六爲最多少陰居二而含八故其掛扐十六爲次少而過揲三十二爲次多少陽居三而含七故其掛扐二十爲稍多而過揲二十八爲稍少老陰居四而含六故其掛扐二十四爲極多而過揲亦二十四爲極少蓋陽奇而陰耦是以掛扐之數老陽極少老陰極多而二少者一進一退而交於中焉此其以少爲貴者也陽實而陰虛是以過揲之數老陽極多老陰極少而二少者亦一進一退

而交於中焉。此其以多爲貴者也。凡此不唯陰之與陽。既爲二物。而迭爲消長。而其一物之中。此二端者。又各自爲一物。而迭爲消長。其相與低昂如權衡。其相與判合如符契。固有非人之私智所能取舍而有無者。而況掛扐之數。乃七八九六之原。而過揲之數。乃七八九六之委。其勢又有輕重之不同。而或者乃欲廢置掛扐。而獨以過揲之數爲斷。則是舍本而取末。去約以就繁。而不知其不可也。豈不誤哉。

集說歸氏有光曰。九具於揲。則三奇見於餘。六具於揲。則三耦見於餘。七具於揲。則二耦一奇見於餘。八具於揲。則二奇一耦見於餘。不必反觀其在揲之數。而已舉其要矣。其曰乾之策二百一十有六。坤之策百四十有四。二篇之策萬有一千五百二十。何也。掛扐雖舉其要。而七八九六之數。仍以在揲之策爲正。七八九六

者自揲之以四而取也若掛扐之策因過揲而見者也
故曰揲之以四以象四時又曰當期之日而歸奇以象
閏○何氏楷曰案翼言揲四以象四時歸奇以象閏四
時正也閏閏餘也下文云乾之策二百一十有六坤之策
百四十有四凡三百有六十當期之日二篇之策萬有
一千五百二十當萬物之數也皆以七八九六起數明
乎用正數而
不用用餘數矣

案歸氏何氏之說亦
可與朱子相參酌

邵子曰五與四四去掛一之數則四三十二也九與八八
八去掛一之數則四六二十四也五與八八九與四八
去掛一之數則四五二十也九與四四五與四八去掛
一之數則四四十六也故去其三四五六之數以成九
八七六之策此之謂也一爻已成再合四十九策復分
掛揲歸以成一變每三變而成一爻並如前法

乾之策。二百一十有六。坤之策。百四十有四。凡三百有六十。當期之日。

乾之策二百一十有六者。積六爻之策各三十六而得之也。坤之策百四十有四者。積六爻之策各二十有四而得之也。凡三百六十者。合二百一十有六百四十有四而得之也。當期之日者。每月三十日。合十二月爲三百六十也。蓋以氣言之。則有三百六十六日。以朔言之。則有三百五十四日。今舉氣盈朔虛之中數而言。故曰三百有六十也。然少陽之策二十八。積乾六爻之策。則一百六十八。少陰之策三十二。積坤六爻之策。則一百九十二。此獨以老陰陽之策爲言者。以易用九六。不用七八也。然二少之合，亦三百有六十。

二篇之策，萬有一千五百二十，當萬物之數也。

二篇者，上下經六十四卦也。其陽爻百九十二，每爻各三十六策，積之得六千九百一十二。陰爻百九十二，每爻二十四策，積之得四千六百八。又合二者爲萬有一千五百二十也。若爲少陽，則每爻二十八策，凡五千三百七十六。少陰則每爻三十二策，凡六千一百四十四。合之亦爲萬一千五百二十也。

是故四營而成易，十有八變而成卦，八卦而小成。引而伸之，觸類而長之，天下之能事畢矣。

四營者，四次經營也。分二者，第一營也。掛一者，第二營也。揲四者第三營也。歸奇者第四營也。易。變易也。謂揲之一變也。四營成變。三變成爻。一變而得兩儀之象。再變而得四象之象。三變而得八卦之象。一爻而得兩儀之畫。二爻而得四象之畫。三爻而得八卦之畫。四爻成而得其十六者之一。五爻成而得其三十二者之一。至於積七十二營而成十有八變。則六爻見而得乎六十四卦之一矣。然方其三十六營而九變也。已得三畫而八卦之名可見。則內卦之爲貞者立矣。此所謂八卦而小成者也。自是而往。引而伸之。又三十六營九變以成三畫。而再得小成之卦者一。則外卦之爲悔者亦備矣。六爻成。內外卦備。六十四卦之別。可見。然後視其爻之

變與不變，而觸類以長焉，則天下之事，其吉凶悔吝，皆不越乎此矣

顯道神德行，是故可與酬酢，可與祐神矣

道因辭顯，行以數神，酬酢者，言幽明之相應，如賓主之相交也。祐神者，言有以祐助神化之功也。○卷內蔡氏說，爲奇者三，爲耦者二，蓋凡初揲左手餘一餘二餘三，皆爲奇，餘四爲耦，至再揲三揲則餘三者亦爲耦，故曰奇三而耦二也。

考變占第四

乾卦用九，見羣龍无首，吉，象曰，用九，天德不可爲首也，坤卦用六，利永貞，象曰，用六永貞，以大

終也。

用九用六者。變卦之凡例也。言凡陽爻皆用九而不用七。陰爻皆用六而不用八。用九。故老陽變爲少陰。用六。故老陰變爲少陽。不用七八。故少陽少陰不變。獨於乾坤二卦言之者。以其在諸卦之首。又爲純陽純陰之卦也。聖人因繫以辭。使遇乾而六爻皆九。遇坤而六爻皆六者。卽此而占之。蓋羣龍无首。則陽皆變陰之象。利永貞。則陰皆變陽之義也。餘見六爻變例。歐陽子曰。乾坤之用九用六何謂也。曰。乾爻七九。坤爻八六。九六變而七八無爲。易道占其變。故以其所占者名爻。不謂六爻皆九六也。及其筮也。七八常多而九六常少。有無九六者焉。此不可以不釋也。六十四卦皆然。特於乾坤見之。則餘可知耳。〇愚案此說發明先儒所未到。最爲有功。其論七八多而九六少。又見當時占法。三變皆掛。如一行說。

凡卦六爻皆不變。則占本卦彖辭。而以內卦爲貞。外卦爲悔。彖辭爲卦下之辭。孔成子筮立衛公子元。遇屯。曰利建侯。秦伯伐晉。筮之。遇蠱。曰貞風也。其悔山也。

一爻變。則以本卦變爻辭占。沙隨程氏曰。畢萬遇屯之比。初九變也。蔡墨遇乾之同人。九二變也。晉文公遇大有之睽。九三變也。陳敬仲遇觀之否。六四變也。南蒯遇坤之比。六五變也。晉獻公遇歸妹之睽。上六變也。

集說胡氏一桂曰：啟蒙謂一爻變則以本卦變爻辭占。其下引畢萬所筮，以今觀之，未嘗不取之卦，且不特論一爻，兼取貞悔卦體，似可爲占者法也。觀陳宣公筮公子完之生，尤可見矣。

二爻變，則以本卦二變爻辭占，仍以上爻爲主。經傳無文，今以例推之，當如此。

集說胡氏一桂曰：案陳摶爲宋太祖占，亦旁及諸爻與卦體。

三爻變，則占本卦及之卦之彖辭，而以本卦爲貞，之卦爲悔。前十卦主貞，後十卦主悔。凡三爻變者，通二十卦，有圖在後。○沙隨程氏曰：晉公子重耳筮得國，遇貞屯悔豫皆八。蓋初與四五凡三爻變也。初與五用九變，四用六變，其不變者二三上，在兩卦皆爲八，故云皆八。而司空季子占之曰：皆利建侯。

集說胡氏一桂曰：案啟蒙但云占本卦之卦彖辭，然以晉侯屯豫之占，則并占卦體可見。○熊氏朋來曰：七八皆不變爻，何以罕言七而專言八？曰：七七蓍數也，八八卦數也。

四爻變，則以之卦二不變爻占，仍以下爻爲主。經傳亦無文，今以例推之當如此。

五爻變，則以之卦不變爻占。穆姜往東宮，筮遇艮之八。史曰：是謂艮之隨。蓋五爻皆變，唯二得八，故不變也。法宜以係小子失丈夫爲占，而史妄引隨之彖辭以對，則非也。

六爻變，則乾坤占二用，餘卦占之卦彖辭。蔡墨曰：乾之坤曰見羣龍无首吉是也。然羣龍无首，即坤之牝馬先迷也；坤之利永貞，即乾之不言所利也。

於是一卦可變六十四卦。而四千九十六卦在其中矣。所謂引而伸之。觸類而長之。天下之能事畢矣。豈不信哉。今以六十四卦之變。列為三十二圖。得初卦者。自初而終。自上而下。得末卦者。自終而初。自下而上。變在第三十二卦以前者。占本卦爻之辭。變在第三十二卦以後者。占變卦爻之辭。凡言初終上下者。據圖而言。言第幾卦前後者。從本卦起。

乾	姤	遯				否		
	同人	訟	无妄	中孚	大畜	漸	渙	
	履	巽	家人	睽	需	旅	未濟	蠱
	小畜	鼎	離	兌	大壯	咸	困	井
	大有	大過	革					恆
	夬							

御纂周易折中　啓蒙

	剝				觀			
	比	頤	蒙	艮	晉	損		益
	豫	屯	坎	蹇	萃	節	賁	噬嗑
	謙	震	解	小過		歸妹	既濟	隨
	師	明夷	升			泰	豐	
坤	復	臨						

		无妄				同人	乾	姤
	中孚	家人	蠱	渙	否	履	遯	
大畜	睽	離	井	未濟	漸	小畜	訟	
需	兌	革	恒	困	旅	大有	巽	
大壯					咸	夬	鼎	
							大過	

	頤				益			
	屯	剝	損	賁	噬嗑	蒙		觀
	震	比	節	既濟	隨	坎	艮	晉
	明夷	豫	歸妹	豐		解	蹇	萃
	臨	謙	泰			升	小過	
復	坤	師						

1	同人					
2	遯	乾	无妄	家人	離	革
3	姤	否	漸	旅	咸	
4		履	小畜	大有	夬	
5		益	噬嗑	隨		
6		賁	既濟	豐		
7	訟	巽	鼎	大過		
8		觀	晉	萃		
9			艮	蹇	小過	

			渙				蒙	
中孚		頤	未濟	蠱	剝	損	坎	
睽	大畜	屯	困	井	比	節	解	
兌	需	震		恆	豫	歸妹	升	
	大壯	明夷			謙	泰	坤	
						復	師	師

御纂周易折中 啓蒙

		遯				否	訟	履
	巽	觀	損	小畜	同人	姤	无妄	
蒙	鼎	晉	節	大有	益	渙	乾	
坎	大過	萃	歸妹	夬	噬嗑	未濟	中孚	
解					隨	困	睽	
							兌	

	艮				漸			
	蹇	賁	蠱	剝	旅	大畜		家人
	小過	既濟	井	比	咸	需	頤	離
	坤	豐	恆	豫		大壯	屯	革
	升	復	師			臨	震	
謙	明夷	泰						

		觀				漸	巽	小畜
	訟	遯	大有	履	益	渙	家人	
鼎	蒙	艮	夬	損	同人	姤	中孚	
大過	坎	蹇	泰	節	賁	蠱	乾	
升					既濟	井	大畜	
							需	

御纂周易折中 啓蒙

	晉				否			
	萃	噬嗑	未濟	旅	剝	睽		无妄
	坤	隨	困	咸	比	兌	離	頤
	小過	復	師	謙		臨	革	屯
	解	豐	恒			大壯	明夷	
豫	震	歸妹						

		晉				旅	鼎	大有
	蒙	艮	小畜	損	噬嗑	未濟	離	
巽	訟	遯	泰	履	賁	蠱	睽	
升	解	小過	夬	歸妹	同人	姤	大畜	
大過					豐	恆	乾	
							大壯	

	觀				剝			
	坤	益	渙	漸	否	中孚		頤
	萃	復	師	謙	豫	臨	家人	无妄
	蹇	隨	困	咸		兌	明夷	震
	坎	既濟	井			需	革	
比	屯	節						

夬	大過	咸				萃		
	革	困	隨	節	泰	蹇	坎	
	兌	井	既濟	歸妹	小畜	小過	解	升
	需	恆	豐	履	大有	遯	訟	巽
	大壯	姤	同人					鼎
	乾							

	坤				比			
	觀	復	師	謙	豫	臨		屯
	晉	益	渙	漸	否	中孚	明夷	震
	艮	噬嗑	未濟	旅		睽	家人	无妄
	蒙	賁	蠱			大畜	離	
剝	頤	損						

遯	同人	乾				履		
	姤	无妄	訟	觀	艮	小畜	益	
	否	家人	巽	晉	蹇	大有	噬嗑	賁
	漸	離	鼎	萃	小過	夬	隨	既濟
	旅	革	大過					豐
	咸							

	損				中孚			
	節	蒙	頤	大畜	睽	剝		渙
	歸妹	坎	屯	需	兌	比	蠱	未濟
	泰	解	震	大壯		豫	井	困
	復	升	明夷			謙	恆	
臨	師	坤						

衍象所推中

訟					
履	否	姤	渙	未濟	困
无妄	乾	中孚	睽	兌	
	遯	觀	晉	萃	
	巽	鼎	大過		
	蒙	坎	解		
同人	益	噬嗑	隨		
	小畜	大有	夬		
		損	節	歸妹	

御纂周易折中 啓蒙

	賁				家人			
	既濟	艮	大畜	頤	離	蠱		漸
	豐	蹇	需	屯	革	井	剝	旅
	復	小過	大壯	震		恆	比	咸
	泰	坤	臨			師	豫	
明夷	謙	升						

巽

小畜
漸
渙
姤
蠱
井

家人
中孚
乾
大畜
需

觀
遯
艮
蹇

訟
蒙
坎

鼎
大過
升

益
同人
賁
既濟

履
損
節

大有
夬
泰

			无妄				噬嗑	
否		未濟	頤	離	睽	晉	隨	
剝	旅	困	屯	革	兌	萃	復	
比	咸	師		明夷	臨	坤	豐	
	謙	恆			大壯	小過	歸妹	
						解	豫	震

御纂周易折中

鼎	大有	離				噬嗑		
	旅	睽	晉	蒙	巽	賁	損	
	未濟	大畜	艮	訟	升	同人	履	小畜
	蠱	乾	遯	解	大過	豐	歸妹	泰
	姤	大壯	小過					夬
	恆							

	益				頤			
	復	觀	中孚	家人	无妄	渙		剝
	隨	坤	臨	明夷	震	師	漸	否
	既濟	萃	兌	革		困	謙	豫
	節	蹇	需			井	咸	
屯	比	坎						

						革	夬	大過
	節	既濟	升	坎	萃	兌	咸	
泰	歸妹	豐	巽	解	蹇	需	困	
小畜	履	同人	鼎	訟	小過	大壯	井	
大有					遯	乾	恆	
							姤	

御纂周易折中 啓蒙

	復				屯			
	益	坤	臨	明夷	震	師		比
	噬嗑	觀	中孚	家人	无妄	渙	謙	豫
	賁	晉	睽	離		未濟	漸	否
	損	艮	大畜			蠱	旅	
頤	剝	蒙						

衍數周易扐中

无妄						
否	履	同人	益	噬嗑	隨	
訟	遯	觀	晉	萃		
	乾	中孚	睽	兌		
	家人	離	革			
	頤	屯	震			
姤	渙	未濟	困			
	漸	旅	咸			
		剝	比	豫		

	蠱				巽			
	井	大畜	艮	蒙	鼎	賁		小畜
	恆	需	蹇	坎	大過	既濟	損	大有
	師	大壯	小過	解		豐	節	夬
	謙	臨	坤			復	歸妹	
升	泰	明夷						

家人					
漸	小畜	益	同人	賁	既濟
巽	觀	遯	艮	蹇	
	中孚	乾	大畜	需	
	无妄	頤	屯		
	離	革	明夷		
渙	姤	蠱	井		
	否	剝	比		
		旅	咸	謙	

	未濟				訟			
	困	睽	晉	鼎	蒙	噬嗑		履
	師	兌	萃	大過	坎	隨	大有	損
	恒	臨	坤	升		復	夬	節
	豫	大壯	小過			豐	泰	
解	歸妹	震						

		未濟				鼎	旅	離
	剝	蠱	家人	頤	睽	晉	大有	
漸	否	姤	明夷	无妄	大畜	艮	噬嗑	
謙	豫	恆	革	震	乾	遯	賁	
咸					大壯	小過	同人	
							豐	

	渙				蒙			
	師	中孚	觀	巽	訟	益		損
	困	臨	坤	升	解	復	小畜	履
	井	兌	萃	大過		隨	泰	歸妹
	比	需	蹇			旣濟	夬	
坎	節	屯						

御纂周易折中

革	咸	大過				困		
	夬	萃	兌	屯	明夷	井	比	
	隨	蹇	需	震	家人	恆	豫	謙
	既濟	小過	大壯	无妄	離	姤	否	漸
	豐	遯	乾					旅
	同人							

	師				坎			
	渙	臨	坤	升	解	復		節
	未濟	中孚	觀	巽	訟	益	泰	歸妹
	蠱	睽	晉	鼎		噬嗑	小畜	履
	剝	大畜	艮			賁	大有	
蒙	損	頤						

御纂周易折中

		漸				觀	渙	中孚
	姤	否	睽	乾	家人	巽	益	
未濟	蠱	剝	兌	大畜	无妄	訟	小畜	
困	井	比	臨	需	頤	蒙	履	
師					屯	坎	損	
							節	

			遯				旅	
同人		大有	艮	晉	鼎	離	咸	
賁	噬嗑	夬	蹇	萃	大過	革	謙	
既濟	隨	泰		坤	升	明夷	豫	
	復	歸妹			解	震	恆	
						大壯	豐	小過

御纂周易折中

睽					
未濟	噬嗑	大有	損	履	歸妹
晉	鼎	蒙	訟	解	
	離	頤	无妄	震	
	大畜	乾	大壯		
	中孚	臨	兌		
旅	剝	否	豫		
	蠱	姤	恆		
		渙	師	困	

	賁	同人	豐		
		益	復	隨	
	小畜	泰	夬	節	
艮	遯	小過			
	觀	坤	萃		
	巽	升	大過	坎	
	家人	明夷	革	屯	需
漸	謙	咸	比	井	既濟
					蹇

御纂周易折中

		咸				萃	困	兌
	井	比	臨	需	革	大過	隨	
師	恆	豫	中孚	大壯	屯	坎	夬	
渙	姤	否	睽	乾	震	解	節	
未濟					无妄	訟	歸妹	
							履	

			蹇				謙	
既濟		泰	小過	坤	升	明夷	漸	
豐	復	小畜	遯	觀	巽	家人	旅	
同人	益	大有		晉	鼎	離	剝	
	噬嗑	損			蒙	頤	蠱	
						大畜	賁	艮

大畜	蠱	艮				剝		
	賁	蒙	頤	睽	乾	旅	未濟	
	損	鼎	離	中孚	大壯	漸	渙	姤
	大有	巽	家人	臨	需	謙	師	恆
	小畜	升	明夷					井
	泰							

	否				晉			
	豫	无妄	訟	遯	觀	履		噬嗑
	比	震	解	小過	坤	歸妹	同人	益
	咸	屯	坎	蹇		節	豐	復
	困	革	大過			夬	既濟	
萃	隨	兌						

		比				蹇	井	需
	困	咸	大壯	兌	屯	坎	既濟	
恆	師	謙	乾	臨	革	大過	節	
姤	渙	漸	大畜	中孚	明夷	升	夬	
蠱					家人	巽	泰	
							小畜	

			萃				豫	
隨		歸妹	坤	小過	解	震	否	
復	豐	履	觀	遯	訟	无妄	剝	
益	同人	損		艮	蒙	頤	旅	
	賁	大有			鼎	離	未濟	
						睽	噬嗑	晉

		豫				小過	恆	大壯
	師	謙	需	臨	震	解	豐	
井	困	咸	大畜	兌	明夷	升	歸妹	
蠱	未濟	旅	乾	睽	革	大過	泰	
姤					離	鼎	夬	
							大有	

	比				坤			
	剝	屯	坎	蹇	萃	節		復
	否	頤	蒙	艮	晉	損	既濟	隨
	漸	无妄	訟	遯		履	賁	噬嗑
	渙	家人	巽			小畜	同人	
觀	益	中孚						

否	无妄	履				乾		
	訟	同人	姤	漸	剝	中孚	家人	
	遯	益	渙	旅	比	睽	離	頤
	觀	噬嗑	未濟	咸	豫	兌	革	屯
	晉	隨	困					震
	萃							

	大畜				小畜			
	需	蠱	賁	損	大有	艮		巽
	大壯	井	既濟	節	夬	蹇	蒙	鼎
	臨	恆	豐	歸妹		小過	坎	大過
	明夷	師	復			坤	解	
泰	升	謙						

漸						
家人	巽	觀	遯	艮	蹇	
小畜	益	同人	賁	既濟		
	渙	姤	蠱	井		
	否	剝	比			
	旅	咸	謙			
中孚	乾	大畜	需			
	无妄	頤	屯			
		離	革	明夷		

			履				睽	
訟		晉	損	大有	噬嗑	未濟	兌	
蒙	鼎	萃	節	夬	隨	困	臨	
坎	大過	坤		泰	復	師	大壯	
	升	小過			豐	恆	震	
						豫	解	歸妹

旅	離	大有				睽		
	鼎	噬嗑	未濟	剝	漸	大畜	頤	
	晉	賁	蠱	否	謙	乾	无妄	家人
	艮	同人	姤	豫	咸	大壯	震	明夷
	遯	豐	恆					革
	小過							

	中孚				損			
	臨	渙	益	小畜	履	觀		蒙
	兌	師	復	泰	歸妹	坤	巽	訟
	需	困	隨	夬		萃	升	解
	屯	井	既濟			蹇	大過	
節	坎	比						

咸	革	夬				兌		
	大過	隨	困	比	謙	需	屯	
	萃	旣濟	井	豫	漸	大壯	震	明夷
	蹇	豐	恆	否	旅	乾	无妄	家人
	小過	同人	姤					離
	遯							

	臨				節			
	中孚	師	復	泰	歸妹	坤		坎
	睽	渙	益	小畜	履	觀	升	解
	大畜	未濟	噬嗑	大有		晉	巽	訟
	頤	蠱	賁			艮	鼎	
損	蒙	剝						

御纂周易折中　啓蒙

渙	中孚	益				家人		
	觀	小畜	漸	姤	未濟	无妄	乾	
	巽	履	否	蠱	困	頤	大畜	睽
	訟	損	剝	井	師	屯	需	兌
	蒙	節	比					臨
	坎							

	離				同人			
	革	旅	大有	噬嗑	賁	鼎		遯
	明夷	咸	夬	隨	既濟	大過	晉	艮
	震	謙	泰	復		升	萃	蹇
	大壯	豫	歸妹			解	坤	
豐	小過	恆						

		離				噬嗑	睽	未濟
	大畜	頤	渙	蠱	旅	大有	晉	
中孚	乾	无妄	師	姤	剝	損	鼎	
臨	大壯	震	困	恆	否	履	蒙	
兌					豫	歸妹	訟	
							解	

	家人				賁			
	明夷	漸	小畜	益	同人	巽		艮
	革	謙	泰	復	豐	升	觀	遯
	屯	咸	夬	隨		大過	坤	小過
	需	比	節			坎	萃	
旣濟	蹇	井						

		革				隨	兌	困
	需	屯	師	井	咸	夬	萃	
臨	大壯	震	渙	恆	比	節	大過	
中孚	乾	无妄	未濟	姤	豫	歸妹	坎	
睽					否	履	解	
							訟	

	明夷				既濟			
	家人	謙	泰	復	豐	升		蹇
	離	漸	小畜	益	同人	巽	坤	小過
	頤	旅	大有	噬嗑		鼎	觀	遯
	大畜	剝	損			蒙	晉	
賁	艮	蠱						

		頤				賁	大畜	蠱
	睽	離	姤	未濟	剝	損	艮	
乾	中孚	家人	恆	渙	旅	大有	蒙	
大壯	臨	明夷	井	師	漸	小畜	鼎	
需					謙	泰	巽	
							升	

			噬嗑				无妄	
晉		訟	益	同人	履	否	震	
觀	遯	解	復	豐	歸妹	豫	屯	
坤	小過	坎		既濟	節	比	革	
	蹇	大過			夬	咸	兌	
						困	萃	隨

		屯				既濟	需	井
	兌	革	恆	困	比	節	蹇	
大壯	臨	明夷	姤	師	咸	夬	坎	
乾	中孚	家人	蠱	渙	謙	泰	大過	
大畜						小畜	升	
							巽	

			隨				震	
萃		解	復	豐	歸妹	豫	无妄	
坤	小過	訟	益	同人	履	否	頤	
觀	遯	蒙		賁	損	剝	離	
	艮	鼎			大有	旅	睽	
						未濟	晉	噬嗑

恆					
大壯	小過	解	升	大過	鼎
豐	歸妹	泰	夬	大有	
	豫	謙	咸	旅	
	師	困	未濟		
	井	蠱	姤		
震	明夷	革	離		
	臨	兌	睽		
		需	大畜	乾	

	屯				復			
	頤	比	節	既濟	隨	坎		坤
	无妄	剥	損	賁	噬嗑	蒙	蹇	萃
	家人	否	履	同人		訟	艮	晉
	中孚	漸	小畜			巽	遯	
益	觀	渙						

以上三十二圖反復之則爲六十四圖圖以一卦爲主而各具六十四卦凡四千九十六卦與焦贛易林合然其條理精密則有先儒所未發者覽者詳之

集說胡氏一桂曰焦延壽卦變法以一卦變爲六十四卦六十四卦通變四千九十六卦而卦變之次本之文王序卦且如以乾爲本卦其變首坤次屯蒙以至未濟又如以末一卦未濟爲本卦其變亦首乾次坤屯以至既濟每一卦變六十三卦通本卦成六十四卦紫陽夫子以爻變多寡順而列之以定一卦所變之序又以乾卦所變之次引而伸之爲六十四卦所變相承之序然從次第秩然各得其所雖出於焦而比焦尤密案朱子三十二圖其次第最爲詳密而後學之疑義有二一曰筮法用九六不用七八今四爻五爻變者用之卦之不變爻占則是兼用七八也二曰周公未繫爻之先則彖辭之用有所不周也三代筮法既不盡傳今惟以經傳爲據而推之則用九用六經文甚明而用七八者諸書皆無明文惟杜預以爲夏商用之先儒巳摘其非矣攷之春秋內外傳蓋無論變與不變及變之多寡皆論卦之體象與其彖辭即一爻變者雖占爻辭而亦

必先以卦之體彖與其彖辭爲主則知古人占法未有爻辭之先即象辭而已周於用既有爻辭之後則但以專動者占而初亦不離乎象辭以爲斷也惟其一卦可變爲六十四則兩卦相參而可以盡事物之理故卦之有變者意主於生卦不主於成爻爻之有變者專動則有占雜動則無占如是則傳記之文皆合而學者之疑可釋矣至內外傳言得八者三一曰貞屯悔豫皆八也一曰泰之八則不變者也一曰艮之八之爲艮之隨則五爻變者也諸儒以八爲不動之爻攷之文意似未符蓋三占者雖變數不同然皆無專動之爻以爻則其爲用卦一也卦以八成故以八爲識卦猶之爻以九六成則以九六識爻云爾觀朱子之圖者更須以左傳國語諸書互相參考

御纂周易折中

御纂周易折中

啓蒙附論

朱子之作啓蒙。蓋因以象數言易者。多穿穴而不根。支離而無據。然易之爲書。實以象數而作。又不可略焉而不講也。且在當日言圖書卦畫蓍數者。皆創爲異論以毁成法。師其獨智而訾先賢。故朱子述此篇以授學者。以爲欲知易之所以作者。於此可得其門戸矣。今撫圖書卦畫蓍數之所包藴。其錯綜變化之妙。足以發朱子未盡之意者。凡數端。各爲圖表而繫之以說。蓋所以見圖書爲天地之文章。立卦生蓍爲聖神之制作。萬理於是乎根本。萬法於是乎權輿。斷非人力私智之所能參。而世之紛紛撰擬。屑屑疑辨。皆可以熄矣。

河圖陽動陰靜圖

三　四　二　五十　七六　九　八

九　四　七二　五十　六　八

河圖陽靜陰動圖

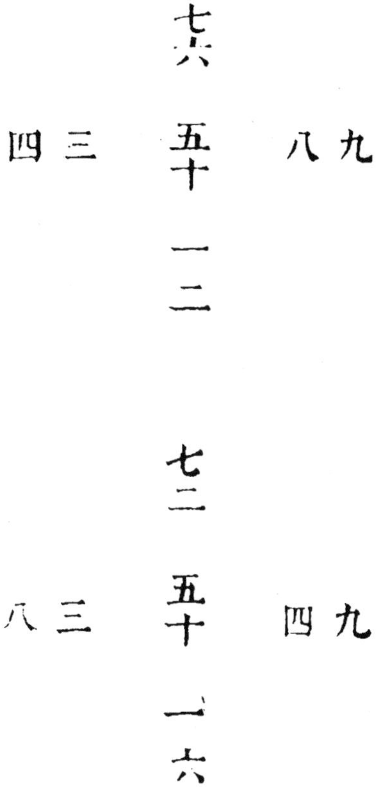

洛書陽動陰靜圖

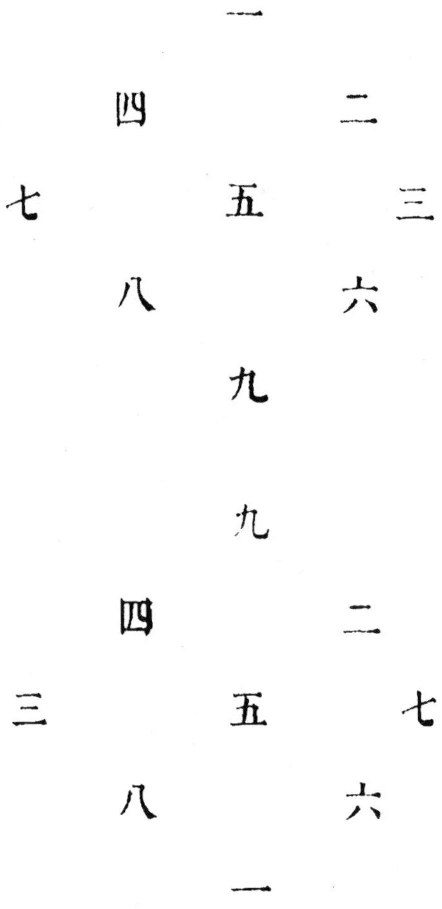

洛書陽靜陰動圖

七　七

八　四

九　五　一　九　五　一

六　二

三　三

大傳言河圖曰一二曰三四曰五六曰七八曰九十則是以兩相從也大戴禮言洛書曰二九四曰七五三曰六一八則是以三相從也是故原河圖之初則有一便有二有三便有四至五而居中有六便有七有八便有九至十而又居中順而布之以成五位者也原洛書之初則有一二三便有四五六有四五六便有七八九層而列之以成四方者也若以陽動陰靜而論則數起於上故河圖之一二本在上也三四本在右也六七本在下也八九本在左也洛書之一二三四五六七八九本自上而下也於是陽數動而交易陰數靜而不遷則成河圖洛書之位矣如以陽靜陰動而論則數起於下故

河圖之一二本在下也。三四本在左也。六七本在上也。八九本在右也。洛書之一二三四五六七八九本自下而上也。於是陽數靜而不遷。陰數動而交易。則又成河圖洛書之位矣。蓋其以兩相從者。如有天則有地也。有君則有臣也。有夫則有婦也。以三相從者。如有天地則有人也。有君臣則有民也。有父母則有子也。陽動陰靜者。如乾君而坤藏也。君令而臣從也。夫行而婦順也。自上而下。以用而言者也。陽靜陰動者。如乾主而坤役也。君逸而臣勞也。父安居而妻子勤職也。自內而外。以體而言者也。同本相從。以成合一之功。動靜相資。以播生成之化。造化人事之妙。窮於此矣。先後天圖象之精蘊。

莫不於此乎出也。

自洛書以三三積數，爲數之原，而自四以下，皆以爲法焉。何則，三者天數也，故其象圓，如前圖，居四方與居四隅者，或動或静。居中者定不易。一而各成縱横皆十五之數矣。四者地數也，故其象方，如後圖，居中居四隅與居四方者，或動或静，亦各成縱横皆三十四之數矣。自五五以下，皆以三三圖爲根；自六六以下，皆以四四圖爲根。而四四圖又實以三三圖爲根，故洛書爲數之原，不易之論也。今附四四圖如左，以相證明，其餘具數學中，不悉載。

四	八	十二	十六
三	七	十一	十五
二	六	十	十四
一	五	九	十三

四	九	五	十六
十四	七	十一	二
十五	六	十	三
一	十二	八	十三

十三	八	十二	一
三	十	六	十五
二	十一	七	十四
十六	五	九	四

此以十六數自左而右自上而下列之。圖第一 其居中與居四隅者不易。而居四方者交易。則成縱橫皆三十四之數。圖第二 若居四方者不易。而居中與居四隅者交易。亦成縱橫皆三十四之數。圖第三

十三	九	五	一
十四	十	六	二
十五	十一	七	三
十六	十二	八	四

十三	八	十二	一
三	十	六	十五
二	十一	七	十四
十六	五	九	四

四	九	五	十六
十四	七	十一	二
十五	六	十	三
一	十二	八	十三

此以十六數自右而左自下而上列之。圖第一 用前法變

爲兩圖。第二圖第三圖並得縱橫皆三十四之數。但其不易者。即前之交易者。而其交易者。即前之不易者。此第二圖同前第三圖。此第三圖同前第二圖。蓋亦陰陽互爲動靜之理云。

河圖加減之原

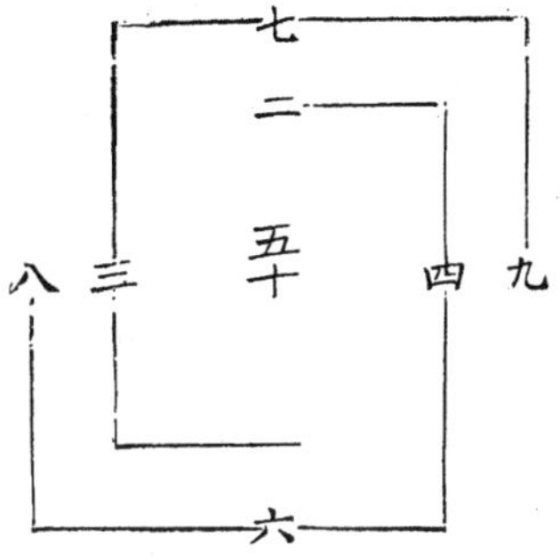

一 三 七 九

用中兩率三七相加爲十。以一減之得九。以九減之得一。若用一九相加亦爲十。以三減之得七。以七減之得三。

二 四 六 八

用中兩率四六相加爲十。以二減之得八。以八減之得二。若用二八相加亦爲十。以四減之得六。以六減之得四。

洛書乘除之原

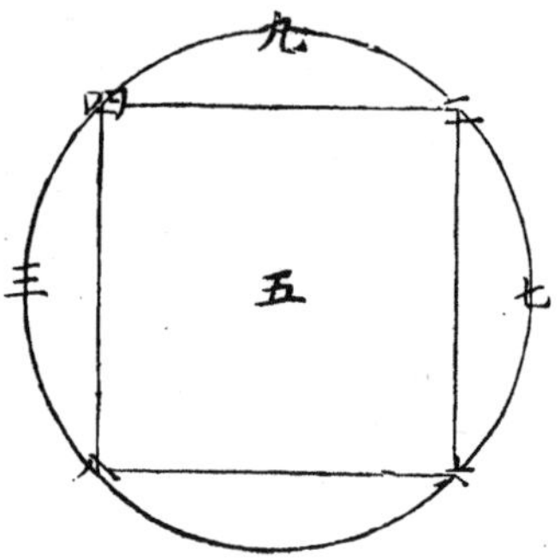

一　三　九　七

用中兩率三九相乘爲二十七。以一除之得二十七。以二十七除之得一。若用一與二十七相乘。以三除之得九。以九除之得三。

二　四　八　六

用中兩率四八相乘爲三十二。以二除之得十六。以十六除之得二。若用二與十六相乘。以四除之得八。以八除之得四。

大傳曰。天一地二。天三地四。天五地六。天七地八。天九地十。天地之數皆自少而多。多而復還於少。此加減之原也。又曰。參天兩地而倚數。天數以三行。地數以二行。此乘除之原也。是故河圖以一二爲數之體之始。洛書以三二爲數之用之始。然洛書之用。始於參兩者。以參兩爲根也。實則諸數循環。互爲其根。莫不寓乘除之法焉而又皆以加減之法爲之本。今推得洛書加減之法四。乘除之法十六。積方之法五。句股之法四。各爲圖表以明之如左。

洛書加減四法

一用奇數左旋相加。得相連之耦數。

若用奇數減左旋相連之耦數得右旋相連之奇數。

一加三爲四。九加七爲十六。三加九爲十二。七加一爲八。

三減四爲一。七減十六爲九。九減十二爲三。一減八爲七。

一用耦數左旋相加。得相連之耦數。

二加六爲八。八加四爲十二。六加八爲十四。四加二爲六。

若用耦數減左旋相連之耦數得右旋相連之耦數。

六減八爲二。四減十二爲八。八減十四爲六。二減六爲四。

一用奇數右旋加耦數。得相連之奇數。

一加六爲七。九加四爲十三。七加二爲九。三加八爲十一。

若用奇數減相連之奇數。得相連之耦數。

一減七爲六。九減十三爲四。七減九爲二。三減十一爲八。

一用耦數右旋加奇數得相對之奇數。二加九爲十一。八加一爲九。四加三爲七。六加七爲十三。

若用奇數減相對之奇數得相連之耦數。九減十一爲二。一減九爲八。三減七爲四。七減十三爲六。

洛書乘除十六法

一用三左旋乘奇數得相連之奇數三三如九。三七二十一。三九二十七。三一如三。

一用八左旋乘耦數得相連之耦數。八八六十四。八二一十六。八四三十二。八六四十八。

一用三左旋乘耦數得相連之耦數。三四一十二。三六一十八。三二如六。三八二十四。

一用八左旋乘奇數得相連之耦數

八三二十四。八七五十六。 八九七十二。八一如八。

一用二右旋乘耦數得相連之耦數

二二如四。二八一十六。 二四如八。二六一十二。

一用七右旋乘奇數得相連之奇數

七七四十九。七三二十一。 七九六十三。七一如七。

一用二右旋乘奇數得隔二位之耦數

二九一十八。二一如二。 二三如六。二七一十四。

一用七右旋乘耦數得相連之耦數

七二一十四。七八五十六。 七四二十八。七六四十二。

一用一乘奇數得本位之奇數

一一如一。一九如九。

一三如三。一七如七。

一用六乘耦數得本位之耦數。

六六三十六。六四二十四。

六八四十八。六二一十二。

一用一乘耦數得本位之耦數。

一二如二。一八如八。

一四如四。一六如六。

一用六乘奇數得相連之耦數。

六七四十二。六三一十八。

六九五十四。六一如六。

一用四乘耦數得相對之耦數。

四四一十六。四二如八。

四六二十四。四八三十二。

一用九乘奇數得相對之奇數。

九九八十一。九三二十七。

九一如九。九七六十三。

一用四乘奇數得隔二位之耦數。

四九三十六。四一如四。　四七二十八。四三一十二。

一用九乘耦數得相對之耦數。

九二一十八。九四三十六。　九八七十二。九六五十四。

凡除法。除其所得之數得其所乘之數。

洛書乘除十六法可約爲八法。何則五者河洛之中數。自此以上由五以生。五加一爲六。六減五爲一。是六與一同根也。五加二爲七。七減五爲二。是七與二同根也。三八四九。其理如之。今用三與八左旋乘奇耦。而皆得相連之奇耦。可以知八卽三矣。用二與七右旋乘奇耦。而皆得相連之奇耦。可以知七卽二矣。內惟二一乘奇數得隔二位之耦數者其所得即相連奇位同根之數猶之乎相連也如二九一十八八與三同根得八猶之得相連之三也餘放此用一與六乘而皆得本位之奇耦可以知六即一矣內惟六乘奇數得相連之耦數者其所得即本位同根之數猶之乎本位也如六七四十二七與二同根得二猶之得本位之七也餘放此用四與九乘而皆得對位之奇耦可以知九即四矣內惟四乘奇數得隔二位之耦數者其所得即對位同根之數猶之乎對位也如四九三十六六與一同根得六猶之得對位之一也餘放此其但得同根之數者何凡奇乘耦耦乘耦所得皆耦數而同如三四一十二八四亦三十二奇乘奇其得數爲奇若耦乘奇不能得奇數而同故但得其同根之耦數也如三三爲九八三二十四九與四同根得四猶之得九也所

以一六二七三八四九。在河圖。則四方之相配。在洛書。則正隅之相連。以其數之生於中五而同根也。數有合數。有對數。合數生於五。對數成於十。一六二七三八四九。此合數也。皆相減而爲五者也。一九二八三七四六。此對數也。皆相倂而爲十者也。在河圖則合數同方。而對數相連。在洛書。則合數相連。而對數相對。相合之相從者。六從一也。七從二也。八從三也。九從四也。如前乘除十六法。相對之相從者。九從一也。八從二也。七從三也。六從四也。如後積方五法。凡以合數共乘一數。所得之數必同。乘耦既同數。乘奇則同根。若各自乘焉。則又必合矣。如三三得九。八八六十四。以對數共乘一數。所得之數必對。如三三得九。七三二十一。若各自

御纂周易折中 啓蒙附論

乘焉。則又必同矣。如一一得一。九九亦八十一。二二得四。八八亦六十四。是以自乘之數。相合之相從者。此得自數。則彼亦得自數也。如一得一。六得六。此得對數。則彼亦得對數也。如四得六。九得一。此得連數。則彼亦得連數也。如三得九。八亦得四。二得四。七亦得九。相對之相從者。此得自數。則彼得對數也。如一得一。九亦得一。六得六。四亦得六。此得連數。則彼亦得連數也。如三得九。七亦得九。二得四。八亦得四。要皆會於一六四九而齊焉。故開平方之自乘數。止於一六四九。而洛書之位。一六四九居上下以爲經。二七三八居左右以爲緯者。此也。

洛書對位成十互乘成百圖

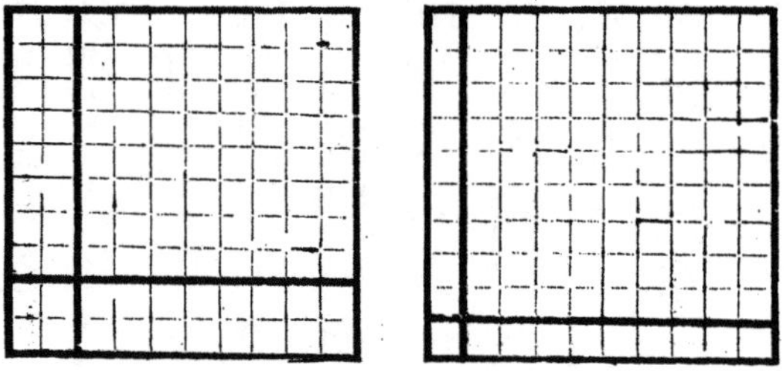

一與九對成十。十自乘。共積一百。九自乘八十一。一自乘一。一乘九九乘一。俱爲九共十八。合之一百。與十自乘積同。

二與八對成十。八自乘六十四。二自乘四。二乘八。八乘二。俱十六。共三十二。合之一百。

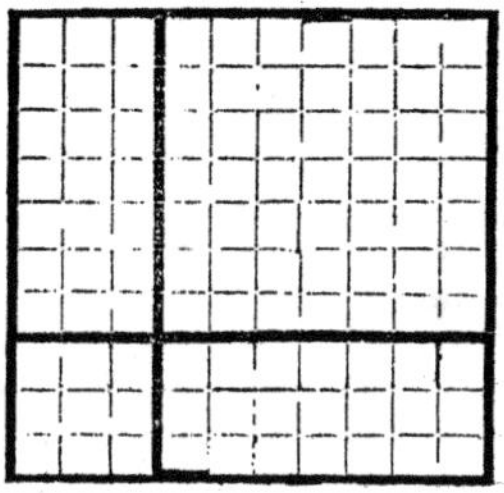

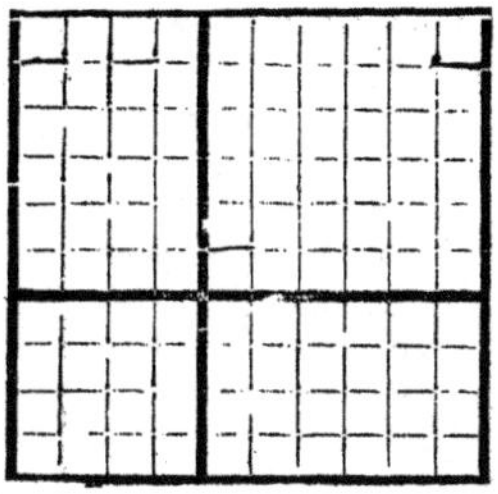

三與七對成十。七自乘四十九。三自乘九。三乘七。七乘三俱二十一。共四十二。合之一百。

四與六對成十。六自乘三十六。四自乘十六。四乘六。六乘四俱二十四。共四十八。合之一百。

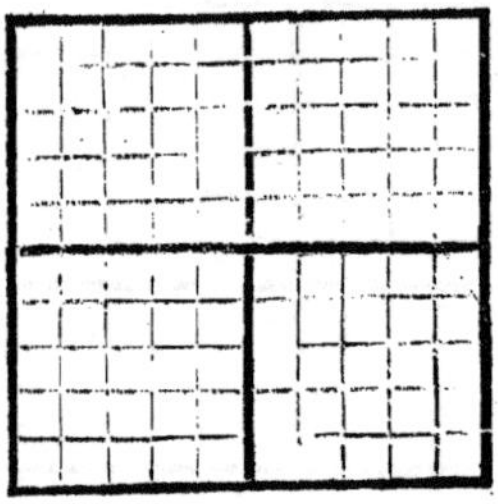

中五含五成十。五自乘二十五。又五自乘二十五。又五互乘各二十五。共五十。合之一百。

洛書句股圖

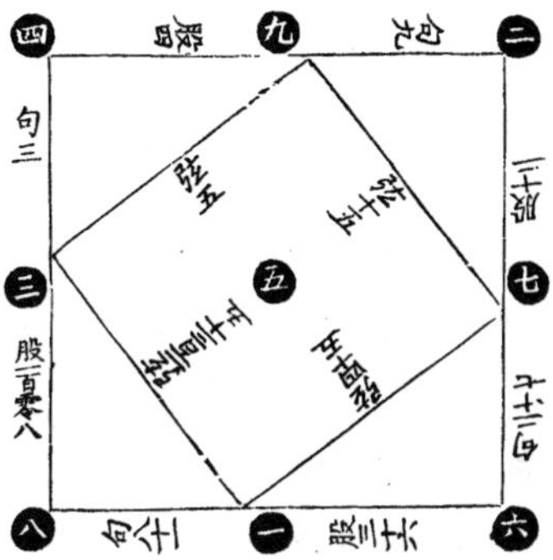

句三。股四。弦五。

句九。股十二。弦十五。

句二十七。股三十六。弦四十五。

句八十一。股一百零八。弦一百三十五。

此洛書四隅合中方。而寓四句股之法者。推之至於無窮。法皆視此。

河洛未分未變方圖

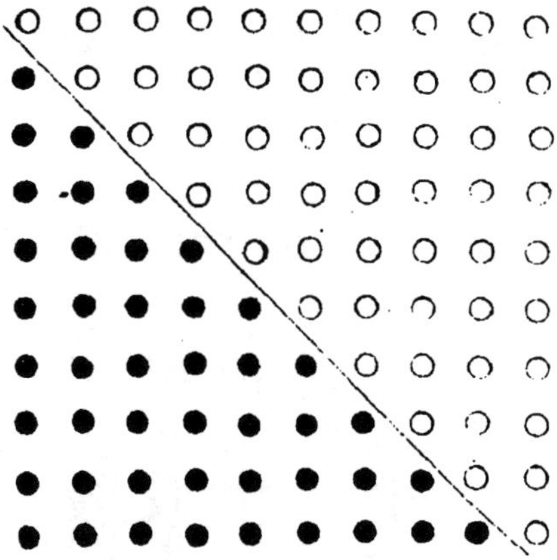

河圖之數五十有五洛書之數四十有五合爲一百此天地之全數也以一百之全數爲斜界而中分之則自一至十者積數五十有五自一至九者積數四十有五二者相交而成河洛數之兩三角形矣凡積數自少而多必以三角而破百數之全方以爲三角其形不離乎此二者下諸圖之根實出於此

河洛未分未變三角圖

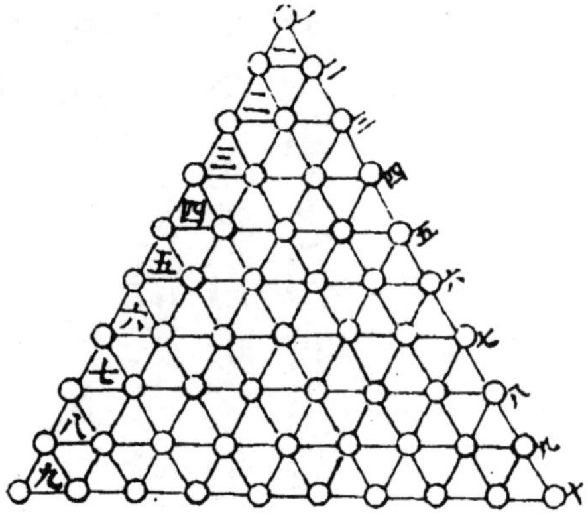

河圖之數。自一至十。洛書之數。自一至九。象之已分者也。圖則生數居內。成數居外。書則奇數居正。耦數居偏。位之已變者也。如前圖破全方之百數。以爲河洛二數。又就點數十位。中涵羃形之九層。以爲河洛合一之數。則雖其象未分。其位未變。而陰陽相包之理。三極互根之道。已粲然默寓於其中矣。故爲分析以明之。如後論。

點數應河圖十位

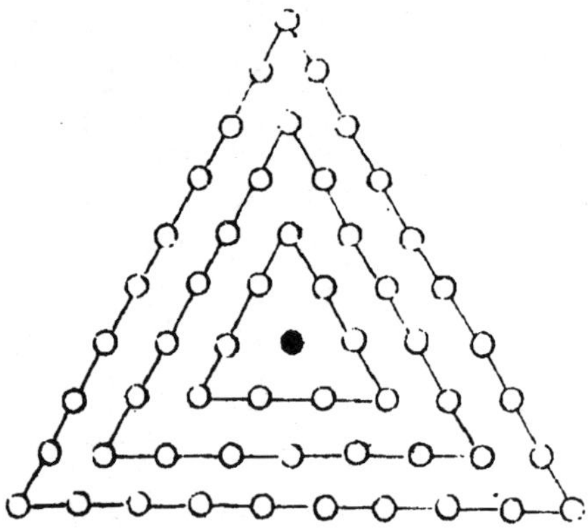

周圍三角分三重中一重九次內一重二九一十八外一重三九二十七除中心凡五十四。若自上而下作三層亦如之。

御纂周易折中

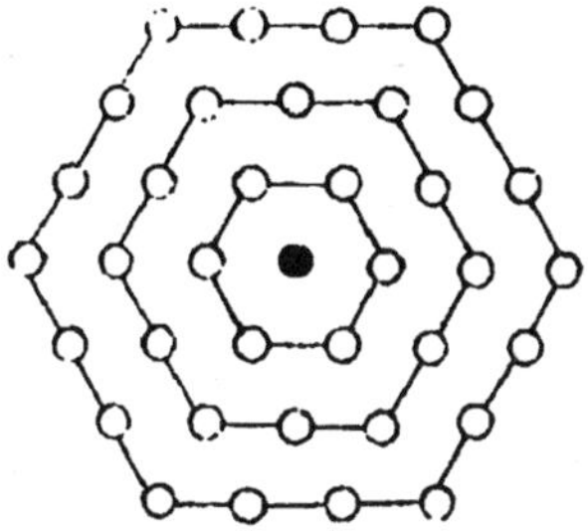

中含六角。亦分三重。中一重六。次內一重二六一十二。外一重三六一十八。除中心凡三十六。○若自上而下作三層。亦如之。

籌形應洛書九位

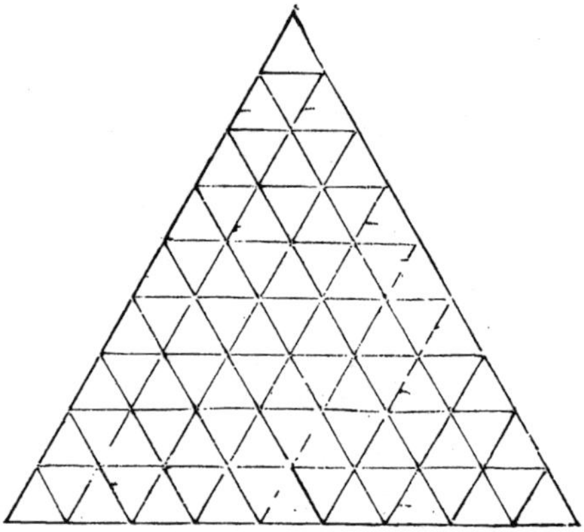

周圍三角。分三重。中一重九。次內一重三九二十七。外一重五九四十五。凡八十一。○若自上而下作三層。亦如之。

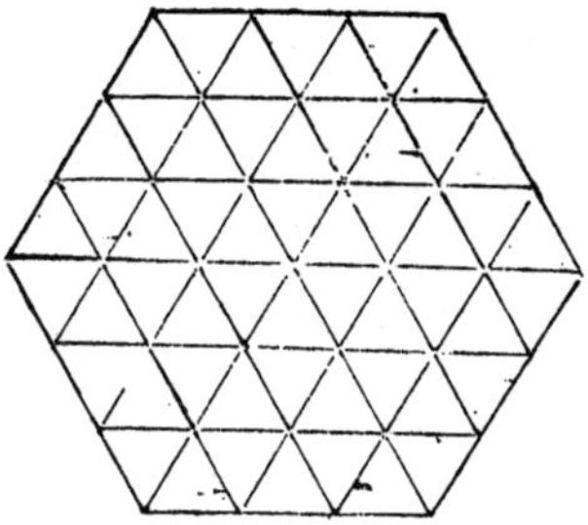

中含六角。亦分三重。中一重六。次內一重三六一十八。外一重五六三十。凡五十四。○若自上而下作三層。亦如之。

以上諸圖。本同一根。雖積數若異。而其爲九六之變則一也。九六可分爲內外中之三重。亦可分爲上下中之三層。就每重每層論之。則九爲天而包地。六爲地而涵於天。心爲人而主乎天地。統三重而論之。則外爲天。內爲地。而中爲人也。統三層而論之。則上爲天。下爲地。而中爲人也。又合而論之。則九六者。在天爲陰陽。在地爲柔剛。在人爲陰陽剛柔之會。而其心則天地人之極也。以上下分者。其心有三。所謂三極之道。三才各具一太極也。以內外分者。其心惟一。所謂人者天地之心。三才統體一太極也。此圖之中。渾具理象數之妙者如此。故分而爲圖。則應乎陰陽剛柔之義。根於極而迭運不窮。

聖人則之。易有太極是生兩儀。陽九陰六。命爻衍策者此也。分而爲書。則應乎三才之義。主於人而成位其中。聖人則之。皇極既建。彝倫攸敘。參天貳地。垂範作疇者此也。或曰。河圖洛書。出於兩時。分爲兩象。今以一圖括之可乎。曰。十中涵九。故數終於十。而位止於九。此天地自然之紀。而圖書所以相經緯而未嘗相離也。非有十者以爲之經。則九之體無以立。非有九者以爲之緯。則十之用無以行。不知圖書之本爲一者。則亦不知其所以二矣。或曰。河圖洛書。有定位矣。今以爲有未變者何與。曰。易大傳之言河圖也。曰天一地二天三地四天五地六天七地八天九地十。順而數之。此其未變者也。又曰天數五地數五五位相得而各有合分而置之此其定位者也如易卦一每生二以至六十有四則其未變者也乾南坤北離東坎西則其定位者也不知未變之根則亦不足以識定位之妙矣

纍形爲算法之原

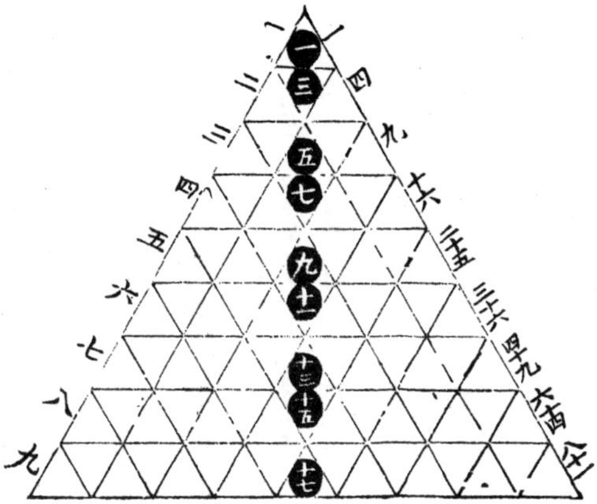

此圖左方注者本數也。自一至九。而用數全矣。中列注者。加數也。一加二爲三。二加三爲五。至於八加九而爲十七。皆以本數遞加。而每層之冪積如之。右方注者。乘數也。一自乘一。其冪積一。二自乘四。其冪積合一三兩層而爲四。至於九自乘八十一。則其冪積亦合自一至十七九層之數而爲八十一。皆以本數自乘。而每形之冪積如之。得加乘之法。則減除在其中矣。自此而衍之。至於無窮。其數無不合焉。推之九章之術。其理無不貫焉。今考洛書。縱横逆順。無往不得加減乘除之法。開方句股之算。乃自其未變之先。而諸法渾具。至洛書而始盡其參伍錯綜之致云爾。

圖形合洛書爲象法之原

天圓圖

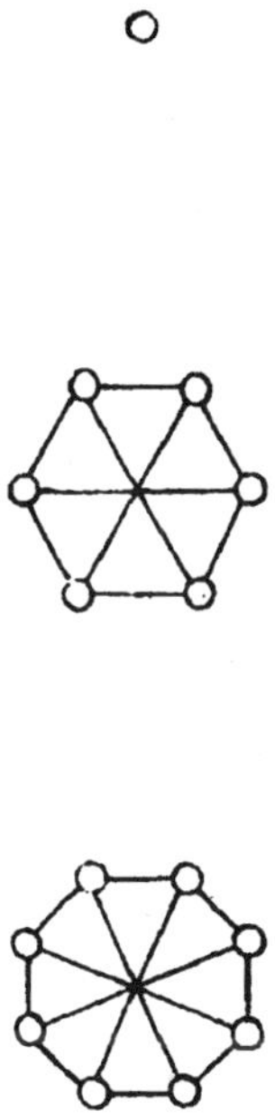

地方圖

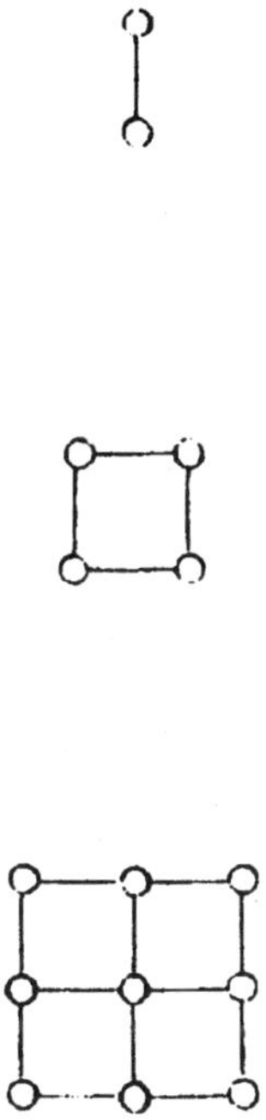

人爲天地心圖

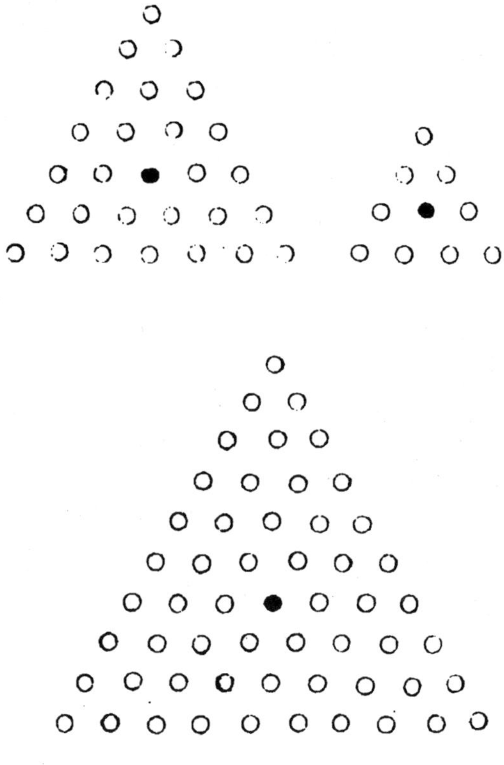

凡有數則有象象不離乎數也萬象起於方圓而測方圓者以三角此句股所以爲算之宗也圓者天象方者地象三角形者人象何則天之道如環無端故其象圓也地之道莫定有常故其象方也人受性於天受形於地猶三角之形其心則圓之心其邊則方之邊也今就九數而三分之則一者圓之根也而十數之內惟六角八角爲有法之圓形其自十以後角愈多以至於無角者視此矣此一六八所以爲圓象之數也二者方之根也而十數之內惟四與九可以積成方面其自十以後積愈多而皆可成方者視此矣此二四九所以爲方形之數也以十數裁爲三角自一至四則三其心也自一

至七。則五其心也。自一至十。則七其心也。所謂三角求心之法者如是。其自十以後。數愈多而皆可以求心者視此矣。此三五七所以爲三角形之數也。洛書之位。一六八居下。爲天道之下濟。二四九居上。爲地道之上行。三五七居中。爲人道之中處。其數其象。亦於圖形乎有合矣。

御纂周易折中

先後天陰陽卦圖

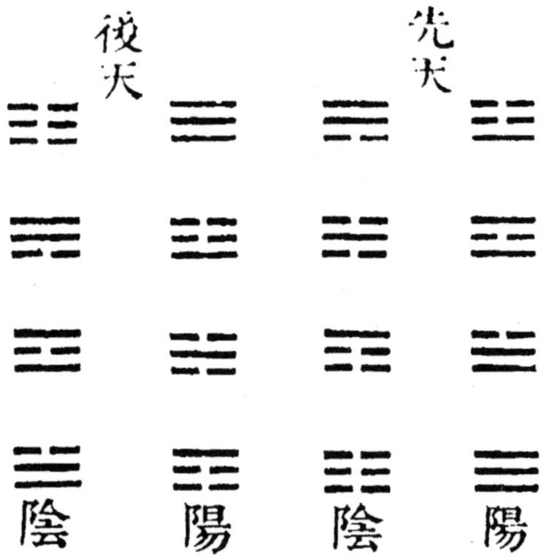

先天之陽卦。曰震離兌乾。其陰卦。曰巽坎艮坤。後天之陽卦。曰乾震坎艮。其陰卦。曰坤巽離兌。不同何也。蓋先天分陰陽卦。自兩儀而分之。由陽儀以生者。皆陽卦也。由陰儀以生者。皆陰卦也。後天分陰陽卦。自爻畫以定之。其以陽爲主者。皆陽卦也。其以陰爲主者。皆陰卦也。先天則因乎畫卦之序而中分之。後天則卦之已成。觀其爻畫之多寡而命之也。其理如何。曰陽儀上有陰卦。此所謂立天之道曰陰與陽也。陰儀上有陽卦。此所謂立地之道曰柔與剛也。其法象之自然者如何。曰火之炎熱光明。其爲陽也明矣。澤者水之積濕。爲陽氣所驅以滋潤萬物者也。是亦陽也。水之幽暗寒肅。其爲陰也明矣。山者土之隆起。與地爲一體者也。是亦陰也。是故先天之卦。陰陽之象之正也。其變而後天。則火與澤從風而俱爲陰。水與山從雷而俱爲陽。蓋有由矣。凡陰陽之氣。未有不合而成者也。然有感應先後之別焉。先有陽而遇陰者屬陽。先有陰而遇陽者屬陰。有陽氣在下將發。而遇陰壓之。則奮而爲雷矣。有陽氣在中將散。而遇陰包之。則變而爲雨矣。有陽氣直騰而上。而遇陰承之。則止而爲山矣。此皆主於陽而遇陰。所以皆爲陽卦也。有陰在內。陽氣必入而散之。觀之陰霾盡而後風息可見也。有陰在中。陽氣必附而散之。觀之薪芻盡而後火滅可見也。有陰在外。陽氣必敷而散之。觀之濕潤盡而後澤竭可見也。此皆主於陰而遇陽。所以皆爲陰卦也。總而論之。惟乾純陽。坤純陰。不可變也。雷陽動之始。風陰生之始。亦不可變也。火溫煖。澤發散。故以用言之則陽。然火根於陰之燥。澤根於陰之濕。故以體言之則陰。水寒涼。山凝固。故以用言之則陰。然水根於陽之噓而流。山根於陽之[illegible]而起。故以體言之則陽。先天之象。著其用也。後天之象。探其根也。正如仁之發生爲陽。而其柔和亦可以爲陰。義之收斂爲陰。而其剛決亦可以爲陽。陰陽本一氣而互根。故其理竝行而不悖也。

後天卦以天地水火爲體用圖

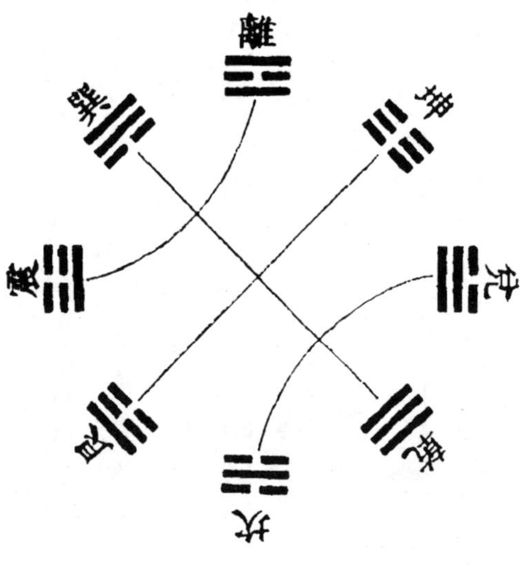

造化所以爲造化者。天地水火而巳矣。易卦雖有八而實惟四。何則風卽天氣之吹嘘而下交於地者也。山卽地形之隆起而上交於天者也。雷卽火之鬱於地中而搏擊奮發者也。澤卽水之聚於地上而布散滋潤者也。道家言天地日月。釋氏言地水火風。西人言水火土氣。可見造化之不離乎四物也。故先天以南北爲經。而天地居之。體也。以東西爲緯。而水火居之。用也。後天則以天地爲體。而居四維。以水火爲用。而居四正。雷者火之方發。故動於春。及火播其氣。則王於夏矣。澤者水之未收。故散於秋。及水歸其根。則王於冬矣。水火爲天地之用。故居四正以司時令也。天氣眹兆於西北至東南而下交於地易所謂天下有風姤也故乾巽相對而爲天綱地功致役於西南至東北而上交於天易所謂天在山中大畜也故坤艮相對而爲地紀天地爲水火之體故居四維以運樞軸也天地水火體用互根以生成萬物此先後天之妙也若以卦畫論之則震卽離也一陰閉之於上則爲震兌卽坎也一陽敷之於下則爲兌巽卽乾也一陰行於下則爲巽艮卽坤也一陽亘於上則爲艮是以六十四卦始乾坤中坎離而終於既未濟則知造化之道天地水火盡之矣

先天卦變後天卦圖

此圖先天凡四變而爲後天也。蓋火之體陰也。其用則陽。而天用之。故乾中畫與坤交而變爲離。水之體陽也。其用則陰。而地用之。故坤中畫與乾交而變爲坎。火在地中。陰氣自上壓之而奮出。則雷之動也。故離上畫與坎交而變爲震。水聚地上。陽氣自下敷之而滋潤。則澤之說也。故坎下畫與離交而變爲兌。陽感於陰則山出雲。是山者。雷與澤之上下相感者也。故震以上下畫與兌交而變爲艮。陰感於陽而水生風。是風者。澤與雷之上下相感者也。故兌以上下畫與震交而變爲巽。風本天氣也。因與山交而入其下。則下與地接。故巽以上二爻與艮下二爻交而變爲坤。山本地質也。因與風交而出其上。則上與天接。故艮以下二爻與巽上二爻交而變爲乾。或曰。此於經書有徵乎。曰。在易天與火同人。是天以火爲用也。水與地比。是地以水爲用也。離爲火。亦爲電。易曰。雷電合而章。又曰雷電皆至。是雷與火一氣也。澤有水則爲節。澤无水則爲困。是澤與水一物也。周禮云日西則多陰。蓋西方積山。故多雲雷。今之近嶂者皆然也。又云日東則多風。蓋東方積澤。故多風颶。今之濱海者皆然也。莊周云大塊噫氣。其名爲風。是風與地氣相接也。禮登山以祭。升中於天。是山與天氣相接也。夫天地水火者。一陰一陽而已。其情則交易而相通。其體則變易而無定。故先天交變以成後天莫不各得其位而妙其化。各從其類而歸其根也。豈偶然哉。

先天卦配河圖之象圖

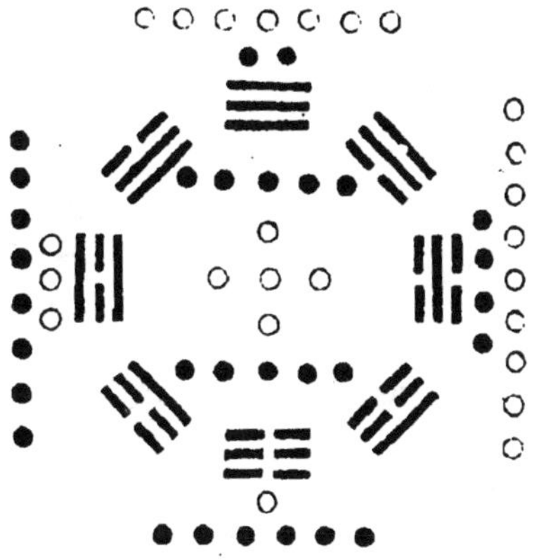

圖之左方。陽內陰外。卽先天之震離兌乾。陽長而陰消也。其右方。陰內陽外。卽先天之巽坎艮坤。陰長而陽消也。蓋所以象二氣之交運也。

後天卦配河圖之象圖

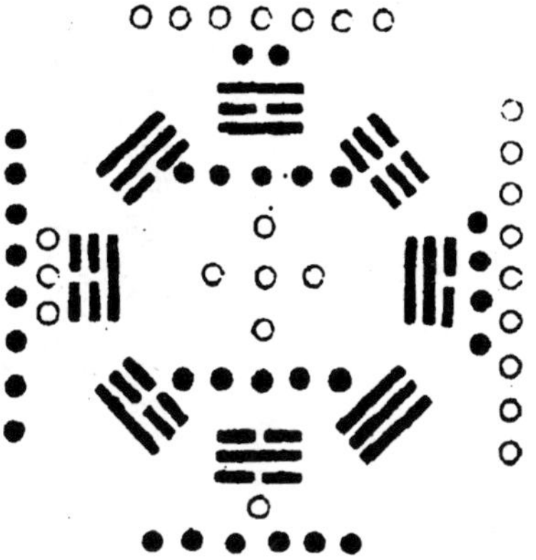

圖之一六爲水居北。卽後天之坎位也。三八爲木居東。卽後天震巽之位也。二七爲火居南。卽後天之離位也。四九爲金居西。卽後天兌乾之位也。五十爲土居中。卽後天之坤艮周流四季。而偏旺於丑未之交也。蓋所以象五行之順布也。

先天卦配洛書之數圖

九八七六　四三二一

乾震坎艮　兌離巽坤

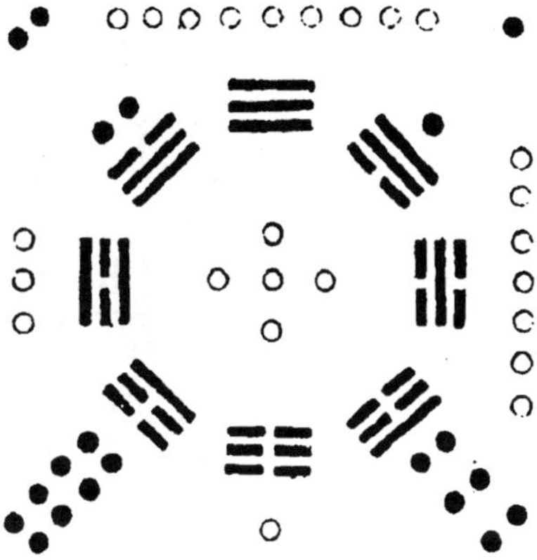

直列洛書九數。而虛其中五以配八卦。○陽上陰下。故九數爲乾。一數爲坤。因自九而逆數之。震八坎七艮六。乾生三陽也。又自一而順數之。巽二離三兌四。坤生三陰也。以八數與八卦相配。而先天之位合矣。

後天卦配洛書之數圖

九八七六四三二一

離艮兌乾巽震坤坎

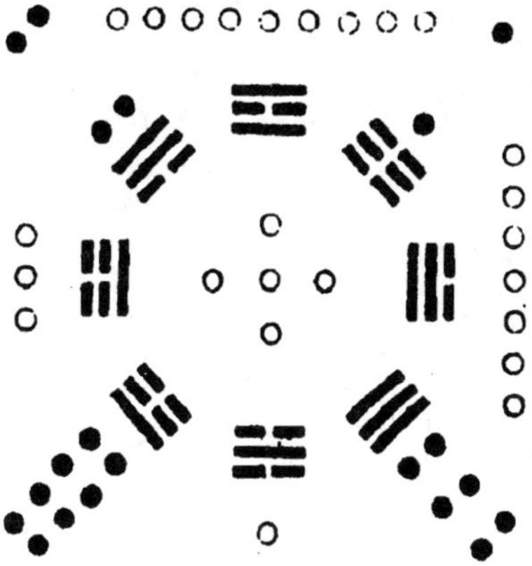

火上水下。故九數爲離。一數爲坎。火生燥土。故八次九而爲艮。燥土生金。故七六次八而爲兌爲乾。水生濕土。故二次一而爲坤。濕土生木。故三四次二而爲震爲巽。以八數與八卦相配。而後天之位合矣。

洛書之左邊。本一二三四也。其右邊本九八七六也。然陰陽之道。丑未之位必交。洛書之二與八。正東北西南之維。丑未之位。此其所以互易也。以此類之。則先天圖之左方。坤巽離兌。其右方。乾震坎艮。以震巽互而成先天也。後天圖之左方。坎坤震巽。其右方。離艮兌乾。以艮坤互而成後天也。

據先儒說圖書出有先後。又或謂並出於伏羲之世。然皆不必深辨。先聖後聖。其揆一也。況天地之理。雖更萬年。豈不合契哉。洛書晚出。而其理不妨已具於河圖之中。是故以易象推配。亦無往而不合也。

先後天卦生序卦雜卦圖說

先天圖者。序卦之根也。

序卦之法。以兩卦相對爲義。有相對而翻覆不可變者。乾坤坎離頤大過中孚小過是也。有相對而翻覆可變者。屯蒙以後。既未濟以前。五十六卦皆是也。就五十六卦之中。則翻覆而二體不易者十二卦。需訟師比泰否同人大有晉明夷既未濟也。翻覆而二體皆易者十二卦。隨蠱咸恆損益震艮漸歸妹巽兌也。其翻覆而止於一體易者三十二卦。則自屯蒙至渙節皆是也。蓋翻覆而不可變者。法八卦之乾坤坎離也。翻覆而可變者。法八卦之震艮巽兌也。就翻覆可變之中。其二體不易者。又皆乾坤坎離相交者也。其一體不易者。亦皆交於乾坤坎離者也。惟震艮巽兌相交之卦，則二體皆易焉。頤中孚大過小過，雖爲震艮巽兌相交之卦，而翻覆不可變者。頤中孚具離之象，大過小過具坎之象也。故序卦以之附於坎離既未濟爲其具離坎之象焉爾。

先天圖八卦，兩兩相對，序卦之根也。乾與坤對，坎與離對，震與巽對，艮與兌對，相對而不相變，所以定序卦之體也。然旣相對，則必相交。四正之卦相交，則雖翻覆而其體不易。四維之卦相交，則翻覆而其體遂易矣。若四正之卦，與四維之卦雜交，則易者半，不易者半。所以極序卦之用也。是故天地定位，上經所以始於乾坤，中於否泰也。山澤通氣，雷風相薄，下經所以始於咸恆，中於損益也。水火不相射。上下經所以終於坎離既未濟也。

艮☶下去一陰。上生一陰。則爲坎。

坎☵下去一陰。上生一陰。則爲震。

震☳下去一陽。上生一陽。復爲艮。

乾☰下去一陽。上生一陽。仍爲乾。

兌☱下去一陽。上生一陽。則爲離。

離☲下去一陽。上生一陽。則爲巽。

巽☴下去一陰。上生一陰。復爲兌。

坤☷下去一陰。上生一陰。仍爲坤。

艮☶下去一陰。上生一陽。爲巽。

坎☵下去一陰。上生一陽。爲離。

震☳下去一陽。上生一陰。爲坤。

乾☰下去一陽。上生一陰。爲兌。

兌☱上去一陰。下生一陽。爲乾。

離☲上去一陽。下生一陰。爲坎。

巽☴上去一陽。下生一陰。爲艮。

坤☷上去一陰。下生一陽。爲震。

御纂周易折中　啓蒙附論

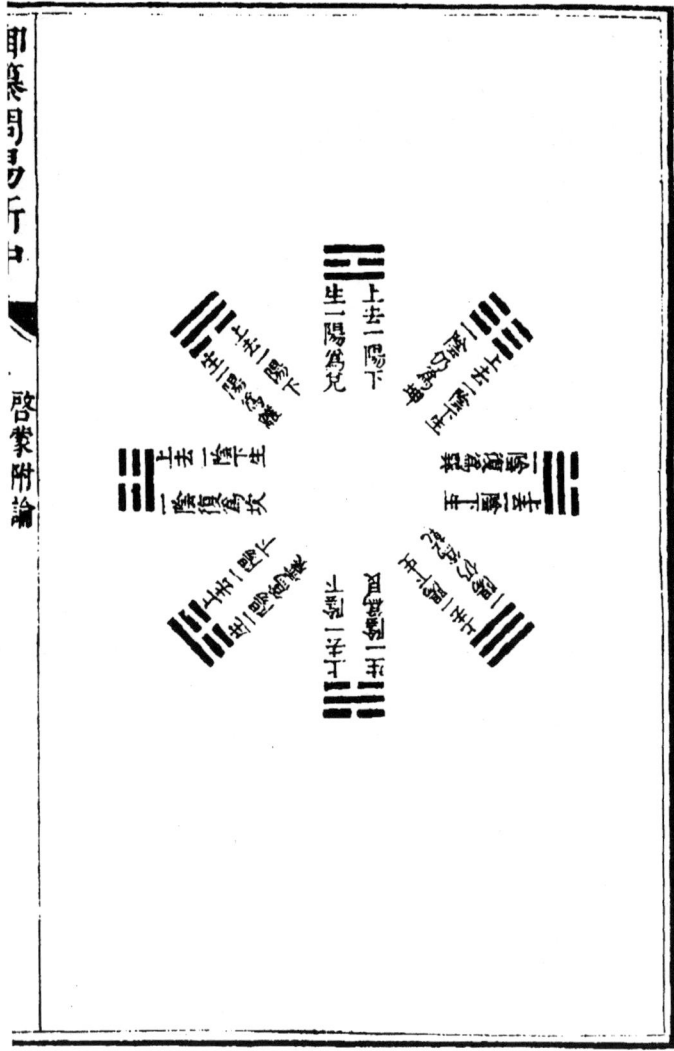

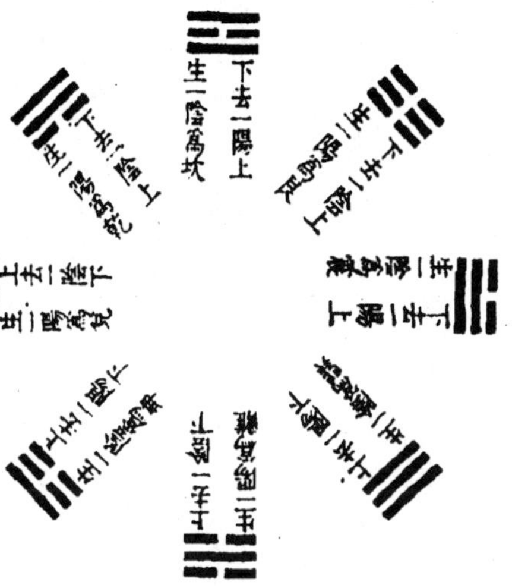
下去一陽上
生一陰為坎

後天圖者。雜卦之根也。

雜卦即互卦也。互卦之法。或上去一畫而下生一畫。或下去一畫而上生一畫。則其體遂變矣。互體所成。凡十六卦。其陽卦從陽卦。陰卦從陰卦者八。乾坤頤大過蹇解家人睽也。其陽卦交陰卦。陰卦交陽卦者亦八。剝復夬姤漸歸妹旣未濟也。以交互之法求之。乾而上去一陽。下生一陽。或下去一陽。上生一陽。仍是乾矣。坤而上去一陰。下生一陰。或下去一陰。上生一陰。仍是坤矣。惟震而上去一陰。下生一陰。則變爲坎。下去一陽。上生一陽。則變爲艮。巽而上去一陽。下生一陽。則變爲離。下去一陰。上生一陰。則變爲兌。坎而上去一陰。下生一陰。則變爲艮下去一陰上生一陰則變爲震離而上去一陽下生一陽則變爲兌下去一陽上生一陽則變爲巽艮而上去一陽下生一陽則變爲震下去一陰上生一陰則變爲坎兌而上去一陰下生一陰則變爲巽下去一陽上生一陽則變爲離此八變者皆陽得陽卦陰得陰卦故乾之變則乾也坤之變則坤也震之變則雷水解也山雷頤也巽之變則風火家人也澤風大過也坎之變則水山蹇也雷水解也離之變則火澤睽也風火家人也艮之變則山雷頤也水山蹇也兌之變則澤風大過也火澤睽也皆因其能相變故能相合也又乾而上去一陽下生一陰則變爲巽下去一陽上生一陰則變

爲兌。坤而上去一陰。下生一陽。則變爲震。下去一陰。上生一陽。則變爲艮。震而上去一陰。下生一陽。則變爲兌。下去一陽。上生一陰。則變爲坤。巽而上去一陽。下生一陰。則變爲艮。下去一陰。上生一陽。則變爲乾。坎而上去一陰。下生一陽。或下去一陰。上生一陽。皆變爲離。離而上去一陽。下生一陰。或下去一陽。上生一陰。皆變爲坎。艮而上去一陽。下生一陰。則變爲坤。下去一陰。上生一陽。則變爲巽。兌而上去一陰。下生一陽。則變爲乾。下去一陽。上生一陰。則變爲震。此八變者。皆陽得陰卦。陰得陽卦。故乾之變。則天風姤也。澤天夬也。坤之變。則地雷復也。山地剝也。震之變。則雷澤歸妹也。地雷復也。巽之變。則風山漸也。天風姤也。坎之變。則既濟也。未濟也。離之變。則未濟也。既濟也。艮之變。則山地剝也。風山漸也。兌之變。則澤天夬也。雷澤歸妹也。亦皆因其能相變。故能相合也。易互卦之法。盡於此。此其卦所以止於十六也。

後天圖八卦。陰陽上下。畫互變雜。卦之根也。何則。後天之卦。有各從其類以相變者焉。有各得其對以相變者焉。乾居西北。而三陽從之。坤居西南。而三陰從之。此各從其類者也。乾與巽對。坎與離對。艮與坤對。震與兌對。此各得其對者也。相從者。除乾坤純陽純陰不變外。坎而上去一陰。下生一陰。則為艮。艮而上去一陽。下生一陽。則爲震。震而上去一陰。下生一陰。則復爲坎。此三陽相次之序也。巽而上去一陽。下生一陽。則爲離。離而上去一陽。下生一陽。則爲兌。兌而上去一陰。下生一陰。則復爲巽。此三陰相次之序也。相對者。乾而上去一陽。下生一陰。則爲巽。坎而上去一陰。下生一陽。則爲離。艮而上去一陽。下生一陰。則爲坤。震而上去一陰。下生一陽。則爲兌。此四陽卦變爲對位四陰卦之序也。巽而下去一陰。上生一陽。則爲乾。離而下去一陽。上生一陰。則爲坎。坤而下去一陰。上生一陽。則爲艮。兌而下去一陽。上生一陰。則爲震。此四陰卦變爲對位四陽卦之序也。然尋其對位相變之根。則又自父母男女長少而來。蓋四陰卦。兑爲最少。離爲中。巽爲長。坤爲老。四陽卦。艮爲最少。坎爲中。震爲長。乾爲老。凡變者自少而老。故兑而上去一陰。下生一陽。則變爲乾矣。離而上去一陽。下生一陰。則變爲坎矣。巽而上去一陽。下生一陰。則變爲艮矣。坤而上去一陰。下生一陽。則變爲震矣。四陽卦之變。自陰而來。故又變而爲對位之四陰也。艮而下去一陰。上生一陽。則變爲巽矣。坎而下去一陰。上生一陽。則變爲離矣。震而下去一陽。上生一陰。則變爲坤矣。乾而下去一陽。上生一陰。則變爲兑矣。四陰卦之變。自陽而來。故又變而爲對位之四陽也。

合而觀之。凡陽卦相變者。震變坎艮也。坎變震艮也。艮又變震坎也。凡陰卦相變者。巽變離兌也。離變巽兌也。兌又變巽離也。凡陽卦變陰卦者。乾變巽兌也。震變坤兌也。坎變離也。艮變坤巽也。凡陰卦變陽卦者。坤變震艮也。巽變乾艮也。離變坎也。兌變乾震也。易中所謂互卦者止於此。而其錯綜次序。皆具於後天也。

大衍圓方之原

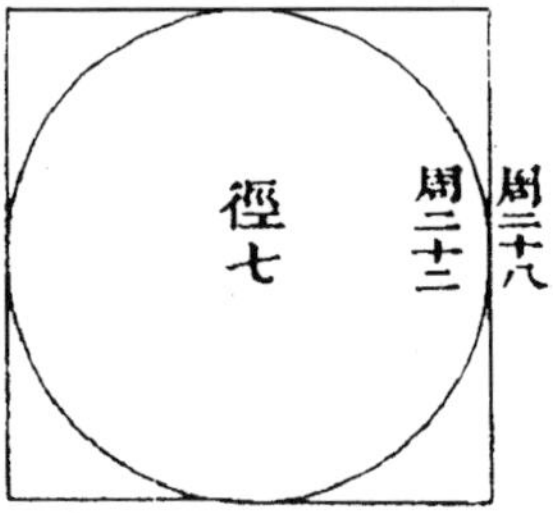

凡方圓可爲比例。惟徑七者。方周二十八。圓周二十二。即兩積相比例之率也。用其半。故若十四與十一。合二十八與二十二。共五十。是大衍之數。函方圓同徑兩周數。

大衍句股之原

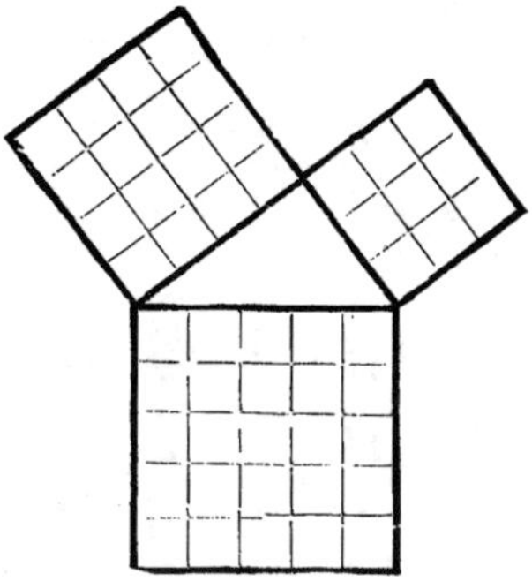

句三其積九
股四其積十六
弦五其積二十五
合之五十是大衍之數函句股弦三面積。

蓍策之數。必以七爲用者。蓋方圓之形。惟以徑七爲率。則能得周圍之整數。句股之形。亦惟以三四爲率。則能得斜弦之整數。徑七固七也。句三股四之合亦七也。是故論方圓周圍之合數則五十。論句股弦之合積亦五十。此大衍之體也。因而開方。則不盡一數。而止於四十九。此大衍之用也。開方而不盡一數。則蓍策之虛一者是已。方面之中。函八句股。而又不盡一數。則蓍策之掛一者是已。惟老陽老陰之數。與此密合。故作圖以明之。

老陽數合方法

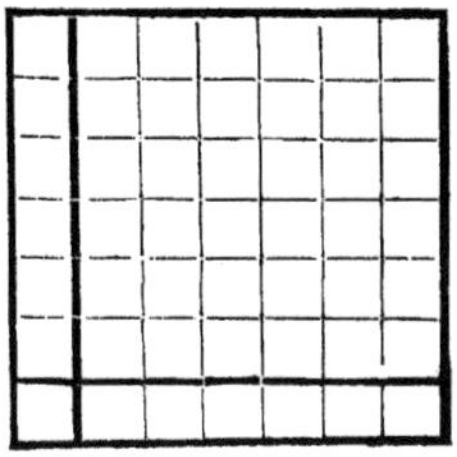

全方四十九。中含大方六六三十六。爲過揲之數。小角一一如一。一六互乘爲十二。幷成十三。爲掛扐之數。

此與前洛書以自乘互乘爲積方之法同。但洛書用對數。如一與九之類是也。大衍用合數。則一與六是也。

老陰數合句股法

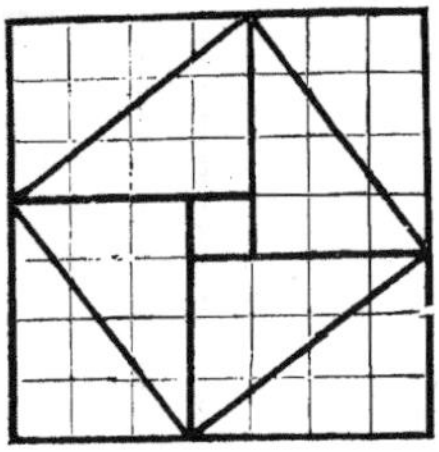

全方四十九

句三股四。其積六。四因之得二十四。爲過揲之數。

弦五。其積二十五。爲掛扐之數。弦實亦函四句股積而多句股較一

十數之中除一一不變。自二二至十十。皆可成方。然惟三三則五數居其中。七七則二十五數居其中。此二者爲能得天地之中數。餘則不能也。蓋三三者。洛書之數

也。七七者。蓍策之數也。洛書之數。五居其中矣。而其四方。則又成四句股之數。而以中五爲弦之法焉。蓍策之數二十五。居其中矣。而其四方。則又具四句股之積。而即以二十五爲弦之實焉。是故卦數之八。合乎河圖之四也。爲其虛五十者同一根也。蓍數之七。合乎洛書之三也。爲其用中五者同一根也。聖人因心之作。與天地自然之文。其相爲經緯者如此。

大衍迎日推策法

史稱黄帝迎日推策。所謂策者。蓋即神蓍也。推衍策數以候日月。故曰迎日推策考之後代。譚卦畫者多以曆法推配。然孔子未嘗言也。惟於大衍之數。則曰象四時象閏。又曰當期之日。則蓍策之與曆法相表裏也可見矣。顧有以理言之而肖似者。有以數推之而密合者。以理言而肖似者。孔子大傳所陳是也。蓋四十九算。排列成方。以句股之數求之。則零一者歸於中而爲心。以開方之法求之。則零一者歸於隅而爲角。以其歸於中也。故分二以象天地。而掛一者象人之爲天地心也。以其歸於隅也。故分二以象二氣。而掛一者象閏之爲一歲餘也。大傳所謂掛一以象三者。此零一之策也。所謂歸奇於扐以象閏者。亦此零一之策也。然當分二之初。此一之掛者。徒以象氣盈耳。至於每揲之後。又得餘策而扐之。然後以此掛一者歸之而幷以象閏。則合氣盈朔虛而爲一者也。此以理言之而大槩相似。是孔子之說也。至於以數推之者。自黃帝之法不傳。至唐僧一行。始以大衍命曆。以策數起歲分閏餘之算。然按唐書曆志考之。其法蓋未密合也。故今以孔子之言爲宗。而參以一行之數。康節之理。據顓頊周髀之制。以約畧千載坐致之術。爲法表以明之如左。

一年三百六十五日四分日之一。　每日百分　凡三萬六千五百二十五分。以天數二十五除之得一千四百六十一分。爲日數。又以地數三十除日數得四十八零七分。爲月數。是爲大衍用數。

大傳言蓍數。而以河圖之數首之。故一年全數以二十五除之得日數者。日有曉午昏夜凡四限。四分期日。爲一千四百六十一也。以三十除之得月數者。月有朔望上下弦凡四限。四分歲月。每月三十日算。爲四十八零七分也。與大衍用數相應。

揲策合左右共四十八。應四十八弦。每弦七日半。爲期日歲月之經數。三百六十。〇掛策一。應氣盈之餘數。五日四分日之一。〇以初變爲主。

日法十。○揲策應弦。每弦以十分爲率。○掛策應氣盈五日四分日之一。於日法爲十分弦之七。扐策合陰陽共十二。得少則四爲陽。得多則八爲陰。應十二朔。每朔二十九日。九百四十分日之四百九十九。爲一歲之實數。三百五十四日。九百四十分日之三百四十八。○掛策一。應朔虛之餘數。十日。九百四十分日之八百二十七。○亦以初變爲主。月法十九。○扐策應朔。每朔以十九分爲率。○掛策應朔虛十日九百四十分日之八百二十七。於月法爲十九分朔之七。

以初變之揲策扐策計之。揲策四十八。以應四十八弦之整數。其掛一者。以應氣盈五日四分日之一也。扐策十二。以應十二朔之實數。其掛一者。以應朔虛十日八百二十七分也。據四分曆法。每日九百四十分。故一歲之氣盈。有五日二百三十五分。一歲之朔虛。此合氣盈總算有十日八百二十七分。每弦七日四百七十分。如日法十分弦之七。則爲五日二百三十五分矣。每朔二十九日四百九十九分。如月法十九分朔之七。則爲十日八百二十七分矣。月每日行十二度十九分度之七。故以十九爲法。日月之法不同。而其餘分皆七。故漢儒卦氣每卦直六日。尚餘七分。每卦直六日七分者。日以八十分爲法也。蓋歲數三百六十五日四分日之一。四乘而三除之。爲四百八十七。故四百八十七者。歲策也。每卦直六日。六八四十八。得四百八十分。又餘七分。歲策之根也。積六十卦。直三百六十日。餘分之積。共四百二十分。以日法除之。爲五日四分日之一。古今曆法。一章之內。有七閏月者。法由茲起也。其在蓍數。則何以見掛一之策。爲餘七之算乎。蓋亦以生蓍之法而知之爾。卦數八。八者體數也。蓍數七。七者用數也。蓍以七爲用。而掛一者

御纂周易折中

用中之用。故其分數亦止於七也。此皆以一行之曆。康節之說。參而用之者。然一行以莁爲實莁。而不足七日有半。以掛一爲實閏。而其數又餘於一莁之外。故今以莁爲七日半之經莁。以掛一爲五日四分日之一之盈分。必待扐餘之後。然後其歸奇之掛一。乃得應十日八百二十七分之數。而爲一歲之實閏也。似於大傳之先後次序。更爲吻合。

過揲爲正策。乾策三十六。合六爻。二百一十有六。坤策二十四。合六爻。百四十有四。○凡三百有六十。當一期之日數。

掛扐爲餘策。乾策十三。合六爻。七十八。坤策二十五。合六爻。百五十。○凡二百二十有八。當一章之月數。正策以三十爲進退之法。故其合皆六十。餘策以十九爲進退之法。故其合皆三十八。三十者。日法也。十九者朔法也。

二篇之策爲全策。陽爻百九十二。得六千九百一十二。陰爻百九十二。得四千六百零八。○

凡萬有一千五百二十。當閏終之總數。

此因大傳之說而推備之者。歲者正數也。太陽主之。閏者餘數也。太陰主之。故堯典始而殷正四時。則曰日中日永日短。此以太陽爲主者也。終則曰以閏月定四時成歲。此以太陰爲主者也。蓍策之正數三百有六十。當一期之日。蓋日周天而爲一期。故爲太陽所主也。其餘數二百二十有八。當一章之月。蓋氣朔分齊而爲一章。故爲太陰所主也。其全數萬有一千五百二十。當閏終之總數。蓋三十二月而閏一月。其辰萬有一千五百二十。三十二年而閏一年。其日萬有一千五百二十。此則日月正餘會終。蓍卦齊同之數也。

歷代之曆。歲分消長不同。故有五日四分日之一而有餘者。亦有五日四分日之一而不足者。然舉其中者以該其變者。則四分爲常法。故顓頊曆周髀經皆用之。而司馬遷曆書述焉。蓋古法也。

乾策坤策圖

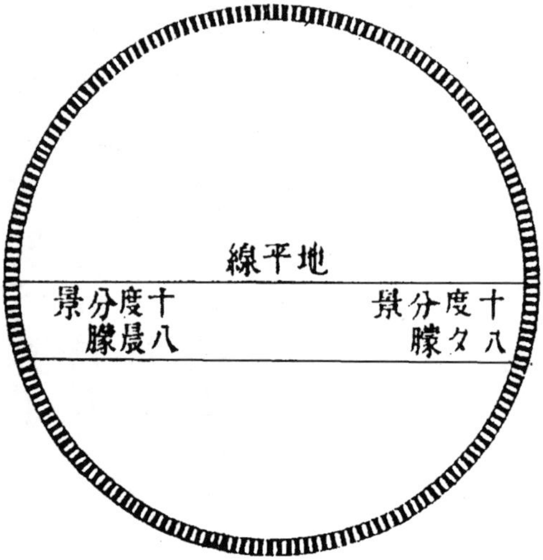

御纂周易折中　啓蒙附論

以地平線分周天之度爲二。各一百八十度。日出入朦景昏旦各十八度共三十六度。以加晝景一百八十度。合二百一十有六。則乾之策之數也。以減夜漏一百八十度。餘一百四十有四。則坤之策之數也。

大傳曰。乾坤之策。凡三百有六十。當期之日。故各一百八十者。寒、暑晝夜並行之體數也。然陽生而陰殺。陽明而陰暗。故陽饒而陰乏。陽盈而陰虛。今以晝夜平分推之。其自然之數如此。若一歲寒、暑之候。則若邵子之說。開物於寅末。是亦先十八日也。閉物於戌初。是亦後十八日也。以故萬物之數。萬有一千五百二十。其從陽者六千九百一十二。其從陰者四千六百八。生氣常盛。則爲豐年。善類常多。則爲治世。其消息盈虛之理。亦若是而已矣。

加倍變法圖

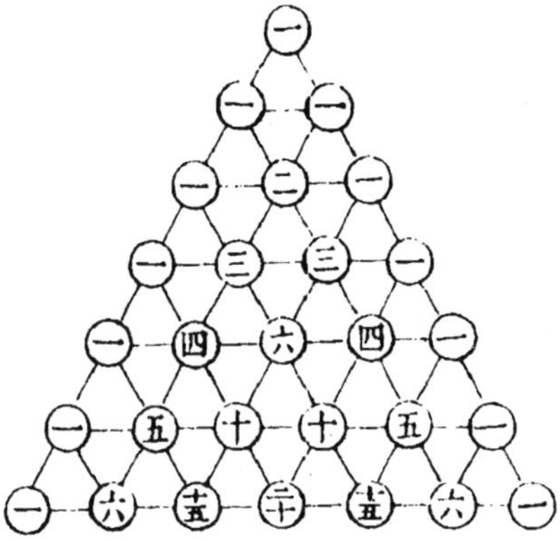
一
一 一
一 二 一
一 三 三 一
一 四 六 四 一
一 五 十 十 五 一
一 六 十五 二十 十五 六 一

此圖用加一倍法。（如第二層兩一生第三層中位之二，併左右兩一成四，是倍二爲四也。第三層一二各生第四層中位之三，併左右兩一成八，是倍四爲八也。下放此。）出於數學中謂之開方求廉率。其法以左一爲方，右一爲隅，而中間之數則其廉法也。（第三層爲平方，第四層爲立方，第五層六層七層爲三乘四乘五乘方。）於成卦之理亦相肖合。何則。陽大陰小。陽如方，陰如隅，分居兩端。陰陽合則生中間之兩象，如平方之方隅合而生兩廉，其長如方，其廣如隅也。又乘則生中間之六卦，如立方之方隅合而生六廉，三平廉根於方而其厚如隅，三長廉根於隅而其長如方也。故開方之法，雖相乘至於無窮，莫不依方隅以立算。成卦之法，雖相加至於無窮，莫不根陰陽以定體。成卦之始，一陰一陽，每每相加而已。及卦成而分析觀之。則自一畫至六畫。惟純陰純陽者常不動。其餘則方其爲四象也。中閒一陰一陽者二。方其爲八卦也。中閒一陰二陽者三。一陽二陰者三。方其爲四畫也。中閒一陰三陽者四。一陽三陰者四。二陰二陽者六。方其爲五畫也。中閒一陰四陽者五。一陽四陰者五。二陰三陽者十。二陽三陰者十。及其六畫之既成也。中閒一陰五陽者六。一陽五陰者六。二陰四陽者十五。二陽四陰者十五。三陰三陽者二十。朱子卦變之圖。以此而定也。蓋其倍法同於畫卦。而其多寡錯綜之數。則卦變用之。

御纂周易折中

序卦雜卦明義

卦之序也雜也皆出於文王也其所以序之雜之必有深意亦必有略例至夫子爲之傳乃因其次第而發明陰陽相生相對之義以見易道之無窮蓋文王之立法至精而夫子之見理至大二者皆不可以不知也韓孔諸儒疑卦序若如夫子所言則不應卦皆反對故程傳於卦下旣述夫子之意又爲上下篇義以釋其未盡之指至歐陽脩諸人直斥序卦爲非孔子之書者妄也若雜卦則乾坤之後繼以比師其次敘又與序卦無一同

者，是豈無義存焉，而諸儒皆莫之及。惟元儒胡氏於篇終微發其端，未竟其緒也。今因程胡之說，而詳推二篇之所以類序錯綜者，目曰明義，以附焉。

序卦程子有上下篇義今紬其意而詳推之

上篇陽也天道也故凡天道之正陽卦陽爻之盛及陰陽長少先後有序者皆上篇之卦也下篇陰也人事也故凡人事之交陰卦陰爻之盛及陰陽交感雜亂長少先後無序者皆下篇之卦也故以八卦而論乾坤陰陽之純也坎離陰陽之中也皆正中之正故爲陽震巽陰陽始交也艮兌交之極也皆正中之交故爲陰以八卦之交而論惟否泰天地之交交中之正也故爲陽咸恆損益旣未濟六子之交交中之交也故爲陰又乾交陽卦凡六需訟无妄大畜皆爲陽盛惟以爻畫參之則大壯爲陽過中遯爲陰浸長故雖陽卦而居陰也坤交陰

卦凡六晉明夷萃升皆爲陰盛惟臨則陽浸長觀則陰
過中故雖陰卦而居陽也又乾交陰卦凡六小畜履同
人大有皆五陽而一陰陽之盛也惟以爻畫參之則夬
爲陽巳亢姤爲陰始生故不得爲陽而爲陰也坤交陽
卦凡六師比謙豫剝復皆五陰而一陽凡陽有主陰之
義陰雖多不爲盛而爲役陽雖少不爲衰而爲主故皆
不爲陰而爲陽也又陽卦相交凡六屯蒙頤長少先後
以序者也故爲陽蹇解小過失序者也故爲陰又陰卦
相交凡六獨大過爲頤之對又得其序故亦爲陽家人
睽革鼎中孚皆陰也革鼎得序故猶爲陰中之陽也又
陰陽相交之卦凡十有二其得序者六隨蠱噬嗑賁爲

陽中之陰。井困爲陰中之陽。其失序者六。漸歸妹豐旅渙節陰中之陰也。二篇之分既定。其逐節逐卦次第先後則以陰陽盛衰消長之義次之。如後論。

乾坤屯蒙需訟師比小畜履

右陽卦第一節。

泰否同人大有謙豫

右陽卦第二節。

隨蠱臨觀噬嗑賁剝復

右陽卦第三節。

无妄大畜頤大過坎離

右陽卦第四節。

咸恒遯大壯晉明夷家人睽蹇解
右陰卦第一節
損益夬姤萃升
右陰卦第二節
困井革鼎震艮漸歸妹豐旅巽兌
右陰卦第三節
渙節中孚小過既濟未濟
右陰卦第四節
陽卦第一節
乾坤者衆卦之宗故居篇首先儒謂周易首乾則此是
文王所定不可易也乾坤之外三男爲尊屯蒙者三男

之卦也。而皆長少先後不失其序。得陽道之正。故次乾坤焉。需訟上下皆陽卦。二五皆陽爻。陽之盛也。故次屯蒙焉。師比皆以一陽爲衆陰主。而居二五中位。亦陽之盛也。故次需訟焉。小畜履五陽一陰。陰陽旣極多。而二陰又退居三四之偏位。皆陽盛之卦也。故次師比焉。

陽卦第二節

泰否者。乾坤之合體。義同乾坤者也。然以其乾坤之交。故亞於乾坤。同人大有義反師比。然以其陽多極盛。故同小畜履。而亞於師比。謙豫義反小畜履。然陽爲卦主。故同師比。而亞於小畜履。此六者並爲陽盛之次也。

陽卦第三節

以上二節除屯蒙為三男純卦餘則皆有乾坤為主未嘗有男女之交也故曰陽盛至隨蠱噬嗑賁然後有男女之交是陰始生也然而長少先後皆不失序故猶為陽中之陰隨蠱之後繼以臨觀噬嗑賁之後繼以剝復則陽又盛矣

陽卦第四節

无妄大畜乾與陽卦合體義同需訟然二五不皆陽爻故亞於需訟頤大過男女類分長少先後義同屯蒙然二卦不皆陽卦故亞於屯蒙坎離得天地之中氣義同乾坤然六子之卦也故又亞於乾坤此六卦者顛倒與篇首六卦相對並為陽復盛之卦也

陰卦第一節

下篇主人事之交故以夫婦之道始男女之合少則情專老則誼篤故咸爲首恆次之遯大壯陰長陽過陰之盛也故次咸恆晉明夷上下皆陰卦二五皆陰又義反陽之需訟家人睽三陰之卦也而又長少失序陰道也義反陽之屯蒙故四卦次遯大壯蹇解本三陽之卦而亦長少失序義反屯蒙故從家人睽焉

陰卦第二節

損益二少二長之交義同咸恆夬姤陽極陰生義同遯大壯萃升坤與陰卦交義同晉明夷故六卦相繼陰盛之次也

陰卦第三節

困井男女交而以序。義同陽之隨蠱噬嗑賁。陰中之陽也。革鼎三陰之卦。同家人睽。然長少以序。故從困井。猶大過之從頤也。震艮雖下經之主。然本陽卦也。故此六卦並爲陰中之陽。漸歸妹豐旅男女交而失序。與困井革鼎反。巽兌陰卦。與震艮反。此六卦則又自陽而向乎陰矣

陰卦第四節

漸歸妹豐旅渙節六卦。男女交而失序。相類也。然漸歸妹兩卦。長男長女皆在焉。豐旅有長男在焉。渙節惟長女在焉。則渙節者變之窮。陰道之極也。中孚小過與上

篇頤大過相對大過雖陰卦以得其序而從頤故小過雖陽卦以失其序而從中孚其義與蹇解之從家人睽者同並爲陰復盛之卦也既濟未濟終篇所重在未濟蓋三陽失位男之窮也陰盛之極也然物不可窮也故受之以未濟終焉

序卦圓圖

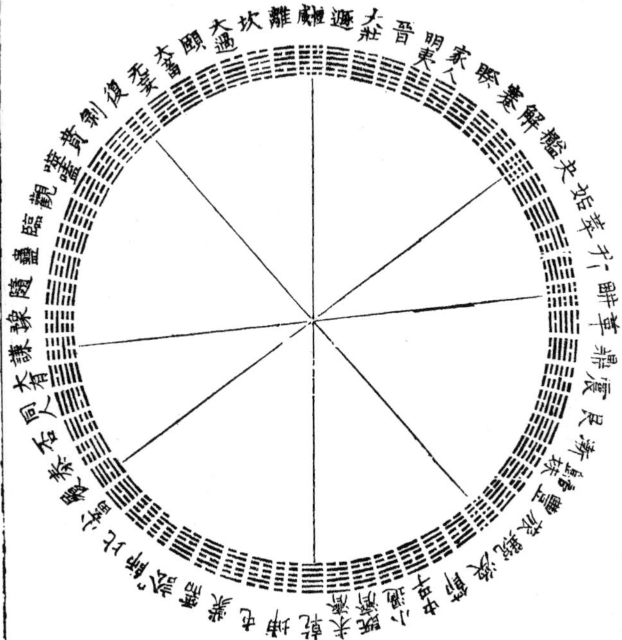
乾
坤
屯
蒙
需
訟
師
比
小畜
履
泰
否
同人
大有
謙
豫
隨
蠱
臨
觀
噬嗑
賁
剝
復
无妄
大畜
頤
大過
坎
離
咸
恆
遯
大壯
晉
明夷
家人
睽
蹇
解
損
益
夬
姤
萃
升
困
井
革
鼎
震
艮
漸
歸妹
豐
旅
巽
兌
渙
節
中孚
小過
既濟
未濟

孔子繫辭傳敘上下篇九卦曰履德之基也謙德之柄也復德之本也恆德之固也損德之修也益德之裕也困德之辨也井德之地也巽德之制也先儒以其卦推配上下經皆相對蓋乾與咸恆對履與損益對謙與困井對復與巽兌對每以下篇兩卦對上篇一卦凡十二卦而二篇之數適齊矣然十二卦之中又止取九卦者乾咸其始也兌其終也略其終始而取其中閒之卦以著陰陽消息盛衰之漸故止於九○前所推上下篇各四節陰陽消息盛衰之爻與此圖密合

御纂周易折中

雜卦先儒有以雜卦爲互卦者今用其說而詳推之

四象相交爲十六事圖

互成乾　太陽交太陽

互成夬　太陽交少陰

互成睽　太陽交少陽

互成歸妹　太陽交太陰

互成家人　少陰交太陽

互成既濟　少陰交少陰

互成頤　少陰交少陽

互成復　少陰交太陰

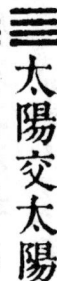

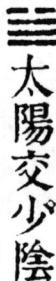

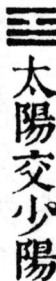

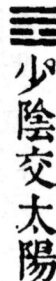

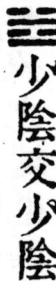

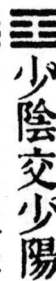

互成姤　少陽交太陽

互成大過　少陽交少陰

互成未濟　少陽交少陽

互成解　少陽交太陰

互成漸　太陰交太陽

互成蹇　太陰交少陰

互成剝　太陰交少陽

互成坤　太陰交太陰

此互卦之根也惟其方成四畫時所互有此十六卦故六十四卦成後以中爻互之只此十六卦即以六爻循

環互之。亦只此十六卦。　四畫互成十六卦。又以其中二畫觀之。則互乾坤剝復大過頤姤夬者。皆中二爻爲太陽太陰者也。互漸歸妹解蹇睽家人既未濟者。皆中二爻爲少陽少陰者也。故十六事歸於四象而已。

六十四卦中四爻互卦圖

乾　坤　剝　復　大過　頤　姤　夬

以上八卦皆互乾坤

解　蹇　睽　家人　漸　歸妹　既濟　未濟

以上八卦皆互既未濟

比　師　臨　觀　屯　蒙　損　益

以上八卦皆互剝復

咸　恆　大壯　遯　大有　同人　革　鼎

以上八卦皆互姤夬

䷙ 大畜　䷘ 无妄　䷬ 萃　䷭ 升　䷐ 隨　䷑ 蠱　䷋ 否　䷊ 泰

以上八卦皆互漸歸妹

䷺ 渙　䷻ 節　䷽ 小過　䷼ 中孚　䷶ 豐　䷷ 旅　䷝ 離　䷜ 坎

以上八卦皆互大過頤

䷲ 震　䷳ 艮　䷎ 謙　䷏ 豫　䷔ 噬嗑　䷕ 賁　䷢ 晉　䷣ 明夷

以上八卦皆互解蹇

䷹ 兌　䷸ 巽　䷯ 井　䷮ 困　䷈ 小畜　䷉ 履　䷄ 需　䷅ 訟

以上八卦皆互睽家人

十六卦互成四卦圖

乾　仍互乾

坤　仍互坤

剝　互坤

復　互坤

大過　互乾

頤　互坤

姤　互乾

夬　互乾

漸　互未濟

歸妹　互既濟

解　互既濟

蹇　互未濟

睽　互既濟

家人　互未濟

既濟　互未濟

未濟　互既濟

互乾坤既未濟之十六卦。卽諸卦之所互而成者也。故十六卦又只成乾坤既未濟四卦。猶十六事之歸於四象也。蓋四象卽乾坤既未濟之具體。故以太陽三疊之卽乾。以太陰三疊之卽坤。以少陰三疊之卽既濟。以少陽三疊之卽未濟。乾坤既未濟統乎易之道矣。故序卦雜卦皆以是終始焉。

互卦圓圖

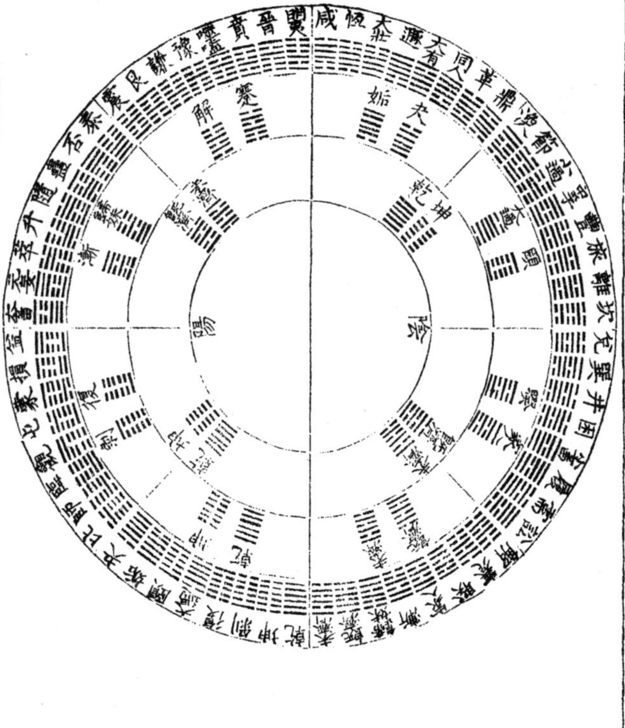

乾坤體也既未濟用也故以乾坤始之既未濟終之中間則左方六卦剝復漸歸妹解蹇爲陽卦皆以震艮爲主而統於乾坤右方六卦姤夬大過頤睽家人爲陰卦皆以巽兌爲主而統於既未濟故圖之外一層者六十四卦也次內一層者所互之十六卦也又次內一層者十六卦所互之四卦也以其象限觀之則皆互乾坤者居前互既未濟者居後以其左右觀之則左方者皆統於乾坤右方者皆統於既未濟也

爲互卦之主不在互卦之內者十四卦

乾互之得乾坤互之得坤既濟互之得未濟未濟互之得既濟此四卦者不可變故不在互卦之內也陽卦六。

剝復者震艮交於坤者也漸歸妹者震艮交於巽兌者也解蹇者震艮交於坎者也故震艮爲互陽卦之主陰卦六姤夬者巽兌交於乾者也大過頤者巽兌交於震艮者也睽家人者巽兌交於離者也故巽兌爲互陰卦之主以三畫言之艮陽極而震陽生也以六畫言之剝陽極而復陽生也故剝復象艮震而爲陽卦之首以三畫言之兌陰極而巽陰生也以六畫言之夬陰極而姤陰生也故夬姤象兌巽而爲陰卦之首乾坤之用在否泰猶坎離之用在既未濟也故否泰乾坤之交而爲既未濟之宗此十卦亦不在互卦之內雜卦中遇此數卦皆從本卦取義不用互體其餘自比師以後需訟以前

悉以互體相次

互卦陰陽次第

自乾坤至晉明夷二十八卦爲陽卦皆互剝復漸歸妹解蹇。凡上經之卦十八而雜下經十卦於其中

自井困至需訟二十八卦爲陰卦皆互姤夬大過頤睽家人。凡下經之卦十八而雜上經十卦於其中

自乾坤至噬嗑賁爲陽卦之正首剝復次漸歸妹次解蹇

自兌巽至晉明夷爲陽卦之變首漸歸妹次剝復次解蹇

自井困至否泰爲陰卦之變首睽家人次姤夬次大過頤

自大壯遯至需訟爲陰卦之正首姤夬次大過頤次睽家人

乾坤首諸卦

乾剛坤柔○周易首乾坤故序雜卦皆不易焉以互卦論之惟乾坤既未濟四卦互之仍得乾坤既未濟不與他卦相變然既濟猶變爲未濟未濟猶變爲既濟惟乾仍得乾坤仍得坤其體一定而不可變者也易之道主於變易交易序卦者時之相生變易者也雜卦者事之相對交易者也然非有不易者以爲之體則所謂乾坤毁无以見易者而變化何自生哉是故先之以乾坤然後别互卦之陰陽以次之

陽正卦首剝復

比樂師憂臨觀之義或與或求屯見而不失其居蒙雜而著震起也艮止也損益盛衰之始也○此八卦皆互

體爲剥復而雜震艮二卦於其中蓋震艮陽卦之主而剥復之具體也自比師臨觀屯蒙皆上經之卦而損益猶爲下經之卦震艮亦下經之卦也故次於損益之前上經之卦六比師一陽臨觀屯蒙二陽

次漸歸妹

大畜時也无妄災也萃聚而升不來也○此四卦皆互體爲漸歸妹陽卦以上經居前下經居後故先大畜无妄後萃升

次解蹇

謙輕而豫怠也噬嗑食也賁无色也○此四卦皆互體爲解蹇謙豫一陽噬嗑賁三陽

以上爲陽卦之正

陽變卦首漸歸妹

兌見而巽伏也○震艮交於兌巽而成漸歸妹下文將敘漸歸妹故以兌巽先之

隨无故也蠱則飭也○此兩卦互體爲漸歸妹上首剝復者天行也此首漸歸妹者人事也

次剝復

剝爛也復反也○此兩卦不用互體但取剝復之義此言剝以歸於復篇終言姤以終於夬皆扶陽之意

次解蹇

晉晝也明夷誅也○此兩卦互體爲解蹇

以上爲陽卦之變。○除篇終八卦自立義例外餘皆入陰陽正卦其變者惟各舉兩卦以見義而已。○自乾坤至此爲陽卦者二十八

陰變卦首睽家人

井通而困相遇也○此兩卦互體爲睽家人陽卦之變首於漸歸妹者震艮交於巽兌陽中之陰也陰卦之變始於睽家人者巽兌交於離陰中之陰也陽主正自天道而人事陰主變自人事而天道

次姤夬

咸速也恆久也○此兩卦互體爲姤夬

次大過頤

渙離也節止也○此兩卦互體爲頤○六十四卦中有兩卦只互得一卦者如剝復只互得坤夬姤只互得乾渙節只互得頤豐旅只互得大過

既未濟統陰卦

解緩也蹇難也睽外也家人內也否泰反其類也○解蹇睽家人皆互體爲既未濟故次於陰變卦之後否泰不在互卦之內而爲既未濟之根者也故次於既未濟之後蓋凡陽卦皆統於乾坤而尤以正卦爲主故比師之前首以乾坤也凡陰卦皆統於既未濟而尤以變卦爲主故渙節之後系以解蹇睽家人否泰也

以上爲陰卦之變

陰正卦首姤夬

大壯則止遯則退也大有衆也同人親也革去故也鼎取新也○此六卦皆互體爲姤夬陰之大壯遯如陽之臨觀陰之大有同人如陽之比師前陽卦中先比師次臨觀此則先大壯遯次大有同人者陰卦先下經後上經也陰之革鼎如陽之屯蒙

次大過頤

小過過也中孚信也豐多故親寡旅也離上而坎下也

此六卦皆互體爲大過頤小過中孚豐旅在下經居先離坎在上經居後

次睽家人

小畜寡也履不處也需不進也訟不親也○此四卦皆互體爲睽家人小畜履一陰。需訟二陰。

以上爲陰卦之正○自井困至此爲陰卦者亦二十八

循環互卦圖

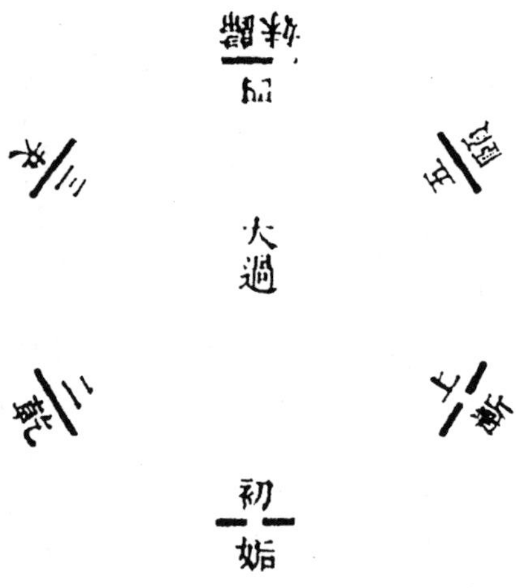

大過顛也姤遇也柔遇剛也漸女歸待男行也頤養正也既濟定也歸妹女之終也未濟男之窮也夬決也剛決柔也君子道長小人道憂也

以上五十六卦皆以兩相對如序卦之例獨此八卦錯

綜而不反對者以見卦之有互不獨中四爻可互六爻循環皆可互也卦卦皆然獨舉大過一卦者中四爻以陽居之惟大過一卦且自初爻起而正卦左旋互卦右轉恰始於姤終於夬而乾得易道用陰而尊陽之意也故案圖觀之自初至四爲姤自上至三爲漸自五至二爲頤自四至初爲歸妹自三至上爲夬自二至五爲乾然夫子傳文無乾者乾在篇首夬盡則爲純乾首尾相生之義也既未濟不在互卦之內故以義附於此自陰陽相過之後如漸之得禮如頤之養正則爲既濟而定矣如歸妹之越禮失正則爲未濟而窮矣故必決陰邪以伸陽道然後君子道長小人道憂也既未濟統六十

四卦之義故雜卦以是終篇。與序卦同。